SERGEI WITTE

위떼와 제정 러시아 上

위떼와 제정 러시아 上

시드니 하케이브 지음 | 석화정 옮김

한국학술정보㈜

역사 속 인물을 마치 살아 숨 쉬듯 현실세계의 인물처럼 만날 수 있다는 건 행운이다. 오랫동안 한 분야를 천착해 온 연구자일지라도, 복잡 다양한 평가를 받는 한 인물의 내면과 콤플렉스까지 세밀하게 들여다보기란 쉬운 일이 아니다. 그런 인식을 깨뜨리기라도 하듯, 이 책은 제정 러시아의 황혼기를 폭넓게 다루면서도 역사적인 인물의 내면을 촘촘하게 그려내었다. 저자가 이 책에서 다룬 인물은, 근대화, 산업화, 철도 부설, 자본주의 발전, 혁명과 같은 육중한 역사적 테마로 규정되는 러시아 전제정 말기의 한가운데에 우뚝 서 있던 위인이다. 그 급격한 사회경제적 변화와 새 시대의 물꼬를 튼 이는 바로 세르게이 율리예비치 위떼(Sergei Iulevich Witte)이다.

위떼는 오늘날의 러시아에서도 역사상 가장 역동적인 인물로 추앙받는 위인 가운데 한 사람이다. 도대체 한 사람에게서 이처럼 눈부신 이력이 어떻게 가능한 것일까. 위떼는 분명 거인이었다. 재무상으로서의 위떼는 러시아 산업화와 근대화의 아버지이며, 9,300여 km에 달하는 시베리아철도를 부설하며 러시아의 동아시아 팽창을 이끌었던 총수 격의 인물이었다. 러시아 최초의 수상으로서의 위떼는, 자신이 사후 그렇게 기억되기를 원했듯이, 전제군주정에서 입헌군주정으로 전환시킨 1905년 '10월 선언'의 주역이었다. 혹자는 위떼에게서 독일 통일의 위업을 달성한 '철혈재상' 비스마르크(Otto von Bismarck)를 떠올리는가 하면, 당시의 정적들은 위떼를 러시아의 악령, 유대계 프리메이슨주의자들과의 공범자라고 혹평했다.

양극으로 엇갈린 평가를 받는다고 해서, 그 역사적 위치가 폄하되지는 않는다. 다양한 평가를 받은 위떼였지만, 그가 피터대제 이래 러시아의 유일한 정치가요, 전제정 말기에 가장 유능하고 가장 영향력 있는 각료이자 위대한 정치 개혁가였다는 데는 의문의 여지가 없다. 크림전쟁 이후 러시아의 팽창 방향이 아시아로 대전환한 뒤의 시대적 분위기 속에서, 위떼는 러터전쟁, 청일전쟁, 러일전쟁 및 제1차 세계대전과 같은 제국주의 전쟁들을 직간접으로 경험하며 관료로서, 개혁가로서, 정치가로서의 비범한 능력과 경력을 축적해 나갔다. 포츠머스강화에서의 위떼는 일본과의 전쟁에서 패한 굴욕감과 실추한 조국의 명예를 회복시켜, 러시아를 강대국의 반열로 다시 올려놓은 장본인이다.

위떼는 과격한 제국주의자는 아니었지만, 19세기 말 20세기 초 제국주의 시대를 대표하는 거물급 정치가로 평가받기에 충분하다. 러시아인들을 포함한 많은 민족들에 대해 정형화된 견해를 가지고 있던 위떼, 전제정과 러시아정교를 옹호하고, 복합적인 여러 민족을 거느린 러시아제국의 팽창을 당연시했다. 러시아제국을 위한, 러시아제국의 전형적인 인물이었던 것이다.

그렇다고 하더라도, 위떼의 시베리아철도 부설이 이후 청일전쟁과 러일전쟁이라는 동아시아 패권다툼의 근본 원인을 제공했다는 비난을 면할 길은 없다. 시베리아철도로 동아시아 국제관계와 '한국문제'에 깊숙이 개입하게 된 위떼의 정책에 혹평이 따를 수밖에 없다는 점은 이 책에서도 넌지시 지적되고 있다. 청일전쟁 이후 위떼는 일본과의 전쟁을 피하기 위해 번번이 약소국이었던 한국을 일본에 내어주고자 했다. 의화단 사건의 발발(1900)로 파괴된 시베리아철도 만주관통구간인 동청철도(하얼빈－뤼순·다롄, 오늘날 중동철도)를 보호하기 위해, 위떼는 러시아 정규군의 만주 파병을 지지했다. 러시아의 만주 파병과 점령으로 러일전쟁의 근본적인 책임이 위떼의 동아시아정책에 돌아가는 것도 이 때문이다. 외상이 아니면서도 외무성의 정책에 실질적인 영향을 미쳤고, 그 때문에 위떼의 동아시아정책 연구는 방증에 의존할 수밖에 없는 연구의 한계가 있다. 방대한 자료에 입각하여 위떼의 정책과 러시아 전제정을 종합 분석한 저자의 독보적인 이 연구로 말미암아 위떼의 동아시아정책의 전체상은 더욱 또렷해진 셈이다.

　러일전쟁의 암운이 동북아에 드리워지면서, 이미 자신의 동아시아정책이 실패했다는 비난을 면치 못했던 위떼로서는 역사의 따가운 평가와 책임론을 피하고 싶었을 것이다. 저자가 세밀하게 추적하고 있는 바와 같이, 위떼는 자신의 사후에 회고록이 출판되도록 은닉해 놓았고, 자신을 옹호할 수 있는 다양한 문서 증거들을 수집하여 기록으로 남겨 놓았다. 역사는 승자의 기록이라 했던가. 위떼가 역사적인 인물로 기억되게 된 데는, 이처럼 철저하게 역사를 의식했던 위떼 특유의 강한 승부욕에서 비롯된 부분도 없지 않다.

위떼는 역사와 시대의 요구를 정확히 감지하는 자만이 가지는 비범한 지성, 일벌레와도 같은 끝없는 열정과 에너지의 소유자였다. 수학자가 되려던 한 청년의 능력이, 관료사회에서 어떻게 기라성 같은 경력을 쌓아 나갈 수 있게 되었는가에 대해 저자는 다양한 각도로 분석하였다. 저자에 따르면, 농노해방과 개혁의 분위기에서 성장한 위떼는 무엇보다도 '자신이 맡고 있는 모든 일에 늘 자신의 가슴을 담았던' 열정적인 인물이었다. 러터전쟁 시에 철도업계에 입문한 20대의 청년 위떼는 부족한 열차 공급과 차량, 열악한 러시아의 철도환경 속에서, 군대와 전쟁 부상자 수십만 명을 가능한 한 빨리 호송하기 위해 필요한 일이라면, '허가도 받지 않은 채', 무엇이든지 알아서 신속하게 처리했다. '머리끝부터 발끝까지 상식이라는 실속으로 꽉 차 있던 실용적인' 위떼는, 문제가 발생하면 실질적인 해결책을 찾아 가며 행동했다. 말하자면, 위떼는 자신이 부여받은 비현실적인 계획들에 순응하기보다는, 자신의 건전한 상식에 의존하여, 직면한 도전들에 단호하게 대처한 인물이었다. 당면문제에 대한 열정이 늘 그 문제들에 대한 대처수단이었던 것이다.

저자의 표현처럼, 위떼가 매우 자기중심적이며 권력욕이 강한 인물이라는 사실에 아무도 이의를 달지 않는다. 어떤 사람들은 자신의 이익만을 위해 권력을 추구하지만, 위떼는 자신의 사사로운 이해와 러시아의 이익을 구분할 줄 알았다. 많은 사람들은 위떼가 오로지 권력욕에 의해 자극받는다고 비난했지만, '위떼는 고위직에 있었기 때문에 주목을 받았다기보다는, 어떤 지위에 있든 그 자리를 빛나게 한 사람'이었다.

역사적 거물이면서, 실제로 당당한 풍채의 거인이었던 위떼의 모습은 당시 세계 언론 매체에서 단골 소재로 풍자되었다. 짜르 전제정의 한계 속에서 수상으로서의 역할을 자리매김하기 위해 전전긍긍하던 위떼의 모습은, 황제와 위떼의 정적들에게는 '황제 위의 황제'로 비치기 십상이었다. 또, 포츠머스의 사진에서 미국의 루스벨트(T. Roosevelt) 대통령보다 머리 하나만큼은 키가 더 크고, 고무라(小村) 강화전권대표보다는 적어도 머리 둘만큼이나 컸던 큰 체구 또한 위떼의 국내외 정책에 대한 다양한 평가와 연계되어 끊임없는 가십거리로 회자되었다. 람스도르프 외상은 막강한 위력을 가진 재무상 위떼가 도착한 뒤에야 외무성에서의 긴급회의를 시작하곤 했다. 상대적으로 왜소한 체구를 가진 람스도르프 외상과 위떼가 '동성애'관계라는 루머가 끊이질 않았던 것도, 외상이 아니었던 위떼가 사실상 외상 이상의 위치를 차지하고 있었기 때문일 것이다.

위떼는 황제로부터 늘 경계의 대상이었지만, 러시아 정계에서도 아웃사이더였다. '러시아에서 흔히 볼 수 있는 온후함과 상냥함이라고는 전혀 없던' 위떼는 거친 매너와 카프카즈의 변방 사투리로 궁정의 고상한 사람들에게 호감을 주지 못했다. 위떼의 결단력, 상상력, 실용주의, 위험부담에 대한 대처능력, 강철 같은 의지는 당시 전환기 러시아에서 절실하게 필요한 덕목이었는지도 모른다. 그러나 바로 그 같은 이유 때문에 개혁을 추진하는 주도적인 세력과, 개혁을 통해 기대감이 상승된 세력이 서로 불화할 수밖에 없는, 비현실적인 비전의 시대에서 위떼는 고립되고 소외되었다고 저자는 말한다.

저자는 위떼의 강철 같은 의지의 이면에 내재한 '부드러운 면솜'과 같은 한 남자의 내면세계를 훤히 들여다보듯 그려내었다. 위떼 자신도 회고록에서, "신경이 아주 예민해서 자기 통제가 내 일생에 가장 큰 과제"라며 강한 의지의 소유자라는 평가를 부담스러워했다. 그렇다고 하더라도, 위떼가 여성 앞에서는 정작 제대로 구애도 못 했으며, 축복받을 수 없는 사랑을 관철하기 위해 황제 앞에서 사임도 불사하려 했던 대목에서는, 끝없는 권력욕과 아내에 대한 헌신적인 사랑에 쩔쩔매는 한 남자의 인간적인 모습이 자연스레 다가온다. 이렇듯 저자의 화법은, 인형 속에 인형이 많게는 수십 개까지 들어 있는 러시아의 전통 목각 인형 '마트료시카'처럼 미세한 긴장감과 잔잔한 재미를 안겨준다. 인간에 대한 따뜻한 시선, 기품 있는 유머, 역사 해석의 균형을 갖춘 저자의 온화하고도 원숙한 필력이 위떼를 사람 냄새 나는 역사 속의 한 남자로 재현하고 있는 것이다.

저자는 전혀 어우러지지 않는 듯이 보이는 위떼의 다양한 내면을 분석하면서, 위떼 회고록과는 상반된 다른 증언들과의 사이에서 어느 한쪽에 치우치지 않는 역사가로서의 객관성을 시종 유지하고 있다. 위떼 연구의 완결판이라 할 이 책의 장점이 여기에 있다. 어떤 이들에게 이 책은 국가와 사회를 위해 헌신하는 고위 관리의 진정한 모델로 혹은 진정한 리더십의 자질이 무엇인가에 대해 생각게 만들 것이다. 연구자들에게 이 책은 러시아 제국의 황혼기의 빈 공백을 메워주는 방대한 1차 자료집으로서의 역할을 톡톡히 해 줄 것이다. 가령 포츠머스강화에서의 위떼의 행적은 마치 역사적 장면을 눈앞에 펼쳐 보이듯 치밀하고도 생생하게 그려 놓았기 때문이다.

이 책은 미국 뉴욕 빙엄턴 주립대학 시드니 하케이브(1916~2008) 교수의 생애 마지막 저서(*Count Witte and the Twilight of Imperial Russia*. M. E. Sharpe, 2004)를 옮긴 것이다. 제정 러시아사, 소련사 및 러시아 혁명에 관한 굵직한 저작을 남긴 저자는, 1990년 위떼 회고록을 편찬한 이래 위떼 연구에서 독보적인 위치를 차지하고 있다. 2008년 10월 24일 92세의 일기로 타계한 하케이브 교수에 대해 후학 교수들은 이 책의 출간을 앞둔 88세까지도 저술활동을 멈추지 않았던 서민적이면서도 박식하고 수줍은 성격의, 전형적인 학자로 그를 추모하였다. 저자가 타계하기 전에 한국어판이 나왔으면 좋았을 텐데 하는 아쉬움이 내내 역자에게 남는다.

이 책의 상권은 교통상, 재무상을 역임하며 러시아 산업화와 근대화 및 시베리아철도 부설, 금본위제 도입 등의 위업을 이룬 위떼의 빛나는 이력을 담고 있다. 하권에서는 황제의 끊임없는 견제를 받으면서도, 1905년 혁명과 10월 선언의 주역으로서, 꺼져가는 전제정의 마지막 불씨를 되살리는 역학을 번번이 해내는 위떼의 고단한 정치 역정을 목도하게 될 것이다. 민망하고 송구한 일이지만, 부득이하게 옮긴이 서문을 저자 후기에 앞세웠다. 우리나라에서 잘 알려지지 않은 인물인 위떼를 소개하기 위해서였다. 저자가 본문에서도 밝히고 있는 만큼, 저자후기는 원저대로 하권 말미에 넣었다.

이 책의 출간을 위해 애써준 한국학술정보(주)의 이주은 님과 김은정 님, 이효정 님께 고마움을 전한다. 한국학술정보(주)는 위떼의 생애를 날줄로, 황혼기의 제정 러시아사를 씨줄로 한 이 논픽션 역사물이 보다 널리 읽혔으면 하는 필자의 바람과 잘 맞았다. 도서관에서 전자책의 형태로도 이 책을 접할 수 있기 때문이다.

그릇 맨 밑바닥에 국물을 끝까지 마신 뒤에야 보이는 글귀를 새겨놓은 라면집이 일본 동경에 있다고 들었다. 정성들여 끓인 비장의 라면을 손님들이 다 들고 가라는 주인의 배려이리라. 역자가 번역의 마침표를 찍는 순간, 저자의 위트에 경탄했다면 지나친 과장이 될까.

위떼는 결코 '황제 위의 황제'가 될 수 없었지만, 죽어서 영원히 사는 길을 택했고, 그 길의 의미를 알았던 인물이었다. 책 말미에서 저자의 위트와 반전(反轉)에 고개를 끄덕일 독자의 공감을 기다린다. 번역의 매끄럽지 못한 부분은 오롯이 역자의 몫이며, 이에 대한 독자의 비판과 질책을 기다린다. 오로지 위떼 연구에 자신의 반평생을 바친 노학자의 열정에 존경과 사랑을 표한다.

* 일러두기
본문의 연도는 원문 그대로 러시아력으로 표기하였다. 중요 연도와 날짜인 경우에는 괄호에 서력을 병기하였다.

제1장

카프카즈에서의 유년 시절
(1849~1865)

위떼는 '피터대제 이래 러시아의 유일한 정치가',[1] '러시아의 꼴베르 재상',[2] '러시아의 위대한 정치 개혁가 쟝 밥티스트'[3]로 인정받아 왔다.* 그런가 하면 위떼는, '러시아의 악령'[4]으로 비난받았으며, 위떼를 러시아 공화국 대통령으로 만들려던 유대계 프리메이슨주의** 음모의 공범자[5]로 비난받기도 했다. 어느 누구도 세르게이 율리예비치 위떼(Sergei Iulevich Witte)를 평범한 인물로 보지 않는다. 위떼가 러시아 전제정 말기에 가장 유능하고 가장 영향력 있는 각료로 봉직했던 인물이었다는 데는 이견이 없다.

위떼는 1849년 6월 17(29)일에 카프카즈 지방의 행정 중심지인 찌

---

* 17세기 프랑스의 명재상 쟝 밥티스트 콜베르는 중상주의 정책으로 프랑스의 국부를 증대시켰을 뿐만 아니라, 길드를 재조직하고 왕립 매뉴팩처를 창설하여 국력의 물질적 기초를 구축했다.

** 중세 석공(石工, 메이슨) 길드에서 비롯되어 18세기 이래 유럽과 미국에서 성행했던 자유주의적이고도 인도주의적인 비밀단체

플리스(Tiflis)에서 태어났다. 당시 이 지역에서는 제정 러시아의 권력이 정점에 달해 있었다. 위떼가 태어나기 수 주 전에 야전사령관 파쉬케비치 공(Prince Paskevich)이 이끄는 러시아군대가 카르파티아 산맥을 넘었다. 이는 헝가리 혁명*을 분쇄하는 오스트리아의 프란쯔 요제프 황제를 도와주기 위한 것이었다. 이로써 러시아 황제 제위와 니콜라이 1세 황제가 그토록 공들여 왔던 대의(大義)인, 오스트리아의 보수 군주정의 수명을 연장시켜 주었다. 위떼의 운명도 결국 러시아 전제정을 지탱시키기 위해 자신의 일생의 대부분을 바치고 죽는 것이 될 것이다. 러시아 군대가 마치 노령의 프란쯔 요제프를 좌절시키기 위해 헛되게도 카르파티아 산맥을 넘을 준비를 하게 되어 버린 것처럼 말이다. 결과적으로 보면, 그 같은 노력이 결국 보수 왕정의 붕괴를 가속화시켰기 때문이다.

　카프카즈 지방은 미국 몬테나 주만 한 크기로** 러시아의 수많은 변경지대 가운데 하나이다. 카프카즈 지방의 대부분은 무력에 의해 러시아 영토로 편입되었지만, 점령기에도 비러시아계 주민들이 거주해 왔다. 카프카즈 산맥이 우뚝 솟아 있는 이곳은 유럽과 아시아를 경계 짓는 국경지대의 하나로 간주되었다. 카프카즈 지방은 높이 솟은 산들, 산악, 고원, 이따금 펼쳐지는 평원들로 이루어져 있어 다양한 인종 그룹, 그 가운데서도 아제르바이잔인, 아르메니아인, 체첸인, 그루지야인 등을 형성하는 원인이 되었다.

　아르메니아인, 그루지야인, 러시아인, 그리고 그 밖에 다른 민족들이 혼합된 찌플리스는 카프카즈가 인종적으로 얼마나 다양한가를 말

---

* 1849년 4월 헝가리의 오스트리아로부터의 독립전쟁
** 남한의 네 배 정도의 면적에 해당

해 준다. 그런 가운데 러시아인들의 대부분은 공무원이거나, 꽤 많은 수의 주둔 군인들의 가족들이었다. 수 세기에 걸쳐 유럽과 아시아의 양대 교역로가 만나는 지점인 이곳에는 카라 강이 약 7마일(약 11㎞) 정도로 흐르고 있다. 전혀 예상할 수 없는 일도 아니지만, 여러 인종 그룹들은 각자의 이웃들 속에 섞여 살고자 했다. 그러나 위떼 일가가 러시아 구역에서 살았던 것처럼, 러시아 구역 내 주민들은 카프카즈에 영원한 소속감을 가지지 않으려고 했다.

위떼의 아버지인 율리우스 위떼(Christoff – Heinrich – Georg – Julius, F. Witte)도 그와 같은 부류의 사람이었다. 러시아 국경지대인 꾸르란드(Courland)에서 태어나, 농업과 광산 분야의 전문가로서 사라토프(Saratov) 지방의 공무원을 지냈다. 율리우스 위떼는 그곳에서 주지사 안드레이 파데예프(Andrei M. Fadeev)의 딸 까쩨리나(Cathrine Andreevna Fadeeva)를 만나 구혼했다. 결혼에 장애가 있었다면 율리우스가 루터파라는 사실이었다. 율리우스 위떼는 러시아 정교도 신앙으로 개종하면서 그 장애를 극복했다. 1844년에 결혼하여 그해에 아들 알렉산드르를 낳았다.[6]

율리우스 위떼와 장인 안드레이 파데예프 일가는, 2년 뒤에 카프카즈 총독인 미하일 보론초프 공(Prince Michael Vorontsov)의 초청을 받아, 카프카즈 행정의 요직을 맡기 위해 가족들을 데리고 찌플리스로 이사했다. 위떼 일가와 파데예프 일가는 얼마간의 토지와 노예들을 거느렸지만 빚을 져야 했다. 찌플리스에서 고가의 생계비를 충당하려면 한 푼이라도 절약하지 않으면 안 되었다. 돈을 아끼기 위해 그들은 한 그루지야 왕자가 한때 소유했던 대저택에서 공동 세대로 살았다.[7]

몇 년이 지나자 식솔들이 늘어났다. 까쩨리나는 알렉산드르를 낳은 후 보리스, 세르게이, 올가, 그리고 소피를 낳았다. 안드레이의 부인이자 율리우스 위떼의 장모인 일레나 파데예바(러시아에서 가장 저명한 공작 가문인 돌고루카이야 공주로 태어난)는, 출산 적령기가 지난 나이에도 아직 둥지를 떠나지 않고 있던 두 자녀 로스티슬라브와 나지엣따를 데리고 살았다. 손녀인 헬레나와 베라는 자신들의 어머니가 임종할 즈음 이 저택에 합류했다. 베라는 아동 문학가로 명성을 얻었고, 헬레나는 신지학(神智學)*의 창설자의 한 사람인, 마담 블라바츠키(Madame Blavatsky)로 후에 명성과 악명을 동시에 얻었다. 매우 다채롭고 논쟁적인 사람이라 할 수 있는 마담 블라바츠키는 강신(降神) 집회를 열거나 공중부양과 같은 기술을 보여주었다. 그것은 짜르 앞에서 강신술을 펼친 바 있는 강신술사 호메(D. D. Home)로부터 배운 것이었다. 여자 가정교사들, 유모와 보모들, 개인교사들, 그리고 수십 명의 가내 노예들, 거기다가 가끔 찾아오는 파데예프가의 손자들까지…… 여러분은 지금 누가 누구인지도 모를 정도의 대가족일가를 보고 있다.

세르게이도 자신과 같은 계층의 많은 사람들처럼 양친은 잘 만나지도 못한 채, 하인, 가정교사, 개인교사들의 감독하에 유년 시절을 보냈다. 그렇지만 세르게이는 아버지에 대한 애정과 존경심을 충분히 가질 수 있을 정도로 부친과 가깝게 지냈다. 그리고 정말로 부친에게는 존경심을 불러일으킬 만한 것들이 있었다. 부친은 찌플리스에서 '제일 학식 있는' 유능한 공무원이었다.[8] 그러나 세르게이는 어

---

* 신비주의 종교철학을 바탕으로 모든 종교와의 융합과 통일을 목표로 하며, 신비주의적인 체험과 특별한 계시로 신의 본질과 지식을 알 수 있다고 한다.

머니에 대해서는 자신의 회고록에서조차 거의 언급하지 않았고, 모친의 죽음에 대해서도 언급하지 않았다. 그렇지만 세르게이는 외할머니를 온화하고 존경스러운 인물로 서술하고, 자신이나 형 보리스에게 읽기, 쓰기, 종교의 기초를 가르쳐 준 분으로 기술하고 있다.[9]

세르게이는 율리우스 위떼와 까쩨리나 위떼의 다섯 자녀 가운데 유일하게 유명해진 인물이다. 알렉산드르는, 특출하지는 않았지만 용맹스런 장교임을 보여주었던 군대에서 출세하는 길을 선택했다. 세르게이를 두드러지게 만든 그 추진력이 부족했던 보리스는 사법 분야에서는 남부럽지 않았으나, 그리 뛰어나지도 않은 평범한 경력을 쌓았다. 두 딸에 대해서는 그들이 결혼하지 않았고, 소피는 이류 소설가였다는 점 외에 언급할 만한 것은 거의 없다.[10] 다섯 자녀 가운데 왜 세르게이만이 탁월했는가는 결론이 나지 않는 추측의 문제일 것이다. 위떼의 눈부신 경력이 무엇 때문에 그리고 왜 그러했는가는 다른 곳에서 다시 다루고자 한다.

1855년에 율리우스 위떼와 그의 가족은 세습 귀족의 서열에 들 자격이 있었다. 이 계층은 프러시아의 세습 귀족보다도 비율상으로는 수적으로 더 많았지만, 세습귀족이라는 직위 자체가 실질적인 무슨 혜택을 가져다주는 것은 아니었다. 그렇지만 그것은 위신과 어느 정도의 특권을 부여해 주었다. 세르게이는 자신이 세습귀족이라는 사실과, 모계 쪽으로는 자신이 돌고루키가의 공주를 계승하고 있다는 사실을 중요시했다. 그러나 부계는 그만한 자부심을 주지는 못했다. 더욱이 세르게이는 자신의 부계 조상들이 홀란드 출신이라고 언급함으로써 부친이 혈통상 발트계 독일인이라는 사실이 잘 드러나지 않게 했다.[11] 세르게이는 자신의 국적을 러시아인으로, 러시아 정교도 신앙을 가지고 있다고 밝히도록 배웠다. 아마도 이 점은 위떼가 왜 발트계 독일인들과 자신과의 관계를 단절시켰는가를 설명해 준다. 발트계 독일인들은 고유의 민족성과 프로테스탄트 신앙을 확고하게 지키려는 점 때문에 러시아 관계(官界)와 군대 내에서 한눈에 알아볼 수 있었다.

앞에서 언급했듯이, 세르게이와 형 보리스는 자신들의 외할머니로부터 모든 기초를 배웠다. 이 형제를 맡은 개인교사들 가운데 몇 명은 음주에 빠져 있긴 했지만, 프랑스어, 독일어, 역사, 지리, 음악, 그리고 다른 기초과목들에 정통했다. 마침내, 정규 학교 교육을 받아야 할 시기가 왔을 때, 형제는 지역의 한 중등학교(김나지움)에 청강생으로 등록했다. 두 사람은 곧 정규적으로 짜인 수업에는 무관심한, 훈련되지 않은 학생들임이 드러났다. 당시 그들의 주된 관심사는 음악, 그중에서도 플롯 연주를 배우는 것이었다. 세르게이는 자신이 목소리가 좋기 때문에 나중에 넓은 세상으로 나가게 되면, 러시아 오페라의 아리아를 부르게 될 것이라며 자신을 잘못 판단하고 있었다.[12] 형제는 펜싱, 승마, 사냥도 즐겼다. 세르게이는 수십 년간 계속 승마를 했고 승마술에 오랫동안 관심을 가졌다. 여컨대, 부모로부터 훈육받지 못하고, 생계의 절박한 필요성을 느끼지 못한 다른 많은 젊은이들처럼, 형제는 거의 자신들이 하고 싶은 대로 했다.

형제는 그리 애쓰지도 않았는데도, 김나지움 교사들의 지도 덕택에 매년 시험을 그럭저럭 통과했다. 마침내, 1865년에 그들은 졸업시험을 치렀다. 시험 결과에 따라 그들이 김나지움을 졸업할 수 있을지 없을지, 상급학교 입학이 허가될 수 있는지가 결정되었다. 시원찮은 평점이지만, 당시 모든 시험에 가까스로 통과했는데, 둘 다 품행 과목에서는 나쁜 성적을 받았다. 그럼에도 불구하고 형제는 김나지움을 졸업하고 대학에 지원할 수 있는 자격증을 받았다. 그들은 특히 프랑스어 성적이 나쁜 것에 안달했다. 자신들을 구두시험 친 두 명의 강사들보다도 자신들의 언어 구사력이 더 낫다고 생각했기 때문이었다. 장난꾸러기였던 형제는 그 강사들을 톡톡히 골려주었다.

　세르게이는 김나지움을 졸업할 때 16살이었고, 키는 동년배에 비해 훨씬 컸다. 루스벨트(Theodore Roosevelt)와 고무라(小村) 강화전권대표와 1905년에 찍은 사진을 보면, 그는 미국 대통령보다는 머리 하나만큼 키가 더 크고, 고무라보다는 적어도 머리 둘만큼이나 큰 것을 알 수 있다. 큰 체구와 홀쭉한 둔부를 가진 '거구의 학생'이라는 인상은, 과연, 수염을 기른 말년의 위떼의 모습을 연상시키고도 남는다. 위떼의 풍채는 당당했지만, 그러한 모습은 그에게 적대적인 사람들에 의해 풍자되기 십상이었다. 거친 매너와 시골뜨기 악센트의 위떼는, 나이를 먹으면서도 온화해지지 않았다. 영국의 한 저널리스트가 1896년에 위떼를 보고 난 뒤에 이렇게 썼다. "위떼는 목소리와 매너가 드세 호감을 주지 못했다. 위떼는 러시아에서 흔히 볼 수 있는 온후함과 상냥함이 전혀 없는 사람이었다."[13] 프랑스어는 세르게이 자신이 스스로 믿었던 만큼 그리 훌륭하지는 못했다. 나중에 한 프랑스인은 세르게이의 프랑스어가 "거칠지만 최소한 알아들을 수는 있는" 정도라고 썼지만, 프랑스어를 능란하게 한다고 주장하는 러시아인들 대부분의 프랑스어 실력에 대해서는 언급하려 하지 않았다. 세르게이의 독일어는 정말로 보잘것없었고, 러시아어는 문법과 맞춤법이 맞지 않았다. 앞서 말했듯이, 위떼에게는 음악적 성향이 있었다. 플루트를 연주했고, 말을 잘 탔으며, 장애물도 넘을 수 있었다. 당시에나 혹은 후일에라도 위떼가 책에 열중했던 것 같지는 않다. 이 시기의 위떼 일가를 알고 있던 미국의 저명한 슬라브어 전문가 제레미야 커틴(Jeremiah Curtin)은 다음과 같이 술회했다. "나는 소년 시절의 세르게이에게서 훗날 위떼 백작(Count Witte)을 특징지은, 눈에 띄는 에너지와 과단성, 오만하고 강한 의지력을 지녔음을 알아보았다."[14) 커틴의 회고가 정확했을 수도 있고 아닐 수도 있지만, 그는 분명 세르게이가 보여준 특징들을 정확하게 지적했다. 그때까지도, 세르게이는 다소 버릇없는 십대 청소년의 모습을 보여주었을 뿐인데도 말이다.

세르게이에게 십대 청소년기는 근심 걱정에서 자유로울 수 있는 특권이자, 공무원과 군 장교 및 그들의 가족들이나 누리는 풍요로운 그 무엇이었다. 더욱이, 세르게이는 야전사령관 바랴친스키 공(Prince Bariatinskii)을 에워싸고 있는 독특하고 매력적인 분위기에 감동받았다. 바랴친스키는 당시 보론초프의 후임으로 카프카즈총독이 되면서 상류사회에 속해 있던 상트페테르부르크 장교들을 함께 데리고 카프카즈로 왔다. 위떼는 바랴친스키 공이 샤밀(Shamil) 주도하의 무슬림 폭동을 산중에서 진압한 군사 행동을 무척 흥미진진해했다. 샤밀은 1862년까지 생포되지 않았던 비범한 인물이었다. 세르게이로서는 삼촌인 로스띠슬라브 파데예프가 바랴친스키 공을 도와 샤밀을 생포한 눈부신 활약에 사로잡히지 않을 수 없었다. 파데예프에게 넘긴 샤밀의 깃발은 몇 년 후 세르게이의 서재에서 안식처를 찾았다. 카프카즈에서의 생활은, 정복자의 군대 편제의 일부와 같은 생활이었다. 그것은, 위떼가 만일 인도에서 태어나 자라고, 또 빈번하게 출정해야 하는, 하나의 거대한 군사 편제에서 길러졌을 생활과 여러 가지 점에서 유사했다. 인도의 영국인들처럼, 찌플리스와 같은 지역의 러시아 군인과 민간인들은 한여름에는 산중으로 갔다. 인도에서처럼 카프카즈의 토착 귀족들도, 군대편제에 편입되어, 그들의 직위가 러시아에서 받아들여지고, 장교직도 그들에게 개방되었다. 인도의 토착 귀족과는 달리, 이들은 백인 기독교도들이었기 때문에 사회적으로 용인받기가 더 수월했다. 세르게이는 자주 어울리던 아르메니아인들과 그루지야인들을 쉽게 받아들였다. 러시아 군대의 승리로 획득한 다른 변경지대에서와 마찬가지로, 카프카즈가 러시아 주권 내에 남아 있어야 한다는 사실을 위떼도 받아들였다.

카프카즈 지방은 실로 권력의 중심지와는 멀리 떨어져 있었지만 러시아의 일부였다. 세르게이가 이곳에서 유년 시절의 즐거움을 누리는 동안, 짜르 알렉산드르 2세 황제는 크림전쟁에서의 부끄러운 참패로 방아쇠가 당긴 일련의 주요 개혁을 시행하였다. 그 첫 번째 개혁이 러시아 역사상 획기적 사건인 1861년 2월 19일(3월 3일)의 농노 해방이었다. 이 역사적인 조치는, 통제를 최소화하고, 사법체계와 입법 개혁, 그리고 대학의 자율성 회복을 위해 관영 지방 선거기구를 확립하려는 입법조치에 뒤이은 것이었다. 이러한 개혁들은, 일차적으로 철도를 건설한다는 조치와 더불어, 경제 향상을 위한 군사 개혁 조치에 수반 되었다.

알렉산드르 2세의 개혁은 낙후한 국가를 근대화하려는 것이었다. 주요 목적은 전제 군주권의 권력을 약화시키지 않고, 도시 프롤레타리아를 창출시키지 않으면서도, 대권력의 지위를 되찾는 데 있었다. 알렉산드르 황제와 그 측근들은, 짜르의 오른쪽 팔 역할을 하는 강력한 지주귀족과 더불어, 러시아가 본질적으로 농업국가로 남아야 한다는 미래의 비전을 구상했다. 이것은 개혁 추진 세력과, 개혁을 통해 기대감이 상승한 세력이 서로 불화할 수밖에 없는 비현실적인 비전이었다. 세르게이 위떼가 곧 휘말려 들게 되는 시대는, 비록 골칫거리이기는 했어도, 이처럼 자극과 흥미를 유발시키는 시대였다.

김나지움을 졸업한 세르게이와 그의 형 보리스는 부친의 바람대로, 대학교육을 받기 위해 카프카즈를 떠나야 했다. 그것은 카프카즈에서의 두 형제의 첫 여행이었다. 당시 이 지역에는 철도가 부설되지 않았기 때문에, 흑해의 한 항구를 거치고 다시 그곳에서 선박 편으로 오데사까지 가야 하는, 엄청난 장기여행이자, 말과 마차가 끄는 덜컹거리는 여행이었다.

많은 다른 청소년들이 학교에 처음 진학할 때처럼, 그들도 부모와 함께 갔다. 부친은 아들 형제가 키예프대학으로 가길 원했지만, 여러 가지 상황이 결국 오데사에 위치한 신설대학인 노보로씨스크대학을 선택하게 만들었다. 부친은 '오데사 교육 지구' 교육감의 영향력을 이용하여 그들을 대학에 입학시킬 수 있을 것으로 생각했지만, 그것만으로는 충분치 않았다. 부친은 소년들이 다녔던 리셜리와 김나지움에서 대학에 입학할 수 있을 만큼 아들들의 성적을 향상시키도록 만들었다. 오데사는 앞으로 오랫동안 세르게이와 보리스의 고향이 될 것이다.15)

오데사 시절
(1865~1879)

세르게이가 형 보리스와 함께 아직 본격적으로 학업에 전념하지 않고 지낼 때에, 미래의 재상이 될 세르게이는 앞으로 세상에서 자신의 이름을 내려면 교육 관할 지역을 바꾸고 자신의 라이프스타일도 바꿀 필요가 있다고 결심했다. 세르게이는 다음과 같이 말하고 있다.

이제 우리는 독립했고, 나는 처음으로 삶에 대해 심각하게 생각하기 시작했다. 나와 보리스 형은 노느라고 시간을 허비했고. 프랑스어로 얘기를 나눈 것 이외에는 배운 것이 없다는 사실을 깨달았다. 이런 식으로 계속 산다면 우린 아무것도 되지 못할 것이 틀림없다. 그래서 나는 내 성격을 강하게 만들기 시작했다. 점차 누구의 지시도 받지 않게 되었으며 이후에도 죽 그렇게 했다. 그러나 보리스 형은 그렇지 않았다. 부모의 총애를 받아 온 형은 그 기대를 저버렸으며 나처럼 강하지도 못했다.[1]

세르게이는 나태한 소년에서 책임감이 강한 청년으로 자신이 변화한 데 대해 과장하지 않았다. 자신이 설정한 목표가 무엇이든 간에 야망을 가지고 자신의 많은 재능을 이용하여 그것을 성취해 보리라 결심했다. 세르게이는 머지않아 강철 같은 의지, 일을 수행하는 놀라운 능력만큼이나, 배움에 대한 놀랄 만한 능력도 자신에게 있음을 학교에서나 직장에서 보여주게 된다. 그런 그에게도 감정을 이입하거나, 고뇌하는 능력이 있었다. 말하자면, 그것은 훗날 한 측근의 관찰자가 위떼를 강철과 면솜의 조합이라고 묘사했던 특질과, 거의 '히스테리성 기질'이 결합된 것이었다.[2] 혹자는, 위떼에게서 흔히 비교되는 '철의 재상', 독일의 비스마르크(Bismarck)를 떠올린다. 위떼는 자신이 강철 같은 성격과는 거리가 멀다며 언젠가 이렇게 말한 적이 있다. "나는 아주 신경이 예민해서 자기 통제가 내 일생에 가장 큰 과제였으며 지금까지도 그렇다."[3]

세르게이에게 극적인 변화를 가져온 것이 무엇일까? 그의 설명에 따르면, 형제간의 경쟁, 자신이 아버지의 눈에 들지 못했다는 부끄러움, 그리고 자신이 생각해 왔던 만큼의 남자가 되지 못했다는 갑작스런 깨달음이라고 명확하게 밝히고 있다. 그는 도전의식을 느꼈고 그 도전에 맞서리라고 결심했다.

그에게 첫 과제는 대학에 입학허가를 받을 수 있을 만큼 성적을 끌어올리는 일이었다. 따라서 세르게이는 부친의 허락을 채 기다릴 새도 없이 형 보리스를 대동하고 미지의 장소로 가서, 자신들이 필요로 하는 지도와 도움을 주고 이끌어 줄 수 있는 김나지움 교사를 찾았다. 형제는 수백 마일 떨어진 키시네프로 가기로 정했다. 그곳에서 형제는 술을 좋아하는 한 강사의 집에 기숙하면서, 지역 김나지움의

교사들의 지도를 받아 6개월간 주입식으로 공부했다. 그들의 노력은 결실을 보았다. 형제는 만족할 만한 성적을 받아 1866년 노보로씨스크대학에 입학했다. 특히 과학과 수학 시험을 잘 본 세르게이는 물리－수학 학부에 등록했고, 보리스는 큰 노력을 들이지 않아도 되는 법률학을 하기로 결정했다.

학업을 막 시작했을 때 부친과 외조부가 사망하면서 이 젊은이들의 삶에 갑작스런 변화가 왔다. 부친은 약간의 자산과 부동산을 남겼고, 광산 사업을 하면서 지게 된 막대한 부채를 형제에게 남겼다. 미망인은 이제 총독으로부터 나오는 소액의 연금과, 동생 로스띠슬라브가 친절하게도 자신에게 양도해 준 부친의 부동산 약간을 가지고 생활의 수지를 맞추어 나가야 했다. 총독도 세르게이와 보리스가 대학에 남아 있을 수 있을 정도의 약간의 장학금을 제공해 주었다. 세르게이는 라팔로비치(Rafalovich)가 자녀들의 가정교사를 하면서 부족한 장학금을 보충했다. 이 라팔로비치가에 대해서는 후술하기로 한다.

안드레이 파데예프와 율리우스 위떼가 죽자, 율리우스의 미망인은 더 이상 근거지도 없는 찌플리스에 남아 있을 필요를 느끼지 못했다. 미망인은 두 딸과 보모 한 명, 그리고 죽은 남편의 혼령과 함께(그녀가 생각하기에), 세르게이와 보리스 가까이에서 살 수 있는 오데사로 이사했다.[4] 이후에 노처녀 동생 나데즈다, 건강이 심각하게 좋지 않은 상태였던 남동생 로스띠슬라브가 여기에 합류했다. 때때로 마담 블라바츠키가 찾아오곤 했다. 상당한 규모의 대가족이었지만, 그들은 오데사에서 기반을 잡았다. 그때부터 오데사는 세르게이의 본거지가 되었다. 그는 만년에도 자주 이곳을 찾았고 여러 가지로 오데사를 후원했다(자, 이제 우리는 여기서 이후 세르게이의 삶에 아무런 역할도 못 했던 보리스에게 작별을 고하고, 이제부터는 세르게이를 위떼로 부르기로 하자).

오데사는 찌플리스와는 아주 대조적이었다. 터키군 요새였던 요데사는 카테리나 대제가 건설한 신생도시로서, 신러시아(New Russia)인 베사라비아(Bessarabia)의 장관이 머물렀던 중심지였다. '신러시아'라는 이름 자체가 인구가 희박한 지역에 대한 행정정책을 시사하는 것이었다. 이 정책으로 누구든지 러시아인이 되고자 한다면 그리스인이건 유대인이건 이곳에 정착할 수 있었다. 이곳은 찌플리스보다 훨씬 더 코즈모폴리턴적인 도시였으므로 위떼에게 넓은 세상 감각을 안겨다 주었다.

오데사는 잘 정비된 도로와 대로로 이루어진 매력적인 도시였다. 위떼의 삶과 아주 친숙하게 될, 활기에 찬 성장 일로의 상업 및 금융 중심지였다는 점이 더 적확할 것이다. 이곳은 떳떳하지 못한 방법으로 축재가 성행하는 그런 유의 구자본보다는, 신흥자본으로 이루어진 신흥도시였다. 이에 대해서는 숄렘 알레이헴(Sholem Aleichem)이 <므나헴 멘들 *Menachem Mendl*>*에서 잘 묘사한 것처럼, 오데사는 분주한 증권 거래와 많은 은행이 밀집해 있는 도시였다. 은행 가운데 가장 큰 은행이, 개종한 유대인이자 위떼가 그의 자녀들의 가정교사를 했던, 표도르 라팔로비치(Fedor Rafalovich)가 소유하는 은행이었다. 위떼는 전 생애에 걸쳐 이 가문과 유대를 유지하게 된다.

오데사의 분위기보다도 위떼가 발전해 나가는 데 더 많은 영향을 준 것은 대학에서의 경험이었다. 위떼가 대학에 입학했던 1866년은 알렉산드르 2세의 대개혁이 이루어지던 중대한 시기였고, 드미트리

---

* 유대계 러시아인 주인공의 이름. 1969년에 이 제목의 영역본이 나왔다.

카라코조프(Dmitrii Karakozov)라는 학생이 짜르의 생명을 위협한 미수 사건이 있었던 해였다. 로스틸로프 파데예프와 연계되어 있던 궁정의 영향력 있는 보수주의자들은, 짜르에게 교육개혁이 학생들 사이에서, 특히 상급학교에서 혁명적 소요를 끓어오르도록 조장한다는 사실을 설득시키는 데 어느 정도 성공을 거두었다. 알렉산드르 황제는 "젊은이들은 종교의 진리, 사유재산 존중, 사회 질서의 근본적 원칙의 준수와 같은 진리의 정신을 배워야 한다"는 선언을 곧바로 공표했다.[5] 궁정에서는 보수주의가 힘을 얻어 가고 있었지만, 이미 도입된 개혁이 곳곳에서 진행되고 있었고, 추가 개혁이 뒤이을 예정이었다.

대학 개혁은 해방의 효과를 가져왔다. 알렉산드르 황제의 부친 니콜라이 1세의 치하에서 대학들은 마치 병영과 같은 분위기였었다. 키예프대학의 한 평의원이 한 회합에서 교수와 학생에게 말한 진술에서 당시의 전형이 드러난다. "교수 여러분은 여러분들끼리 만날 수는 있지만 오직 카드놀이를 할 때뿐입니다. 그리고 나는 학생 여러분들의 음주를 관대하게 바라보고 있으며, 군인의 제복은 자유로운 사고를 가진 학생이라면 누구라도 기다리고 있음을 기억하십시오."[6] 군인의 제복이란 25년간의 군 복무를 의미했다.

알렉산드르 2세는 모든 것을 변화시켰다. 대학 개혁은 지나치게 제한된 입학 조건들을 없애 버렸다. 더욱이, 황제는 대학 교수들에게 상당한 정도의 자율성을 부여했다. 학문의 자유를 대폭 허용하고, 나아가 권력에는 상당히 당혹스러운 일이 될, 학생들 사이에서 좌익 감정이 자라나는 것도 내버려두었다. 이 모든 조치들이 대학 분위기를 금방 바꿔 놓았다.

노보로씨스크(신러시아)대학은 1805년 리셜리외 예비학교(Lycee)로

출범했다. 1835년에 리쎄의 상급반은 대학의 지위로 격상했고, 1865
년에 약 400명 정도의 학생 규모로 노보로씨스크대학이 되었다. 교수
진은 당시에는 특출하지 않았지만, 몇몇 교수들은 이름을 빛냈다. 특
히 생물학자 메치니코프(I. I. Mechnikov)는 노벨상을 받을 정도가 되
었을 뿐만 아니라, 요구르트의 중요성을 널리 알려 대중의 관심을 끌
었다. 저명한 교육자이자 외과의사, 그리고 오데사 교육구의 교육감
을 역임한 삐로고프(N. I. Pirogov)는, 발칸에서의 가톨릭에 대처하기
위해서 이 지역에서 러시아 정교의 영향력을 퍼뜨려야 한다고 오데
사대학에 촉구하였다. 그것이 실현될 수는 없었지만, 새 교육장관 톨
스토이(D. A. Tolstoi) 백작은 '슬라브 형제'인 불가리아 교수를 초청했
고, 그가 교수직에 합류하자 학생들은 무척 비위가 상했다.[7]

위떼는 이미 재능을 보여 온 수학 분야에 전념하기로 했다. 고도의
지성과 열심히 일할 수 있는 능력을 겸비한 것은, 우선 그가 택한 주
제의 이론적 측면에서 볼 때 최고의 수학자가 될 수 있음을 말해 주
었다. '무한소(無限素)의 양'이라는 논문 주제는 위떼의 관심의 초점
이 어디에 있었는가를 예증한다. 논문은 프랑스어로 번역될 정도로
훌륭했다.[8]

위떼는 자기 분야에 열심이면서도, 일반적인 대학 생활을 멀리하
지는 않았다. 노보로씨스크대학은, 러시아의 다른 대학들과 마찬가
지로, 다양한 학부의 학생들이 어울리고, 자신들의 학과에 대한 것에
서부터 우주의 성질에 이르는 모든 것을 토론하고, 수강 신청과목과
는 관계없이 저명한 교수들의 강의를 듣기 위해 몰려들던 하나의 커
뮤니티였다. 이런 경험은 위떼에게 광범한 지식과 자유로운 탐구라
는 개념에 헌신적인 소중한 교육기관으로서 대학을 존중하도록 만들

었다. 나중에 위떼는, '제국 법률학교'와 같은 특수학교 출신의 엘리트들인 정부 관료들이 학문의 자유를 제한하려는 데 맞서, '대학의 이상'을 옹호하게 된다. 위떼는 대학생들이 정치학에 지나치게 몰두하는 것을 개탄했지만, 정부가 대학생들에게 과감한 조치를 취하려 했을 때, 비록 그러한 입장이 동료들의 지지를 받지 못한다 해도, 학생들을 자신과 동일시하며 옹호했다.

위떼는 대학에서 대부분의 학생들과 몇몇 교수들이 기존 질서에 적대적이며, '학생들의 우상'이 체르니솁스키(Chernyshevsky), 도브롤류보프(Dobrolyubov), 피사레프(Pisarev)와 같은, 무신론적이고 반정부적인 견해의 열렬한 대변자들임을 금방 알아차렸다. 많은 학생들은 '서클'이라고 부르는 토론 그룹에 각각 속해 있었다. 익명으로 글을 쓰던 한 동문이 수십 년 뒤에 주장한 바에 따르면, 위떼는 (개혁가) 알렉산드르 2세를 암살하려 한 한 테러리스트 그룹의 우두머리인 안드레이 젤랴보프(Andrei Zheliabov)를 포함한 그룹의 우두머리였다.[9] 그것뿐만이 아니다. 자라온 과정과 외삼촌 로스띠슬라브의 영향 덕분인지, 위떼는 황제권과 러시아 정교 신앙에 아주 헌신적인 소수 학생들 가운데 한 명이었다.[10] 동창들이 기억하는 위떼는 일에 대한 남다른 능력이 있었고, 그의 모든 경력의 보증이 될 특질에 남다른 능력이 있었으며, 충실하게 맡은 임무를 이행한 사람이었다. 예를 들면, '학생 기금'(자치적인 생활협동 조직)의 한 간부로서 위떼는 또 다른 학생 한 명과 함께 한 번도 회의에 빠진 적이 없는 유일한 사람이었다. 위떼는 큰 키로 기억되기도 했다.[11] 그의 큰 키는 능력 및 추진력과 걸맞게 완벽한 조화를 이루었다.

위떼는 일벌레였지만, 노는 시간도 낼 줄 알았던 것 같다. 그는 이제 겨우 십대 말의 청소년이었다. 한 동창은 위떼를 '신흥 졸부집' 학생들 그룹의 리더로 기억했다.[12) 위떼는 부유한 것과는 거리가 멀었지만, 개인교사로 번 돈을 물 쓰듯이 하고 다닌 듯하다. 그 같은 부류의 학생들이 무엇을 했는지는 일일이 열거하지 않겠다. 아마도 술 꽤나 마시고 화류계 여성들, 가끔은 여배우들을 쫓아다녔을 것이다. 어쨌든, 위떼도 대학 4학년 때는 소홀로바라는 여배우에게 푹 빠져서, 한 금메달 경쟁대회에도 참가하지 않을 정도였다. 그럼에도 불구하고, 위떼는 과에서 수석으로 졸업했다. 호리호리한 키에, 왼손잡이, 재기가 뛰어난 젊은이인 위떼는 이제 직업을 선택할 때가 되었다.

위떼 자신이 말한 바와 같이, 야망은 수학교수가 되는 것이었으나, 외삼촌 로스띠슬라브나 그의 어머니는 교수직이 전망 없는 직업이라고 주장했다.[13) 행정적 차원에서의 철도사업은 또 다른 문제일 것이라고 그들은 말했다. 1870년 5월, 졸업할 무렵에 위떼는 여전히 학문세계로 진입하기 위해 계속 노력할 계획이었지만, '오데사 철도'의 행정직에 임명되었다. 당시에 위떼가 무슨 생각을 했는지 우리는 알 길이 없다. 위떼는 분명히 두 가지의 아주 대조적인 직업의 길 사이에서 괴로워했다. 그때 무슨 일이 있었는가에 대한 위떼 자신의 설명은 다소 꾸민 것인지도 모른다.[14)

위떼의 기분이야 어떠했든 간에, 그는 러시아인들이 '소개(prote-ktsiia)'라고 부르고 미국인들은 '끌어주기(pull)'라고 불렀던, 당시 퇴역 장성이던 로스띠슬라브 삼촌이 마련해 준 결과로 철도 일을 시작하게 되었다. 몇 달 후 위떼가, 우연히 오데사에 들른 교통대신 블라디미르 보브린스키(Vladimir Bobrinskii) 백작을 만난 것은 파데예프의 주선을 통해서였다. 아마도 파데예프의 요청에 의한 것이었겠지만,

보브린스키 백작은 위떼에게 학구적인 생활은 잊고 대신에 철도사업에 전념하라고 충고했다. 위떼는, 만일 백작이 제시한 바대로 하려면 교통 기술자의 학위를 딸 시간이 필요하다고 응답했다. 백작은 그런 엔지니어들이 이미 철도사업에서 너무 많은 권력을 가지고 있다고 밝히며 위떼의 주장을 무시했다. 그리고 철도사업에서는 위떼처럼 좋은 대학에서 수학을 전공하고 현장 경험도 있는 사람이 필요하다고 했다.[15] 위떼 자신도 이를 확신하고 있음을 인정했다.

이 무렵 '오데사 철도'는 정부 소유에서 <러시아 증기선 무역회사>의 자회사가 되었다. 이 회사는 제국 궁정과 연계되어 있는 한 해군 장교 치하체프(Nicholas M. Chikhachev)가 경영했다. 로스띠슬라브 삼촌은 이제는 퇴역한 바랴찐스키 공의 추천서를 얻어 치하체프에게 전달함으로써 조카의 경력에 도움을 주려고 했다. 추천서에서 바랴찐스키 공은 위떼를 칭찬하면서, '그가 자신감에 차 있는' 젊은이라면 도와주라고 치하체프에게 촉구했다.[16] 치하체프에게 보낸 답신에서 바랴찐스키 공은 위떼의 행동이 매우 인상적이었으며, 기회가 될 때마다 언제든지 그를 격려할 것이라고 썼다.[17] 기회는 곧 왔다. 파데예프도 또 다른 측면에서 도움을 주고자 했다. 파데예프의 도움으로, 위떼는 <신러시아, 베사라비아> 총독의 '공식적인 특별 임명'을 받는 명예직으로 임명되었다. 그 자리는, 의무는 따르지 않으면서도 상당한 지위가 주어지는 자리였다.[18] 위떼는 이제 넉넉한 봉급을 받고 호텔에 살면서 모친의 통제로부터 자유롭게 되었다.

철도업계에 들어서면서, 위떼는 자신이 새롭고 흥미진진한 환경의 한가운데에 놓여 있음을 발견하게 되었다. 즉 근대화, 산업화, 그리고 자본주의 발전과 같은 다양한 이름으로 규정되는 급속한 경제적 사회적 변화의 환경이 그것이다. 급속한 철도 발전이 여기에 중심적인 역할을 담당했는데, 그것은 러시아의 철도 체계가 아직도 걸음마단계에 있었기 때문이다.

정부는 거대한 철도망을 계획했는데 그중에 오데사 철도가 최대 주요 구간이었다. 1863년에 짜르는 공사를 허가했는데, 그 작업은 군 공병대, 농민들, 그리고 죄수들을 고용한 계약업자들에 의해 이루어졌고, <신러시아, 베사라비아>의 총독, 교통성, 재무성의 수중에 놓여 있었다. 더욱이, 이 작업은 가능한 한 값싸게, 그리고 미국식 모델로 간주되던 경(輕)철도와 같은 경제성에 입각하여 부설되어야 했다. 위떼가 철도사업에 입문할 당시, 오데사 철도의 몇몇 구간에서는 이미 수송이 이루어지고 있었다. 근자의 수에즈운하 개통이 가져다준 상승효과와 오데사 철도가 조화를 이룰 것으로 기대되고 있었다. 위떼는 정부가 이 노선을 <러시아 증기선 무역회사>에 매각한 직후에 입사했다.[19] 위떼는 철도 사업의 요람기에 입사한 신출내기였다.

훗날 위떼의 놀라운 이력을 일컫는 흔한 말이, 위떼가 철도 승차권을 검사하는 단순한 일부터 시작했다는 것이다. 그러나 그렇지는 않았다. 위떼는 나중에 경영 수습사원으로 불리게 된 일부터 시작했다. 여기에는 승차권 검사를 포함해서 다양한 철도 사업에 대한 사전 감각을 익히는 일이 포함되었다. 위떼는 고도의 지적인 자신의 일을 인식했다. 그것은 고된 일에 필요한 능력이 되었을 뿐만 아니라 직무를 빨리 익히는 능력이 되었다. 더욱이 위떼는, 비록 무례한 일이기는 하지만, 자신이 '결단력 있는 강한 성격'을 지녔다고 정확하게 표현했다.[20] 문제가 발생하면, 위떼는 정력적으로 맞섰고, 상황이 문제를 정당화해도 이론에 따르지 않고 실질적인 해결책을 찾아 가며 단호하게 행동했다. 위떼의 거친 매너와 사투리는 고상한 사람들을 짜증나게 만들었지만, 점잖은 체하지 않는 철도업계에서 적어도 그보다 낮은 레벨의 사람들에게는 그리 부담스러운 것도 아니었다.

위떼의 업무는 '오데사 철도'를 효율적으로 이윤을 창출하도록 만드는 데 있었다. 여기에서 위떼가 당시 진행 중이던 대개혁의 더 큰 구도 아래 철도의 역할에 대해 심각하게 생각했다는 증거는 없다. 그러나 그것은 나중에 나타날 것이다. 외삼촌 로스띠슬라브의 영향을 받아 위떼가 가지게 된 지적 사고의 근원에 대해서는, 일부는 범슬라브(Pan – Slav)로, 또 다른 일부는 친슬라브(Slavophile)로 부르는 것이 가장 타당할 것이다. 외삼촌의 견해를 전부 따른 것은 아니지만, 위떼가 친슬라브주의의 상당부분을 수용한 것은 분명하다. 친슬라브주의는, 짜르가 자신의 국민들과 이심전심의 교감을 갖고 있다는 전제정에 대한 믿음이자, 러시아 정교회 신앙이 교회의 정화가 필요하다는 신념과 연결되어 있다는 굳건한 믿음이며, 농촌의 꼬뮨이 곧 농민 생활의 이상적인 형태라는 개념이었다. 더욱이 위떼는 슬라브 민족들의 형제애에 대한 범슬라브적 신념에 감동했다.[21] '구러시아'가 생각해 왔던 막연한 시각으로 보자면, 친슬라브주의는 떠오르고 있는 '신러시아', 철도가 극히 중대한 역할을 하는 '러시아'와는 동떨어진 것이었다. 때가 되면 위떼는 이 같은 다양한 견해들을 표출하게 되겠지만, 당시에 그의 주요 관심사는 오데사 철도였다.

이미 지적한 바 있지만, 위떼는 곧바로 치하체프의 신임을 얻어 6개월 후에 철도의 수송책임자로 임명되었다. 이 자리는 유능하지만 다른 유대인들처럼 오만하다고 간주되던 — 위떼의 견해에 의하면, 그리고 분명히 치하체프의 견해로도 그러했던 — 표도르 쉬테른이 맡았었다.[22] (위떼는 러시아인들을 포함한 많은 인종 그룹에 대해 정형화된 견해를 가지고 있던 사람이었다.) 오래지 않아 치하체프는 위떼의 수송 책임자 직무에 좋은 인상을 받아 그를 매니저로 임명할 것을 고려했지만 처음에는 나이가 어려 보류했다. 더욱이 매니저 임명을 보류한 데는 임명을 교통성으로부터 승인받는 데 꼭 필요한 운수수송 엔지니어 학위를 위떼가 갖고 있지 않다는 사실도 작용했다. 나중에 위떼는 엔지니어 학위를 따려고 시도했으나 교통성으로부터 퇴짜를 받았다. 그럼에도 불구하고, 점차 시간이 흐르면서 청년 위떼는 사실상 매니저가 되었다.

위떼는 열심히 일하면서도 공공문제에 관해 생각하고 글을 쓰는 시간을 냈다. 당시 언론은, 자유 언론과는 거리가 멀었지만, 알렉산드르 2세의 언론 개혁 이전보다는 훨씬 목소리를 내고 있었다. 특히 마담 블라바츠키를 비롯한 위떼의 몇몇 친척들은 작가였고, 독자 여러분도 생각나시겠지만, 그의 누이들도 글을 써보려고 했다. 위떼는 다양한 문제에 대한 의견을 가지고 있었다. 위떼 자신이 나중에 인정한 바와 같이, 글쓰기가 쉽지는 않았지만, 자신의 생각을 표현하고자 애썼다.

위떼는 여러 편의 글을 썼다. '초록 앵무새(Zelenyi Popugai)'라는 인상적인 가명으로 위떼는 현안에 관한 글들을, 지역 신문으로서 당시의 기준으로 진보적이라고 생각되던 <프라우다 Pravda>지에 기고했다. 이 신문에는 몇몇 동창들도 기고했다. 그 가운데 한 명과 위떼는 수년 동안 관계를 유지했다. 더욱이 위떼는 또 다른 신문인 <노보로씨스크 텔레그라프 Novorossiskii telegraf>에 슬라브인에 관해 글을 썼다. 그것은 자신의 이념적 성향에 대한 증언이었다. 위떼의 이 같은 성향은 주도적인 친슬라브주의자, 악사코프(I. S. Aksakov)가 발간하던 정기간행물, <덴마크인과 러시아인 Den and Rus>에 기고한 글에서도 반영되었다.[23)]

위떼가 자신의 경력을 쌓기 시작할 무렵, 범슬라브주의는 목사, 군장성, 정부의 고위 관료들, 그 가운데 콘스탄티노플 주재 대사에 이르기까지 많은 지지자들을 끌어모았다. 범슬라브주의자들은 슬라브 민족이 독특하고도 뚜렷한 별개의 인류의 인종적(혹자는 민족적) 분파를 형성한다고 믿었다. 그러므로 터키와 오스트리아-헝가리제국의 지배를 받는 슬라브민족들은 해방되어야 하고, 러시아에 결속된 하나의 연방과 같은 정치적 실체로 연합해야 하며, 나아가 터키를 압박하여 콘스탄티노플을 자유시로 만들거나, 러시아의 지배하에 두어야 한다고까지 믿었다. 그러나 해방을 염원했을 짜르의 폴란드계 신민들은 이러한 논의에서 늘 빠졌다.

파데예프 삼촌은 범슬라브 사상의 주도적인 옹호자로서 콘스탄티노플 주재 러시아대사와 가깝게 일하고 있었음이 드러났다. 1869년에 파데예프는 "동방문제(Eastern Question)에 관한 의견"이라는 제목의 선동적이고도 논쟁적인 글들을 연속해서 간행했다. 그것은 러시아가 자국의 미래를 확신하고, '슬라브 형제들'과 운명을 같이해야 하며, 그렇게 돕는 것이 오토만제국과 오스트리아-헝가리제국을 파괴하는 책무에 필요하다는 내용이었다. 그 같은 과업은, 필연적으로 독일과의 전쟁을 수반할 것이었다. 이러한 견해들은 공식적인 대외정책과 충돌했고, 파데예프를 궁정에서 '마음에 들어 하지 않는 인사'로 만들었다. 그러나 정책에 영향을 줄 정도의 지위에 있는 많은 사람들에게까지 그런 것은 아니었다.

위떼는 상당히 외삼촌의 영향력하에 있었지만, 그렇다고 해서 이같은 비현실적이고도 위험한 견해들에 모두 찬성한 것은 아니었다. 그렇지만, 위떼는 분명히 발칸 슬라브국가들과의 연계를 내세워야 한다는 목적에 공감했다. 이에 감동받은 위떼는 1870년에 조직된 <성 키릴과 성 메소디우스의 자비로운 슬라브 오데사 위원회 Sts. Cyril and Methodius Slavonic Benevolent Committee of Odessa>의 부의장이 되었다. 다른 주요 도시들에서의 이와 비슷한 위원회들처럼, 이 위원회도 세르비아인들과 불가리아인들과 같은 슬라브민족들과의 연대를 진흥시키고, 학생들을 러시아로 보내 공부시키도록 고무하여 종종 의도치 않았던 결과를 낳기도 했다. 불가리아 학생 슈테판 스탐뷔로프(Stefan Stambulov)가 그 경우였다. 오데사의 한 신학교 학생이었던 그도 위원회의 서기로 활동했다. 나중에 불가리아 수상이 된 그는 반러시아정책을 추종했다.[24]

발칸 반도에서의 극적인 전환을 가져온 1875년의 사건들은 위원회가 이 지역 문제에 대해 호전적인 태도로 활동하도록 자극했다. 그해에 터키 지배자들에 대한 한 반란이 보스니아와 헤르체고비나에서 일어나서 순식간에 불가리아로 확산되었다. 불가리아는 터키의 잔악한 행동으로 말미암아, 유럽과 러시아의 여론을 터키에게 적대적으로 만든 곳이었다. 러시아에서는 범슬라브주의에 냉담한 사람들에게까지도 곤경에 빠진 반란자들에 대한 열렬한 지원과 터키에 대한 증오를 불러일으켰다. 범슬라브주의에 대한 냉담한 견해는 톨스토이의 안나 카레니나(Anna Karenina)에 나오는 한 인물이 한 말로 예증된다. "불가리아 학살 사건 때까지도, 나는 모든 러시아인들이 슬라브 형제들을 왜 그렇게 좋아하는지 이해할 수 없었다. 나는 슬라브형제들에게 전혀 애정이 없었음을 고백해야만 한다."[25]

이러한 상황이 진전되는 와중에 위떼의 삶은, 1875년 12월에 오데사 철도의 오데사-볼타 구간의 찔리굴(Tiligul)제방에서 발생한 끔찍한 비극으로 말미암아 일시적으로 제동이 걸렸다. 가득 실은 한 차량의 화물 적재분이 일직선의 선로를 따라 제방으로 굴러떨어지면서 철도 선로가 유실되고 화재가 나 수백 명이 사망했다. 노동자들이 선로를 옮기고 수리를 했지만, 직선으로 된 선로의 양쪽 끝에서 서로에게 경고 사인을 알리는 데 실패했다. 노동자들은 사고 당시에 걷잡을 수 없는 돌풍을 피하느라 피난처를 찾으면서 인근 오두막에 있었다.[26]

이 사고는 무시무시했고, 무책임한 책임 공방이 충격적인 결과를 야기했다. 육군상 드미트리 밀류찐(Dmitrii Miliutin)은 짜르에 대한 보고에서, 러시아의 철도 노선의 절반이 오데사 철도와 같은 형태이며, 찔리굴에서 일어났던 것과 같은 또 다른 비극이 언제든지 발생할 수 있을지도 모른다고 단언했다.[27] 늘 그래 왔던 것처럼 여론은, 비극에 책임 있는 사람들이 처벌되어야 하며, 철도 책임자와 치하체프, 위떼가 집중적으로 비난받아야 한다고 주장했다. 사실 치하체프와 위떼는 책임과는 거리가 멀었다. 그러나 위떼는 자신과 치하체프가 처벌받아야 한다고 믿었다. 고위직에 있는 사람들에 대한 '교육받은, 자유로운 사람들'의 반감 때문이었다.[28] 사건에 대한 조사와 책임 공방이 끝없이 계속되었다. 그동안 철도 책임자는 제 정신이 아니었지만, 치하체프와 위떼는 직무를 계속했다.

위떼는 업무시간이 끝난 뒤에는 <슬라브 자선협회>에서 자신이 맡은 일을 계속했다. 1876년 6월에 러시아 퇴역장성의 주도하에 오토만제국에 대항하여 세르비아가 전쟁을 개시한 이후에 위떼의 일의 추진 속도는 극적으로 가속화되었다. 흔히 예상할 수 있는 바와 같이, 러시아에서는 강렬한 친세르비아 감정이 있었다. 세르비아가 패할 것이 분명해지자, 위떼가 가담했던 한 광범한 캠페인은 '슬라브 형제'를 도우려는 지원자들을 모집하기에 이르렀고, 이들에게 필요한 운송수단을 마련해 주기까지 했다.

오래지 않아, 1877년 4월에 러시아는 터키와 전쟁에 돌입했다. 짜르가 원했던 것도 아니지만 — 그것과는 거리가 멀었지만 — 민중의 여론과 열강의 힘에 의한 정치가 러시아를 전쟁으로 끌고 들어갔다. 이 때문에, 위떼의 역할은 개인적인 지원자들에게 해상수송을 연결해 주던 것에서, 갑자기 오데사 철도로 병력을 수송하는 일로 바뀌었다. 그 일에서 위떼는 중요한 역할을 담당했다. 이 일은 아직 20대의 젊은이에게는 상당한 도전이었다. 그리고 그 도전은 위떼에게 조국의 정부에서 주도적인 인물로 만들게 될 자질 — 결단력, 상상력, 실용주의, 위험부담에 대한 대처능력, 재빠른 학습능력 — 을 보여줄 기회를 제공했다.

이 무렵에 찔리굴 재난에 대한 평결이 내려졌다. 치하체프와 위떼에게는 형기의 개시 날짜가 명시되지 않은 채, 단기 징역형이 내려졌다. 니콜라예비치 대공(Nicholas Nicholaevich)은 당시 주 전쟁터이던 발칸 반도에서(또 다른 전쟁터는 큰 형 알렉산드르가 복무했던 카프카즈였다) 육해군 총사령관으로 복무 중이었다. 니콜라예비치 공이 현장으로 군대를 보낼 의무에 대해 위떼와 논의하고자 했을 때, 그는 불성실하게 대답했다. 전쟁이 끝날 때까지 기다리기보다 당장 감옥으로 들어가는 것이 오히려 나을지도 몰랐고, 또 만일 자신의 임무를 제대로 수행하지 못하면 추가 형벌을 받아야 할지도 몰랐기 때문이었다. 위떼는 니콜라예비치 공과의 대화에서 틀림없이 다음과 같은 대답을 기대했다. 즉 만일 위떼가 자신의 의무를 성공적으로 수행하면, 대공이 자신의 징역형을 무효화하도록 짜르를 설득하리라는 것이었다.[29] 위떼는 오데사 철도 노선을 따라 우호적인 관계에 있던 루마니아 공국의 한 노선과 연결하여, 말, 장비와 더불어 수십만 군대의 이동을 감독하는 임무에 기꺼이 동의하고 여기에 뛰어들었다. 군대는 다뉴브 강까지 진군하여 불가리아를 건넜다. 불가리아에서 군대는 적과 교전한 뒤, 콘스탄티노플로 밀고 들어가 터키에게 강화를 요청했다.

위떼는 상트페테르부르크 정부에서 입안한 계획에 따라 모든 것을 진행시킬 수 있을 것으로 기대했다. 그 계획들은 열차와 군대의 이동이 어떻게 조정이 되어야 할지에 대해 상세한 부분까지 천하태평하게 설명해 놓았지만, 위떼가 부딪쳐야 하는 실제 세계의 제약까지 고려해 넣은 것은 아니었다. 만만찮은 도전 요소가 될 부분들이 정말로 많았다. 위떼는 판에 박힌 사무적 스타일을 무시하는 환경 속에서 성장했다. 위떼는 자신이 부여받은 비현실적인 계획들에 순응하기보다는, 자신의 건전한 상식에 의존하여, 직면한 도전들에 단호하게 대처했다.

도전 요소는 막강했다. 왜냐하면 이는 철도에 막중한 긴장을 안겨다 줄 다수의 사상자들을 수반하는 대전쟁이었기 때문이다. 열차 차량 공급이 부족하지 않았던가. 위떼는 허가도 받지 않은 채, 루마니아 국경으로부터 가까운, 키시네프와는 좀 떨어진, 기차역에 기병들과 말들을 소집했다. 그런 뒤에 기병들과 말들을 키시네프까지 보낸 뒤에 다시 루마니아까지는 기차로 보냈다. 기관차 공급이 부족했으므로, 기관차 엔지니어들이 쉬는 동안에 기차운행도 쉴 수 있도록 하기 위해, 위떼는 24시간 내내 기관사들을 도와줄 보조원들을 임명했다. 기차가 도착할 다음 역으로부터 전신 신호를 기다리는 관행 때문에 단선철도의 운행이 지연되지 않았던가. 그래서 위떼는 기차가 신호를 기다리지 않고, 15분여의 간격을 두고 발차하게 했다. 수십만 명의 부상자를 호송할 수 있는 병원 차량도 심각하게 부족하지 않았던가. 그래서 위떼는 밀짚이 침대 역할을 하는 운송 차량을 만들었다. 그는 전쟁터까지 군대와 장비를 보내는 데 도움이 되는 일이나, 가능한 한 빨리 부상자들을 치료시키기 위해 귀환시키는 데 필요한 일이라면 무엇이든지 했다. 위떼는 자신이 맡고 있는 모든 일에 자신의 가슴을 담았다. 이 일은 범슬라브주의에 경도된 그에게 특별한 의미가 있었다. 전쟁의 성과에 대한 위떼의 헌신은 큰 형인 알렉산드르가 탁월한 용맹으로 전투 현장에서 싸우고 있었고, 현역에 있기에는 너무 나이가 들긴 했지만 로스띠슬라브 삼촌이 몬테네그로의 당시 러시아 군 대표로 활동하면서 자신의 본분을 다한 사실 때문에 더욱 강화되었다.

한 독일인 장성은, 러터전쟁은 양 진영의 중대한 결함을 극대화시킨, '맹인과 애꾸눈 사이의' 전쟁이었다고 묘사했다. 러시아군 지휘부는 콘스탄티노플에 주재하는 한 범슬라브주의자 대사가 제공한 터키의 취약점에 관한 과장된 보고서에 자극받아 속전속결의 승리를 기대했다. 그러나 그렇게 되지는 못했다. 전쟁은 아군과 적군 사이에 유리한 상황이 수시로 바뀌는 가운데, 예상보다 훨씬 더 장기화하였고 유혈이 낭자했다. 마침내 러시아가 더 강하다는 것이 드러났다.

1878년 1월 초, 불가리아의 터키군은 괴멸되었고, 러시아군은 카프카즈 전선으로 진군했다. 1월 8일에, 아드리아노플을 함락시킨 러시아군은 콘스탄티노플을 차지할 수 있는 위치에 있었다. 터키군이 항복하고, 1월 19일에 정전 의사를 표명한 지 한 달 뒤에 산스테파노에서 굴욕적인 평화조약이 조인되었다. 산스테파노조약은 세르비아, 루마니아, 몬테네그로의 독립과, 불가리아의 자치, 보스니아와 헤르체고비나의 제한 자치, 그리고 발칸 반도와 카프카즈 지방의 약간의 영토를 러시아에게 할양하도록 규정했다. 열강 가운데, 주도적인 위치에 있던 영국의 경우, 이 조약이 러시아에게 발칸 반도에서의 우위권을 보장해 준 것으로 보았지만, 다른 열강은 이 조약이 자기들의 이해를 위협하는 것으로 보았다. 그 결과 이들은 힘으로 위협하며 러시아로 하여금 새 조약에 동의하도록 강요했다. 베를린에서 조인된 조약은 발칸 반도에서의 러시아의 영향력을 저지시켰다. 러시아에게 쓰라린 경험이 된 이 베를린조약은 특히 영국에 대한 기존의 적대감을 증대시켰다. 그럼에도 불구하고, 러시아는 전쟁에서 승리했고 영토를 획득했으며, 세르비아, 루마니아, 몬테네그로는 독립을 쟁취했다.

그의 세대의 많은 사람들에게도 그러했지만, 위떼에게 이것은 그의 기억 속에, 러시아 병사의 승리, 희생, 용기와 인내, 플레브나(Plevna)와 쉽카 파스(Shipka Pass)에서의 피비린내 나는 유혈공격, 머지않아 정치적 역할을 담당하게 될, 로리스-멜리코프(Loris-Melikov)와 같은 뛰어난 장군들의 공훈 등으로 각인된 '유일한 전쟁'이었다. 위떼는 전쟁의 어두운 부분에 대해서도 의식하고 있었다. 두말할 필요도 없이, '전쟁은 지옥'이었다. 피할 수 없는 전쟁의 공포 외에도, 전쟁에는 의료, 공급 체계의 열악한 상태, 돈에 쉽게 매수되는 식량과 마초 제공업자들의 모습도 있었다. 매수행위는 보급 장교들과 업자들로부터 뇌물을 받은 것으로 전해진, 짜르의 새파란 애첩인 돌고루카이야 황비(Princess Dolgorukaia)와도 연결되어 있었다. 그리고 거기에는 적합하지 않은 자리에서 명령을 내린 약 열두 명 정도의 대공들도 포함되어 있었다. 크림전쟁 이래 러시아 군대는, 기술적으로 큰 성공을 거두었다는 사실을 덧붙인다고 해도, 여전히 시대에 뒤떨어져 있었으며, 터키군과 비교해도 몇 가지 측면에서 열등했다. 더욱이 위떼는 크림전쟁에서 여전히 회복단계에 머물러 있던 국가 재정을 러터전쟁이 얼마나 더 약화시켰는지도 알게 되었다.

위떼의 전공(戰功)이 인정받은 것은 아니었지만, 니콜라예비치 대공은 짜르에게 징역형 면제를 추천하겠다며 위떼를 안심시켰고 그의 진가를 치하했다. 대공은 약속을 지켰다. 알렉산드르 2세는 위떼의 징역형뿐만 아니라, 전쟁 기간 동안 흑해 요새를 지휘했던 치하체프의 징역형도 사면했다. 그렇다고 위떼의 허가받지 않은 전시 행동에 대한, 별무성과의 조사가 중단된 것도 아니었다. 그리고 앞으로 우리가 보게 되겠지만, 황제의 사면 조치가 곧 찔리굴 사건을 마무리 짓게 만든 것도 아니었다.30)

제3장

상트페테르부르크와 키예프에서
(1879~1891)

러터전쟁이 끝나면서, 위떼의 경력과 개인적인 삶은 급속하게 바뀌었다. 전환의 계기는 오데사, 키예프 - 브레스트, 브레스트 - 가예보 노선들이 '남서철도(Southwestern Railroad)'로 합병되어 러시아의 주요 철도의 하나로 탄생한데서 비롯되었다. 철도 건설에 지대한 관심을 기울여 온 정부로서는, 합병이 머지않아 수지를 맞추고 이윤을 충분히 낼 수 있을 것으로 기대하며, 이 새 회사에 자본금에 5%의 이익률을 보장해 주었다.[1] 합병에 뒤이은 인사이동은, 철도 운영 구간의 책임자 임명을 수락한 위떼에게 승진의 기회를 열어주었다. 이 이동으로 위떼는 상트페테르부르크로 이사해야 했다. 위떼는 분명 교통 책임자로 임명되었어야 했지만, 그 자리는 이미 내정되어 있었다. 결국 위떼가 그 자리로 가게 되었을 때는, 장차 그의 아내가 될 사람의 스캔들로 말미암아 곤혹스럽게 될, 키예프로 이사한 뒤가 될 것이다.

전쟁이 끝나갈 무렵, 서른 살이 다 되어 가던 위떼는 스피리도노바 (Spiridonova)라는 키예프의 젊고 아주 예쁜 여성에게 반했다. 그녀는 도박에 빠져 있던 자신의 남편을 떠나 딸 소냐와 함께 오데사로 왔지만 스캔들이 따라다녔다. 빚을 갚을 능력이 없던 그녀의 건달 남편은, 자신의 아내에게 언니의 보석을 훔쳐 오라고 시켰다. 언니가 그 일을 입 밖에 내지 않을 것으로 생각하고 벌인 일이었으나, 언니는 그렇지 않았다. 스피리도노바에게 범죄 기소가 이루어졌지만, 그녀는 한 재판관의 호의로 가까스로 곤경에서 벗어났다.

스피리도노바가 오데사로 옮기기로 결정한 것이 이때였다. 오데사에서 위떼는 그녀를 만났고, 동방정교회법이 간통의 경우에 허용하는 이혼을 설득하며 그녀에게 구애했다. 이 불운한 남편은, 아마도 위떼로부터 소액의 돈을 받은 뒤, 이들의 간통을 인정했다. 교회가 이혼을 허용하자 남편은 곧 스피리도노바를 떠났고, 결백한 입장에서 두 사람은 재혼할 수 있게 되었다.[2]

위떼가 상트페테르부르크로 옮기게 된 또 하나의 이유가 있었다. 바랴노프(E. T. Baranov) 백작이 대표로 있는 '철도운영조사위원회'로부터 같이 일하자는 초청이 왔기 때문이었다. 이 위원회는, 앞서 언급했듯이, 황제에게 올리는 육군상의 보고에 부응하는 과정에서 탄생했다. 육군상의 보고서는, 러시아철도의 대부분이 사영철도이고, 전쟁의 경우에 부응하기에는 제대로 설비가 갖추어지지 못했음을 경고했다. '바랴노프 위원회'의 여러 가지 과제 가운데는 상공업 진흥을 위한 철도의 적합성 제고 연구도 포함되어 있었다. 위원회의 작업은 러터전쟁으로 중단되었고, 일단 전쟁이 끝난 뒤에 재개되었다.[3]

이 일에 참여하는 것이 위떼로서는 철도 체계를 더 많이 익힐 수 있고, 위원회의 작업에 기여할 수 있는 기회였을 뿐만 아니라, 그의 경력에도 분명히 이득이 되었다.

위떼와 스피리도노바는 상트페테르부르크에 살 곳을 마련했고, 그곳에서 결혼했다. 위떼는 딸 소냐를 입양했지만, 그나 그의 아내 둘 다 그 소녀에게 애정이 없었기 때문에 아이는 키예프에 있는 아이의 할머니에게 맡겨졌다. 위떼의 집에서 이 이상한 결혼을 어떻게 받아들였는지는 알 수 없지만, 쉽게 상상은 간다.

부부는 트로이츠키 거리의 새 구역에 정착했다. 어느 늦은 밤에 하인이 헌병과 몇 명의 경찰이 현관에서 위떼를 만나고자 한다며 그를 깨웠다. 설명도 없이, 위떼는 인근 경찰서로 연행되었다. 거기서 위떼는 자신이 동궁(Winter Palace)의 한 지휘관 아델슨 장군(General Adelson)의 명령에 따라 연행되었다고 들었다. 위떼는 당혹스럽다기보다는 오히려 자신이 억류된 이유가 혁명 테러리스트들에 대한 대대적인 캠페인과 어떤 관련이 있지 않을까, 그리고 어느 정도는 자신이 혁명분자들과 연결된 한 남자의 비서로서 일한 사실 때문에 의심을 받고 있는 것이 아닐까 두려워했다.[4] 그 같은 두려움은 동궁에 도착했을 때 사라졌는데, 그곳에서 찔리굴 사건이 자신을 다시 따라다니고 있다는 사실을 알게 되었다. 위떼가 들은 바로는, 황제의 명령에 따라 치하체프는 가택 연금형을, 자신은 구치소에서 단기 징역형에 처해진다는 것이었다.

곧이어 위떼는 바랴노프의 주요 행정 보조 역할을 담당하고 있는 아넨코프(Annenkov) 장군으로부터 설명을 들었다. 장군은 러터전쟁 말기의 법무대신으로서 범죄형의 사면권이 자신에게 없으며, 더욱이 여론은 찔리굴 재난에 대한 대가가 치러져야 함을 요구하고 있다고 황제에게 조언했다는 것이다. 황제는 그 조언에 따라 형기를 몇 주간으로 단축시켜 주었다. 바랴노프가 짜르에게 위떼의 조력이 필요하다고 황제에게 청원한 결과로, 위떼는 더 가벼운 형을 받게 되었다. 형기가 하루 만에 구치소에서 풀려나는 것으로 조정된 것이다.[5]

　이후 몇 달 동안 위떼는 바랴노프의 '철도운영조사위원회'의 일에 그럭저럭 참여하고 있었을 뿐만 아니라, '남서철도'의 일도 충실하게 해냈다. 이 바랴노프위원회는 교통성과 다른 기관들의 관료들을 포함한 하부 소위원회들이 소속되어 있었고, 철도 문제에 어느 정도 지식이 있는 상인, 철도 기술자, 경제학자, 지주, 산업가들이 포함되어 있는 거대한 조직체였다. 수년을 끌어온 그들의 노력은 산더미 같은 자료를 낳았고, 상당 부분은 총 6권의 보고서에 들어갔다. 전부는 아니지만, 위원회 작업의 상당 부분은 많은 참여자들에게 기득권을 부여한, 성과 없는 것이었다.[6] 한 가지 가시적인 결과가 있다면, 철도 헌장이었다. 헌장은 교통성 산하에 있는 철도문제에 관한 한 협의회가 몇몇 정부 기관들과 민간 기관의 대표자들을 포함한다고 규정했다.

　아직 커다란 연못의 작은 개구리 한 마리에 불과했던 위떼가 이 헌장의 대부분을 만듦으로써, 위원회 심의에 자신의 발자취를 남겼다. 그렇게 함으로써 위떼는 관료들과 마주칠 때의 여러 가지 장애들에 이전보다 더 익숙해질 수 있게 되었다. 추천된 협의회가 몇몇 관료들의 권력을 차단하자, 제안된 헌장은 곧바로 '국무회의(State Council)'의 집단 반대에 부딪쳤다. 국무회의는 알렉산드르 황제에게 헌장이 도달되기 전에 그것을 정식으로 인정하거나 보류시키는 기관이었다. 그런데 위떼가 이 집단 반대의 주요 표적이 된 것이다. 러시아에서 당시 풍미하던 테러리즘과 다른 소요들의 시위운동을 다루는, '핵심적 절대권력'이라고 불리던 한 계획을 실행에 옮김으로써 황제의 신임을 받아 온 로리스 멜리코프(Loris-Melikov) 장군이 위떼를 소환했다. 그러나 그것은 우호적인 소환이었음이 드러났다. 위떼 집안과 친분이 있던 장군은 카프카즈 출신의 아르메니아인으로서, 위떼의 강한 어떤 부분에 대해서가 아니라, 날카로운 센스의 가치에 대해 조언했다. 나중에 위떼가 제안한 철도 헌장은 법이 되었다.[7]

위떼는 철도 업무와 정부 운영의 모든 권력과 익숙해지며, 넓은 세계로 비상했다. 이 과정에서 위떼는 반드시 고려해야 하는 기득권 세력에 대한 지식을 쌓아 나갔다. 철도 부호들 가운데에는 자신의 새 보스인 얀 블로흐(Jan Bloch)가 포함되었다.

얀 블로흐는 바르샤바에 본거지를 둔 개종한 유대인으로서, 소규모 철도와 은행 운영으로 자수성가하여, 부, 권력, 영향력과 귀족의 풍모까지 얻게 된 새로운 타입의 전형이었다. 때때로 블로흐는 주요 감독 업무를 이사회 부의장인 비쉬네그라드스끼(Ivan A. Vyshne-gradskii)에게 맡기고, 자신은 철도 업무를 보기 위해 상트페테르부르크를 찾았다. 블로흐가 '대부분의 유대인들처럼' '건방지다'고 썼던 위떼는, 비쉬네그라드스끼와는 달리, 보스의 비위를 맞추기 위해 자신을 낮추거나 하지는 않았다. 예상했던 대로, 위떼는 비록 블로흐의 호의는 사지 못했지만, 그의 존경을 받았다. 상트페테르부르크에 온 지 일 년도 채 안 되어, 위떼는 철도 운영의 이윤을 남겨야 한다는 임무를 띠고, 철도 운영의 중심지인 키예프로 발령받았다.[8] 오데사와 달리 키예프는 천년의 고도였지만, 주민들은 오데사 주민들처럼 주로 상공업 관계로 새로 이주한 사람들이었다. 인구의 대부분은 우크라이나인들이었고, 주변 환경은 우크라이나식이었지만, 도시는 러시아화되었다(우크라이나인들은 러시아 민족 가운데 열등한 부류로 간주되었고, 우크라이나어는 인쇄가 금지된 방언에 지나지 않았다).[9]

폴란드계는 눈에 띄는 소수 인종으로서, 이들은 키예프가 폴란드 영토의 일부였던 시기의 후손들이었다. 키예프는 17세기에 러시아에 병합되었지만, 폴란드인들은 도시와 그 주변 지역의 지주들로 남았다. 상트페테르부르크 정부는 1863년 폴란드 반란에 대한 대응으로써 키예프와 그 밖의 다른 지역의 폴란드인들을 가혹하게, 무엇보다도 그들을 공직에서 제거하며 혹독하게 다루었다.

그리고 키예프에는 유대계 소수민들도 있었다. 이들은 드니예프르 강과 가까운 저지대, 뽀돌(Podol)에 모여 살았다. 키예프의 유대인 역사는 거주권 허용부터 전면 추방에 이르기까지, 아주 다양한 가지각색의 역사이다. 그러므로 키예프의 유대인들이 러시아 전역의 유대인들처럼 똑같이 공식적인 반유대주의의 시련을 겪었다고는 말할 수 없을 것이다.

도시에 거주하는 동안, 위떼는 세 그룹의 성원들을 고용할 기회가 있었다. 위떼 역시 그들에 대한 편견으로부터 자유롭지 못했다. 우크라이나인들은 교활하고, 상층 폴란드인들은 방종한 매너를 보이며, 유대인들은 탐욕스럽고 거만하다는, 일반적으로 평가되는 전형적인 고정관념을 위떼 역시 고수하고 있었다. 그럼에도 불구하고, 위떼는 인종이나 종교와 상관없이 유능한 사람들을 활용하고 필요하다면 그들을 지원하는 정책을 펴면서 '재능 있는 경력'을 신뢰했다.

위떼와 그의 아내가 키예프에서 살고 있을 때, 혁명운동은 정부에 점차 위협이 되고 있었다. 예상했던 대로 위떼는 자신의 일에 뛰어들어 매사 정력적으로 일했지만, 그리 오래지 않아 자신이 반혁명 기도에 휘말려 있다는 것을 알게 되었다. 그러므로 '남서철도'에서의 위떼의 일에 대해 말하기 전에, 위떼가 반혁명 기도에 연루된 상황에 대해 먼저 간략하게 언급하는 것이 적절할 듯하다.

이 시기의 혁명운동은 테러리스트 진영인 '인민의 의지(Narodnaia Volia)'에 의해 지배되었고, 위떼의 동창인 안드레이 젤리야보프(Andrei Zheliabov)가 그 주도자였다. 이 조직은 혐오스런 관리들에 대한 암살 캠페인 이후 정부를 위협하여 굴복시키는 데 실패했고, 나아가 황제를 그 타깃으로 삼기로 결정했다. 근접 암살의 여러 사례 가운데 하나는 1880년 2월에 있었다. 겨울궁전에 떨어진 다이너마이트는 황제를 살해하는 데 실패하고 많은 사람들을 죽였다. 이 행위는 물밀듯 한 엄청난 공포를 야기했다. 콘스탄찐 니콜라예비치(Constantine Nicholaevich) 대공은 일기에 다음과 같이 썼다. "프랑스 혁명기에 파리 시민들은 자신들의 적을 눈앞에 두었지만, 우리는 그들을 본 적도 없고, 누구인지 알지도 못한다. 이 차이가 테러를 다시 활개 치도록 만들고 있다."[10]

알렉산드르 2세 황제는 이미 시행 중이던 조치보다 더욱 강한 조치가 필요하다는 사실을 마지못해 받아들였다. 황제는 로리스-멜리코프 장군 휘하에 '최고 위원회'를 설치하고, '선동(Kramola)'이라 불리는 것들을 뿌리 뽑는 데 필요한 조치라면 무슨 일이든 할 수 있는 권한을 주었다. 동시에 황제와 인민 사이의 결속을 다지게 만들 조치들을 제안했다. 당근과 채찍의 이러한 비현실적인 정책은 장군의 이른바 '핵심적 절대권력'의 재판(再版)이었다.

채찍은 주 장관, 총독과 같은 사람들이 혁명분자들을 색출하여 심문하기 이전에도 가혹한 방법들을 사용할 수 있는 조치를 수반했다. 그러나 로리스-멜리코프와 그의 동료들은, 반혁명 운동을 이끄는 데에는 채찍을 사용하고, 하나의 대표 단체와 같은 개량적인 개혁들을 계획하는 데에는 당근을 사용했다. 채찍은 키예프에서 이미 사용되고 있었다.

다소 아둔한 타입의 미하일 쵸르뜨코프(Michael Chertkov) 키예프 총독은 혁명분자들을 근절하기 위해 이미 끊임없이 움직여 왔다. 그에게는 그 일이 적임이었다. 1879년 2월 11일, 혁명분자들은 보기 드물게 무모한 행동을 개시했다. 헌병들과의 총격전으로 그들에게 체포령이 내려졌다. 혁명분자들은 체포된 뒤 군사법정에 회부되어, 그들 중 4명은 교수형에, 16명은 장기 유형(流刑)과 중노동형에 처해졌다. 가혹한 판결은 도시에서의 혁명적 소요를 억누르는 데 실패했다. 그들 중 많은 수가 추방된 대학생들로서 신입회원들과 함께 운동에 동참했다. 이처럼 어려운 시기인데도 불구하고, 쵸르뜨코프 총독은 그 대응으로 그처럼 악명 높은 방법을 구사하며, '선동'에 대한 자신의 캠페인에까지 더욱 정력적이 되었다. 결국 총독은 조사를 받게 되었고, 총독직은 전(前) 정치 경찰국장인 알렉산드르 폰 드렌쩰른(Alexandre von Drenteln)으로 경질되고 말았다.[11]

이 모든 일들이 위떼가 키예프에 도착하기 이전에 일어났다. 아마도 알렉산드르 2세의 많은 정책들에 대해 비판적이던 파데예프의 영향을 받았던 위떼는, 당시의 반혁명 전술에 대해 막연한 견해를 가지고 있었지만, 적어도 1881년 3월에 짜르가 암살되기 이전까지는 정책 형성에 도움을 줄 위치에 있지 않았다.

바로 그날 밤, 위떼는 아내와 함께 연극을 관람하는 동안 그 비극적 사건에 대해 알게 되었다. 그들은 극장에서 서둘러 집으로 돌아왔다. 위떼는 당시 상트페테르부르크에 살고 있던 로스띠슬라브 삼촌에게, 마치 스팀 방망이로 모래 한 알을 분쇄하는 일이라고 비교하며, 현재 진행 중인 반테러리스트 작전을 비난하는 편지를 단숨에 썼다. 위떼의 제안은, 흠잡을 데 없는 성격의 지원자들로 하여금 암살자가 될 사람들을 찾아내고 없애버리도록 한다는 은밀한 작전이었다.[12] 그 방식이 당시에 어떤 새로운 일 처리 방식으로 통용되던 유일한 계획안은 아니었지만, 얼마 후 위떼는 고무적인 답신을 받았다. 위떼의 제안이 잘 받아들여져 새 황제 알렉산드르 3세에게 보고되었으며, 조만간 수도로 내방하길 바란다는 내용이었다. 그리고 그렇게 일이 진행되었다. 위떼 집안의 한 친구이자, 당시 일시적으로 황제 수비를 맡고 있던 보론초프-다쉬코프(Ilarion Vorontsov-Dashikov) 백작이 위떼를 맞아들였다.[13] 백작은 위떼를 자신의 부관인 슈바로프(Paul (Bobby) Shuvalov) 백작에게로 이관했다. 슈바로프는 위떼를 새로 형성된 비밀 조직인, <거룩한 형제단(Holy Brotherhood)>으로 유도했다. 슈바로프는 모르핀 중독자였으며, 위떼에게 <형제단>의 규칙과 예식, 운영에 관해 가르쳤던 사람이었다는 점이 언급되어야 할 것이다.

형제단(*druzhina*)이란 용어는 여러 가지 미묘한 의미를 담고 있다. <거룩한 형제단> 회원들의 경우, 황제를 방어하기 위해 은밀한 투쟁에 가담한다는 차이는 있다. 하지만 여기서 형제단이란 용어는 본래 중세 러시아 전사, 자신의 주군(主君)의 적을 물리치기 위해 죽기를 각오하고 싸울 준비가 되어 있는, 무시무시하게 보이는 말에 올라탄 무섭게 보이는 남성, 장엄한 수비병의 이미지를 나타낸다. <형제단>은 오직 자기 위의 상급자만 누구인지 알 수 있고, 자신이 무슨 임무를 띠고 있는지만 알 수 있는 사다리꼴 편제의 위계사회였다. 회원은 성서에 손을 얹고 황제를 수호하고 '선동'과 싸우겠다고 맹세해야 했다. 얼마나 많은 회원이 있었는지는 알 수 없지만, 현재 알려진 바로는, 특히 조직의 최상층 부에는 귀족주의가 잘 드러나며, 그 멤버 가운데는 작곡가 차이코프스키(Peter Ilich Tchaikovsky)와, 나중에 위떼와 불구대천의 원수가 되는 베조브라조프(A. M. Bezobrazov)가 있었다. 슈바로프에 의해 위떼 자신도 키예프 지부의 책임자로 지명되었다.[14)

<거룩한 형제단>은 튼튼한 재정적 뒷받침이 갖추어져 있었고, 그 목적에 부합하는 다양하고도 은밀한 행동에 가담했다. 어떤 이는 <형제단>이 블랙리스트 맨 위에 올라 있는 테러리스트를 제거한 것으로 기대하겠지만, 우리가 알고 있는 바로는, 그 같은 계획은 단 한 번 시도되었을 뿐이었다. 위떼는 그 계획에서 간접적인 역할을 맡았는데, 그 한 번도 실패로 끝났다.[15) <형제단>이 존속한 짧은 기간 동안에 죽은 테러리스트들은, <형제단>의 멤버나 요원들 수중의 은밀한 뒷골목에서가 아니라, 공식적인 교수집행인의 수중에 있는 교수대 위에서 그렇게 되었다.

<형제단>의 은밀한 조직들은 자신들의 작전 사실을 숨길 때조차도, 자신들의 존재 사실을 대체로 숨길 수 없다는 규칙에서 예외가 아니었다. 그 존재가 금방 널리 알려졌기 때문이다. 혹자는 이를 '국가 안의 국가'라고 불렀는데, 이는 <형제단>이 비밀경찰과 경쟁을 벌일 정도로 당연시되었다. 정보 수집이 그 주요 활동이었는데, 위떼는 러시아 남부의 정치적 분위기를 보고함으로써 여기에 일조했다.[16) 혁명적 학생들을 색출하기 위한 시도에서, <형제단>은 대학

생들을 끌어들일 수 있는 한 주점을 키예프에서 운영했으며, 학생들의 태도는 기관원들에 의해 감시되었다. 그런가 하면, 상트페테르부르크대학에서는 혁명적 성향의 학생들 명단을 수집하기 위해 한 비밀조직이 설치되었다.[17]

<형제단>은 몇 가지 정치 개혁을 약속하는 대가로, 알렉산드르 3세의 대관식 이후까지 정전이 준수되도록 망명 중인 혁명 지도자들과 교섭하는 등, 결국 수포로 돌아간 시도를 하며 은밀한 외교를 전개했다.[18] 더욱이 <형제단>은, 러시아에서 은밀히 유통되던 <자유언어 *Volnoe slovo*>라는 잡지를 발행하고, <젬스트보 연합 Zemstvo Union>의 기관으로 가장하며, '흑색' 선전 분야에 뛰어들었다. 물론, 그 같은 기관은 없었다. 위떼는 여기에 익명의 기고자의 한 사람이었다.[19] 뿐만 아니라 위떼는, 러시아에서 은밀하게 보급시키기 위해 베를린에서 발행된, 반혁명적 선전 책자의 익명의 저자였다고 알려져 있다.[20]

은밀한 조직들은 기괴해지는 경향이 있으며, 조직이 가지는 바로 그 성격상, 그리고 그 조직이 끌어들인 인물들 때문에, 때로 우스꽝스럽기도 하다. <거룩한 형제단>도 예외가 아니었다. 상식이라는 실속으로 꽉 차 있던 위떼는 조직이 점차 '우스꽝스럽고, 다분히 부끄러운 모임'으로 변해 가고 있음을 알게 되면서 곧 완전히 떨쳐 버려야 한다고 생각했고, 회원 자격을 포기하기로 결심했다.[21] 결심은 그러했지만, 파데예프의 영향을 받은 위떼는 당분간 '흑색' 선전을 발행하는 일에 계속 가담했다.

<거룩한 형제단>의 이론적 근거로 작용해 왔던, 상층부 조직에서의 전전긍긍해하는 분위기가 가라앉기 시작하자 몇몇 기만행위들이

드러났다. 그리고 그런 기만행위들에 의존해 왔던 지역들에서 무용지물로 인식되어 온 것에 대한 적의가 솟구치기 시작했다. 러시아 정교회의 최고 종교회의(Holy Synod)의 반동적인 종무원장이자, 짜르의 귀 역할을 담당하던 뽀베도노스쩨프(C. P. Pobedonostsev)는 이 조직이 잘 짜인 국가 내에서는 설 자리가 없다는 사실을 점차 확신하게 되었다. 그리고 신임 내무상 톨스토이(D. A. Tolstoi)는 "바비 슈바로프 백작 회사(Count Bobby(P. P. Shuvalov and Co.)에는 젊은 폭력배 떼거리들이 안성맞춤"이라며 알렉산드르 황제에게 조언했다.[22] 톨스토이와 뽀베도노스쩨프 두 사람은, 몇몇 지도자들이 젬스트보를 강화하고 정교회를 국가의 지배로부터 자유롭게 하는 것과 같은 다소 자유로운 친슬라브 사상을 지지한다는 사실을 알고 있었기 때문에, <형제단>을 없애야 한다며 결국 황제를 설득시켰다. 그리하여 이 상점을 폐쇄하라는 명령이 1882년 12월에 내려졌다.

이 무렵, 뽀베도노스쩨프와 톨스토이에 의해 전형화된 '반동'이 상승세를 타고 있었다. 경찰식 방법만으로는 혁명소요가 진정되기 어렵다는 파데예프와 그의 동료들의 믿음은 무시되었다. 대신에, 소위 특례법이라는 새로운 체제로 말미암아 주지사, 총독 및 다른 행정관들의 경찰력이 증가되고, 검열은 더 억압적이 되었으며, 기성 교회에 대한 국가의 장악이 더 강화되고, 지주귀족의 역할은 농민층의 희생을 대가로 더욱 고양되었고, 소수 인종, 특히 유대인들의 지위는 더욱 어려워졌으며, 교육정책은 뚜렷한 보수로 선회했다. 임시법안의 형태로 공표된 많은 제한 조치들은, 나라가 안정되면 소멸하기 마련이지만, '임시'법안들은 영구적이 되었다. 이제 굳건한 통제가 시대의 질서였다. 한 저명한 저널리스트는 다음과 같이 썼다. "젠틀맨들이여, 일어서시오. 여기 - 정부가 회귀하고 있다오."[23]

분명 위떼의 취향과는 맞지 않는 일이 일어나고 있었음이 그의 회고록에 보면 뚜렷하게 나타난다. 회고록에서 위떼는 뽀베도노스쩨프를 긍정적인 사고가 부족한 사람으로 비난하며 정치를 역행시키는 데 일조한다며 그를 거부하고 있다. 위떼는 톨스토이에 대해서도 교육과 농민층에 대한 그의 정책에 대해 분노를 표하고 있다. 그러나 위떼는 자신이 지나칠 정도로 찬양하게 된 알렉산드르 3세가 집권 초기에 현명치 못한 정책들에 동의한 데 대해서는 너그럽게 보고 있다.[24]

위떼는 한동안 1883년에 죽은 파데예프로부터 주입된 여러 가지 신념에 경도되어 있었다. 위떼는 친슬라브주의자 악사코프(Aksakov)의 <러시아인 *Rus*>에 계속 글을 썼다. 1885년에 발행된 자신의 한 기사에서 위떼는 자본주의의 발전이 공장 노동자들을 로봇으로 바꾸어 놓을지도 모른다는 두려움을 제기했다.[25] 그러나 파데예프는 세상을 떠났고, 실제 세계에서의 경험으로 말미암아 위떼는 마침내 친슬라브적인 견해와 범슬라브적인 견해의 대부분을 벗어던졌다. 생애 마지막 날까지도 위떼가 '악사코프와 같은 민족주의자'로 간주되기는 하였지만 말이다.[26] <거룩한 형제단>이라는 주제와 결별하기에 앞서, 한 가지 언급되어야 할 사실은 <형제단> 내에서의 위떼의 역할이 그의 경력에 도움이 되어 황제의 관심을 끌게 되었으며, 앞으로 수십 년간 궁정에서 중요한 인물이 될, 보론초프 - 다쉬코프와의 결속을 강화시켰다는 점이다.[27]

위떼가 <형제단>과 함께 일한 것은 그의 철도 업무를 방해하지 않을 정도의 기분 전환 정도의 일에 불과했다. 위떼는 철도 사업계에서뿐만 아니라 대도시에서도 중요한 인물이었으며, 상당한 급여를 받았고, 예쁜 여성과 결혼했으며, 니콜라이 니콜라예비치(Nicholas Nicholaevich) 대공의 별거 중인 아내와 같은 이웃들이 사는, 상류사회 지역에서 살았다. 여전히 오데사의 친구들과 가족들과는 가까운 관계를 유지하고 있었지만, 위떼는 재빨리 키예프에서의 삶에 젖어들었다. 열심히 일하는 위떼에게, 그의 에너지와 능력은 키예프의 공공 강연에 정력적으로 힘을 쏟을 시간을 내도록 만든 것이다.

위떼는 검열이 허용하는 한도 내에서, <러시아인 *Rus*>, <모스크바 공보 *Moskovskie vedomosti*> 그리고 키예프의 신문들에서 논쟁적인 문제들에 관해 자신의 견해를 발표했다.[28] 주로 철도업무에 관한 주제들을 다루었으나, 지역 대학에서의 학생 소요나(교수들에게는 대단히 실망스럽게도 학과문제에서는 학생들 편에 서서), 산업자본주의의 성장과 같은 문제들에 대해서까지도 의견을 제시했다. 심지어 그는 "한 기관차의 독백"이라는 제목의 문예란의 순수문학 영역에까지 뛰어들었다.[29]

위떼는 어떤 주장의 핵심에 이르는 이례적인 능력을 보여주며, 주거니 받거니 하는 논증의 풍미를 자아냈다. 그리고 위떼는 논쟁을 피할 사람이 아니었다. 일반적인 철도 정책과 특히 자신의 철도 운영에 관해 키예프의 한 주요 신문이 자신을 공격한다는 것을 알게 된 위떼는 자신 소유의 신문인 <키예프 언론 *Kievskoe slovo*>을 창립했다. 그리고 자신이 발행인이 되기에 적합하지 않다는 생각이 들자, 자신의 대역으로 안토니비치(A. Ia. Antonivich)를 임명했다.[30] 이 신문사는 일반 사람들이 생각하는 것만큼 큰 회사는 아니었다. 당시 대부분의 신문사들은 규모가 크지 않았고, 재정적으로 쪼들리는 모험적 사업이었다.

흔히 그렇듯이, 한 가지는 또 다른 한 가지를 부르기 마련이다. 이 경우에 해당되는 예를 하나 들어보자. 화물운임률에 관한 논쟁은 위떼로 하여금 <철도 화물운임률의 원리>라는 제목의 소책자를 쓰도록 만들었는데, 이는 1883년에 발간되었다(이에 관해서는 나중에 더 서술하기로 한다). 이는 베스트셀러의 영역에 알맞은 책이 전혀 아니었지만, 재판을 찍어 낼 정도로 꽤 팔렸다. 위떼의 저술을 음지에서 조용하게 도와준 이는 수체프스키(S. I. Sycheskii)였는데, 셰익스피어 연구자로 힘들게 살아가고 있던 그에게 위떼는 철도 업무를 맡겨 도와주어 왔다.[31] 이 경우는 위떼가 조용한 협력자를 가진 많은 경우 가운데 하나일 것이다. 왜냐하면 "나는 글 쓰는 것을 좋아하지 않는다"[32]고 위떼 자신이 나중에 술회하기도 했고, 또 위떼는 매우 바쁜 사람이었기 때문이었다. 도움받은 사실을 밝히지는 않았으나, 위떼는 자신의 견해를 발표하기를 원했다. 책은 위떼의 명성을 쌓아 주었고, 그의 철도 수입을 올려주었다.

18마일의 단선철도로, 루마니아 국경지대에서부터 키시네프, 오데사, 키예프를 거쳐 가예보에 이르는 '남서철도'에는 약 3만 명이 고용되어 있었다. 이 철도는 베사라비아를 가로질러, 도중에 '신'러시아, 우크라이나 서부, 벨로루시와 오스트리아 – 헝가리, 독일, 루마니아 철도와 연결되었다. 이는 러시아 최장 노선의 하나이자, 농산품을 운반하는 화물용 철도였다. 그러므로 이 철도는 경제 성장의 산물인 동시에 향후 성장의 견인차였다.

위떼를 아주 잘 알고 있던 헤쎈(I. V. Hessen)이 관찰한 바에 따르면, 위떼는 고위직에 있기 때문에 조명을 받았다기보다는, 어떤 지위에 있든 그 자리를 빛나게 한 사람이었다.[33] 이전보다도 훨씬 더 확장된 철도 일을, 훨씬 더 많은 권위를 가지고 일했던 위떼는, 자신의 비상한 능력뿐만 아니라, 일과 갈채에 대한 자신의 열망을 입증할 수 있는 절호의 위치에 있었다. 그리고 한 동료가 언급한 바와 같이, 위떼는 '머리끝부터 발끝까지' 실용적인 사람이었다. 위떼는 경험에 기초하지 않은 이론을 참지 못했다. 위떼는 세부사항의 사소한 수렁에 빠지지 않으면서도 실질적이었다. 교통상 시절에도 위떼는 보다 중요한 철도 문제에 대해서가 아니라, 각 철도역 승객 대합실의 화장실 설비에 지나칠 정도의 관심을 가질 정도로 실질적이었다. 그렇다고 위떼가 숫자 계산밖에 모르는 사람도 아니었다. 주요 문제에 대한 그의 정열이 그 문제들에 대처하는 수단이었다. 이러한 상황에서 문제는 '남서철도'가 어떻게 하면 이윤을 내는 수익선상에 올려놓을 수 있는가 하는 것이었다.

오데사에서의 경우처럼, 인종과는 관계없이, 능력 있는 사람들이 그의 주위에 있었다. 러시아인 막시모프(V. V. Maksimov), 유대인 아브라감슨(A. A. Abragamson), 아마도 발트계 독일인인 샤프하우젠(E. K. Ziegler von Schaffhausen), 폴란드인 말레쉐프스키(B. F. Malesheskii) 등이 여기에 포함된다. 위떼는, 늘 그렇듯이, 허세를 부리며 다음과 같이 썼다. "내가 봉직했던 어떤 자리에서든지 나는 운 좋게도 기라성처럼 유능하고 재능 있는 하급자들이 늘 주위에 있었다. 이것은 ……내가 적재적소의 사람들을 찾아내고, 그들의 장단점을 평가하는, 고도의 요령을 갖고 있기 때문이다."[34] 위떼는 이 같은 부류의 사람들에게 고삐를 늦추지 않으면서도 상당한 책임감을 부여했다. 그리고 "재능 있는 유형의 대표적인 인물이지만, 열정의 대상이 금방 바

꿰어 버리는 불안정한 러시아인"35)이라는 인물로 위떼를 묘사한 뎀친스키(N. A. Demchinskii) 같은 이들도 있었다. 뎀친스키는 2급 철도 기술자였지만 유능한 작가였다. 위떼는 다른 많은 사람들을 그렇게 한 것처럼, 그의 글 쓰는 능력을 활용했다.

위떼의 생각에 철도를 괴롭히는 주요 문제는, 혼란스럽고 불합리한 화물운임률 체계였다. 사영철도들은 정부로부터 운임률 체계에 대한 통제를 받지 않았다. 운임률은 공개하지 않아도 되었고, 또 그렇게 하지도 않았다. 사영철도들은 호의적인 고객들에게는 비밀 리베이트를 줄 수 있었고, 실제로 그렇게 했다. 이 철도들은 개인의 수중에 있었지만, 철도 공사를 촉진시키기 위해 정부가 보장했던 수입의 부족분을 정부 지불의 형태로 메워 주기 위해 공공장소에 수입원을 둘 수 있었고, 또 그렇게 했다.

위떼는 합리적인 운임률 책정과 정보의 전면적인 공개를 요하는 일련의 정부 규칙이 처방법임을 확신했다. 그는 이 문제를 바랴노프 위원회(Baranov Commission)에 알리고, 그 주제에 관한 글들을 전문 잡지에 기고하고, 앞서 언급한 바와 같이, 그것을 책으로 발간했다.36)

위떼는 철도 노선이 이윤을 남길 수 있도록 하기 위해 자신의 수학 전문 지식을 이용하며, 자신이 추천한 방식을 고집했다. 이것은 수입을 증가시키려는 위떼의 정력적이고도 혁신적인 노력의 한 부분일 뿐이었다. 위떼는 철도의 지선 건설, 새 역의 신설, 국경지대의 역에 에이전트들을 배치하는 문제, 운송업자들에 대한 차관 제공까지 생각하였다. 평생 사원들에 대한 철도 연금체계는 위떼의 후원하에 능숙한 수학자이자 베테랑 철도인인 말레세프스키(Maleshevskii)에 의해 손질되었다. 말레세프스키는 믿을 만한 통계에 기초한 보험통계의 원리를 적용함으로써 철도 연금체계를 굳건한 체계 위에 올려놓았다.[37] 대체적으로 보아, 위떼가 '남서철도'를 맡으면서 이 철도는 전국에서 최고의 철도 노선이 되었다.

위떼가 하는 일이 회사 본부로부터 인정받으면서, 그를 철도 매니저로 승진시키려는 시도가 있었으나, 그것은 교통성의 승인을 받아야 했다. 처음에 교통성은 철도 매니저가 오직 철도 엔지니어만이 할 수 있는 자리라는 것이 그들의 정책임을 완강하게 고집했다. 그러나 1886년에 그 자리가 공석이 되었을 때, 교통성은 위떼의 화려한 기록을 보고 더 이상 이의를 제기할 수 없었다. 그리하여 전례를 깨고 철도 매니저에 위떼의 임명을 승인했다.[38]

그 다음 해, 비쉬네그라드스끼가 재무상에 임명되면서, 위떼는 키예프보다 물 좋은 푸른 목초지에서 자신의 일을 찾게 되었다. 새 재무상은 부족분을 메워 주기 위해 정부가 사영철도에 지불하던 거대한 보조금을 어떻게 하면 삭감할 수 있을지 방법을 추천해 보라고 위떼에게 주문했다. 몇 년 동안 재무성은 사영기업들이 경쟁을 억누르는 파격적인 요금 할인의 자유를 포함, 화물(및 승객의) 운임률을 마음대로 조정할 자유를 누린 데 대해 우려해 왔다. 적자생존에나 어울리는 이런 상태의 문제들은, 바람직한 경제 성장으로 생각되는 것을 추구해 온 정부의 이해(利害)와는 맞지 않았다. 그러한 경쟁은 실질적이면서도 정치적인 결과를 낳았다. 무엇보다도 먼저, 경쟁력이 취약한 기업들의 수익률 하락 — '창조적인' 부기(簿記) 방식으로 부풀려지기 마련이어서 — 은 곧 국고의 재정이 고갈되어 감을 의미했다. 두 번째로, 그 같은 경쟁은 산업을 진흥시키려는 정부의 보호주의적 시도들을 약화시켰다. 예를 들어, 발트해 연안 인접지역의 회사들은 대외 수출업자들에게 매우 저렴한 운임률을 제공하며, 귀로 시에 완벽한 운송 열차를 확보해 주기 위해 발트해 연안의 항구를 제공함으로써 러시아 시장에서의 이점을 주었다. 결국 운임률전쟁은 운송업자들이 비용을 절감하기 위해 먼 길을 돌아가게 만들었다. 몇몇 관행들은 정부가 발전시키려고 하는 지역에 장애를 주었다. 무질서한 운임률 실태는 재무성뿐만 아니라, 교통성, 국가 감사원(Office of the State Controller), 그리고 국토성(Ministry of State Domains)을 불안하게 했다. 조치를 취해야 한다는 더 큰 압력은 상당한 정치적 영향력을 가진 지주들, 운송의 약 1/3을 차지하는 곡물 수출과 관련된 상인들로부터 제기되었다.[39]

비쉬네그라드스끼의 요청에 대한 위떼의 응답에는, 자신이 이미 의견을 표명했던 사항뿐만 아니라, 정부의 행동을 요하는 야심 찬 추천사항이 포함되었다. 위떼는 재무성 산하에 철도 업무국을 창설하여, 모든 철도의 운임률을 결정하고, 정부가 보증하는 반품들에서 수익을 얻는 노선들과 정부 사이의 금융 거래를 감독하고 제재하도록 하자고 제안했다. 위떼는 모든 철도가 운임률 계획표를 발행하도록 법률을 제정할 것을 추천했다. 더욱이, 제안된 운임률 계획표뿐만 아니라, 이미 시행하고 있는 운임률을 제고하기 위해, 위떼는 새 철도 업무국 국장이 주도하는 관계 부처 간 위원회를 만들자고 제의했다. 그렇게 된다면 위떼가 그 의장으로 선임될 것이 분명했다. 그러나 관료적 내분도 있을 것이고, 또 제안된 새 업무국이 빛을 보게 될지는 확신할 수 없었다. 적어도 보르끼(Borki)에서 발생한 황제 암살 미수 사건 전까지는 그랬다. 이 사건은 위떼의 경력의 전환점이 되었기 때문이다. 왜 그런가를 알기 위해 잠시 과거로 돌아갈 필요가 있다.

황제가 탄 기차가 어떤 회사의 철로 상에 있을 때는 회사의 한 관리가 기차에 동승해서 모든 것이 문제가 없는지 살펴보는 것이 관행이었다. 보르끼 역 이전의 어느 때인가 그 과제가 위떼에게 떨어졌다. 위떼는 교통상 뽀씨에드 제독(Admiral Possiet)이 보내 온 열차 예상 시각표를 놓고 한바탕 소동을 벌였다. 위떼는 제독에게 요구한 속력이 기차의 하중, 두 개의 증기기관차, 그리고 선로의 상태를 감안할 때 위험한 수준이며, 속력을 줄여야 기차가 운행될 수 있다고 위협했다. 이는 오만한 행동이었고, 황제와 그 측근들로부터도 그렇게 해석되었지만, 위떼는 황제의 안전이야말로 자신의 최우선 관심사임을 주장하며 자신의 행동을 강변했다.[40]

황제의 안전에 대한 위떼의 우려는 곧 증명되었다. 1888년 10월 17일, 황제가 탄 열차가 보르끼 근처의 쿠르스크-카르코프-아조프 구간에서 선로를 이탈하여, 스물두 명이 죽고 수십 명 이상이 다쳤지만, 식당차에서 점심을 먹고 있던 알렉산드르 3세 황제와 그의 직계 가족은 무사했다. 어떤 사람들은 황제가 섭리(나중에 이 사건을 기념하기 위해 보르끼에 한 교회가 세워졌다)에 의해 구원받았다고 믿었다. 어떤 사람들은 황제가 자신의 등을 누르고 있던 열차 지붕을 떠받쳤는데, 그 지붕이 무너져 내리긴 했지만 초인적인 힘을 과시하며 자신을 구하고, 같이 식사한 사람들까지 구했다는 근거 없는 이야기를 믿으려는 사람들도 있었다.[41] 또 어떤 사람들은 열차 사고가 혁명분자들의 소행이라며 그들의 기록을 들어가며 그럴 듯한 설명을 믿으려는 사람들도 있었지만 그건 사실이 아니었다.

위떼는 사고 원인을 규명하기 위해 보르끼로 소환된 많은 조사관 중의 한 사람이었다. 위떼가 찾은 원인의 많은 부분이 자신이 뽀씨에뜨 제독에게 비난했던 점들이었다. 그렇지만 이 사실들을 어떻게 표현해야 할까? 위떼는 당시 조사 팀의 일원이자 친하게 지내던 저명한 법률가, 코니(A. F. Koni)에게 문의했다. 위떼는 자신이 중요한 자리로 임명될 가능성이 있으며 그렇기 때문에 뽀씨에뜨 제독의 반감을 사서는 안 된다는 사실을 그에게 털어났다. 위떼 자신이 알고 있는 것을 모두 말한다면, 제독은 그를 적대시하며 임명을 막을 것이었다. 법률가는 위떼에게 도덕적이고도 실질적인 이유에서 모든 사실을 말하라고 조언하며, 위떼에게 자신의 보고서를 어떻게 최고로 표현해야 할지를 조언했다. 마침내, 위떼는 제독에 해를 줄 수 있는 몇 가지 구체적인 사항은 생략한 채, 다소 신중한 보고서를 내놓았지만, 이미 포함한 내용만으로도 제독이 입을 피해는 충분했다.[42] 결국 위떼와 다른 조사관들의 보고 때문에 뽀씨에뜨의 지위는 보전될 수 없었고, 사고 이후 한 달 뒤에 빠우께르(G. E. Paucker) 장군으로 교체되었다. 보르끼 사고 이후에 뽀씨에뜨의 몰락은 위떼의 상승과 궤를 같이했다. 황제는 솔직한 위떼를 호의적으로 보았고, 위떼는 그 사고를 자신의 경력의 전환점이라고 여기게 되었다.[43] 실로 위떼는 황제의 호의에 힘입어 정부에서 혜성과 같은 경력을 시작하게 되었다.

황제의 호의가 곧 입증되었다. 비쉬네그라드스끼에게 위떼가 추천한 사항들에 대한 한 임시 위원회의 검토가 끝난 뒤에, 황제는 1889년 3월 8일에 재무성 산하에 철도국을 신설하는 칙령을 내렸다. 이틀 후 위떼는 철도국장에 임명되었다. 위떼 자신이 회고한 바에 따르면, 비쉬네그라드스끼가 국장직을 제의했을 때 자신은 단호하게 그 제안을 거절했다고 한다. 왜냐하면 "높은 보수와 자신에게 독립적인 지위를 보장하는 지위를 놔두고, 고위 신분이기는 하지만 관료적 지위를 얻기 위해, 현재의 중요한 지위를 떠날 의사가 없기 때문"이었다. 위떼는 이어 다음과 같이 말했다. 재무상이 자신에게 귀띔해 준 바로는, 그 자리를 위떼가 수락하는 것이 황제의 바람이기 때문에 위떼는 선택의 여지가 없으며, 위떼가 황실 열차의 속력에 대해 바른 견해를 가지고 있었다는 사실에 깊이 감명을 받은 황제가 "위떼에게 거대한 계획을 염두에 두고 있다"는 것이었다. 위떼는 통상적으로 그 직책에 지불하는 봉급보다는 더 많이 받기로 하면서 국장직을 수락하는 데 동의했다고 말했다.[44] 앞서 지적했듯이, 위떼는 분명히 사실들을 잘 포장했다. 그는 비록 희생이 따른다 해도 그 자리를 원했다. 위떼 자신이 언급했듯이, 그는 봉급이 줄어들고, 독립성이 감소해도 감수하면서, 상트페테르부르크 관료제의 악의적인 분위기에 진입하게 될 것이었다. 이러한 희생보다 더 중요한 점은, 전반적인 철도체제를 경험함으로써 많은 문제들을 다룰 수 있는 기회, 권력, 그리고 지위가 바로 그 자리와 더불어 온다는 사실이었다.

그리고 그것은 신분 상승이었다. 실제적인 국가 고문관의 공무원 직급에 해당되는 새 지위는, 위떼를 표트르 대제(Peter the Great)가 확립해 놓은 관직 서열 제4등급으로 올려놓았다. 1880년에 위떼가 공무원으로서의 명예로운 지위를 그만두었을 때는 감사관 직책의 서열에 있었고 관직 서열상 9등급이었다. 위떼가 계속 공무원으로 근무했다면, 자동적으로 승진되어 5등급이 되는데 15년이 걸렸을 것이며, 그 속에서 그는 자신의 마지막 경력을 위해 남아 있었을지도 몰랐다. 왜냐하면 그 서열에서 더 이상 승진하는 것은 황제가 임의로 허락할 때뿐이기 때문이다. 여기서 4등급의 서열은 마치 대위에서 소장으로 진급한 것에 해당하는 승진이었다. 별로 이상한 일이 아닌 이 임명은 관가와 그 주변에 센세이션을 불러일으켰다.

위떼의 아내는 키예프에서의 그들의 안락한 생활 방식을 떠나 수도에서의 보다 제한된 생활로 바뀐다는 생각에 그리 흥분하지 않았다. 설상가상으로 그녀의 사랑받지 못한 딸, 소냐가 학교 교육을 마치고 그들과 함께 살게 되었다.[45] 그러나 위떼의 경력은 상승 중이었고, 그는 자신의 새 자리에서 해야 할 일에 대해 명확하고 대담한 생각을 가지고 있었다. 더욱이, 위떼는 전반적인 러시아 경제에 대한 아이디어도 가지고 있었다. 위떼는 산업화에 대한 친슬라브주의의 편견에서 벗어나 있었다. 위떼는 프리드리히 리스트(Friedrich List)에 정통하게 되었고, 새 지위에 임명된 바로 그해에 <국가경제와 프리드리히 리스트 *Natsionalnaia ekonomiia I Fridrikh List*>라는 짧은 저서를 출간했는데, 이에 대해서는 나중에 서술하기로 한다.

생애 말년에, 위떼는 자신의 생애에서 가장 행복했던 때가 남부, 즉 키예프와 오데사에서 보낸 시절이었다고 말하곤 했다.[46] 위떼는 안락하게 느끼고, 친구들이 있고, 상당한 봉급을 받고 살던 곳을 뒤로한 채, 신체적으로나 정신적으로 냉혹하겠지만, 아이디어로 가득 찬 야심 있는 자신과 같은 사람에게 더 많은 기회를 제공해 줄 대도시로 둥지를 옮겼다.

제4장

무슈 비뜨(Monsieur Vite)
(1889~1892)

위떼는 철도국장이 된 이후 한동안 사적으로 속도맨이란 의미의 무슈 비뜨(Monsieur Vite, Mr. Speedy)라 불렸다. 이는 그의 성인 위떼를 키릴 알파벳으로 음역한 뷔뜨(Vitte)로 장난삼아 부른 것이다.[1] 이 별명은 러시아 열차의 저속력을 조롱하는 것이었다. 강도가 약한 레일로 시공한 러시아 철도는, 단선철도가 광범하게 보급되어 있고, 모든 역에 정차하는 관행 등으로 시간당 평균 20마일밖에 달리지 못했다. 이보다 중요한 것은, '무슈 비뜨'라는 별명이 위떼의 급속한 신분 상승을 뜻하는 모종의 언급으로써, 위떼가 권력을 동경한다는 데 대한 광범한 믿음을 반영하고 있다는 점이었다. 많은 사람들은 위떼가 오로지 권력욕에 의해 자극받는다고 비난했다. 위떼가 권력을 추구했다는 사실에는 물론 의문의 여지가 없다. 심지어 위떼를 대단히 존경받는 인물로 인정하는 사람들조차도 그가 매우 자기중심적이며 권력욕이 강한 인물이라는 사실에 의문을 제기하지 않는다.[2] 어떤 사람들은 자신의 이익만을 위해 권력을 추구하고, 또 어떤 사람들은 필요하다고 생각되는 그 어떤 것을 하려고 하지만, 그래도 이기주의자는 아니면서 권력을 추구하는 소중한 사람들도 있다. 비스마르크나 드골을 포함한 몇몇 주요 인물들처럼 위떼는 자신의 사사로운 이해와 러시아의 이익을 구분할 줄 알았다.

위떼는 상트페테르부르크에서의 삶을 맛본 적이 있지만, 성가신 일 많고, 속물적이며, 당파적이고, 어느 수도에서보다 가십을 일삼는 행위가 더 비열하게 이루어지는, 수도의 상층 관료의 일원으로서의 삶은 아니었다. 아마도 그런 환경이라면 비참했을 것이다. 관료정신은 독창성을 저하시키고 '각료회람'이라 불리는, 지나치게 고풍스런 언어로 쓰인 산더미 같은 문서들을 양산해 내도록 고무하면서도, 한낱 보잘것없는 결과만을 내놓을 뿐이었다는 것이다. 관료 정신은 정부 부처의 도처에서 일에 대해 짐짓 무관심한 듯하는 태도를 낳았다. 브랑겔(Nicholas E. Wrangel) 백작은 일에 대해 질문하자 다음과 같이 말한 것으로 기억했다.

> 당신은 일하고 싶소? 별일도 다 있군요. 일하는 공무원은 정신이 나간 사람이라는 걸 모른단 말이오? 당신도 알다시피. 공무원에는 두 종류가 있소. 매일매일 똑같은 일을 하고, 마침내 하찮은 일을 잘 마무리하는 별 볼일 없는 자들이 있소. 반면 아무 일도 하지 않으면서도, 정신 능력을 유지하며 몇 년 뒤에는 국가 감사관(State Councillor)이 되고, 또 어떻게 하는지만 알면 원하는 것은 무엇이든 얻을 수 있는. 젠틀맨들이 있소. 선택은 당신의 몫이오.[3]

이 대답은 가감해서 들어야 하겠지만, 특히 외무성의 많은 공무원들은 특별한 일을 하지 않고도 그럭저럭 경력을 쌓을 수 있었다. 재무성은 유능한 여러 장관들 덕택에 더욱 운이 좋은 경우였다. 그렇다고 해서 쓸모없는 사람들이 없는 것도 아니었지만.

독립적이면서 산더미처럼 많은 일감에 익숙하고 넌센스를 참지 못하는 위떼로서는, 아주 다른 사람이 되지 않는 다음에야 자신의 이런 새로운 세계에 적응할 시간이 필요했다. 위떼는 관료 세계에서 헤쳐나가는 일과 함께, 비쉬네그라드스끼와 타협해야만 했다. 비쉬네그라드스끼는 유능하지만 상당히 많은 일을 엄격하게 시키는 사람이었다. 부하직원들에게 이상한 시간에 일할 것을 요구하는 불면증 환자로, '각료라기보다는 회계원'이라고 묘사될 만큼, 자신의 임무에 대해 좁은 시각을 가지고 있던 사람이었다.[4] 나중에 위떼는, 장관들을 대신하기 위해 많은 노력을 기울여야 할 차관들이 일찌감치 그런 나태한 마음을 가지고 있을지도 모른다고 개탄했다.[5] 악명 높은 가십 전문가였던 바그다노비치(Alexandra Bogdanovich)의 살롱에서 위떼가 자신의 상급자를 비판적으로 말했던 사실로도 입증되듯이 말이다. 그럼에도 불구하고 위떼는 비쉬네그라드스끼의 사람이었고, 사실상 그와 긴밀하게 협조하며 일하였다.

신참자로서 위떼는 관료들과 사교계 인사들의 면밀한 관찰 대상이 되곤 했다. 위떼에 대한 평가는 여러 가지였다.[6] 위떼의 비범한 지성, 큰 키, 강한 개성은 인상적이었지만, 거친 매너와 함께 그만큼이나 세련되지 못한 언어는 분노를 불러일으켰다. 위떼가 안겨준 인상이든 또는 위떼 자신이 안겨 주고자 했던 인상이든, 이렇게 상상해 볼 수도 있으리라. 즉 세련된 매너와 완벽한 상트페테르부르크 악센트로 말하는 비밀 클럽, 아마도 클럽의 대부분의 멤버들은 '제국 법률학교 Imperial School of Jurisprudence'나 '겨울 궁전 고등학교 Tsarskoe Selo Lycee'와 같은 엘리트 학교 출신일 것 같은 클럽의 한 중요한 멤버가 되려는, 대단히 지적인 시골 벽지 출신 말이다. 그렇다면 실제로는 어떠했을까. 위떼는 아웃사이더였다. 위떼는 매너와 언어를 개선해 볼 수도 있었지만, "로마에 가면 로마의 법을 따르라"는 오랜 격언에 따르지 않고, 본래 그대로의 다듬어지지 않은 사람으로 남고자 했다. 위떼는 적응 자체가 나약함의 한 형태라고 간주하는 아웃사이더의 부류에 속했다. 그렇다고 위떼가 자신에게 맞는 상황인데도 굳이 영합하려 하지 않았다는 것을 의미하는 것은 아니다. 설령 그의 아내가 위떼의 거친 부분들을 부드럽게 바꾸어 주고자 노력했다고 하더라도 그리 성공한 것 같지는 않았다.

철도국을 새롭게 조직하면서, 위떼는 '남서철도'에서 몇몇 동료들을 데려왔는데, 아웃사이더들이 관료들의 혐오를 받지 않게 하는 것은 쉬운 일이 아니었다. 더욱이 위떼는 이미 몇 명을 교통성으로 끌어들여 자신에게 합류시켰다. 이 과정에서 위떼는 대담하게도 코발레프스키(V. I. Kovalevskii)를 끌어들였다. 코발레프스키는 악명 높은 혁명주의자 네차예프(Nechaev)에게 망명처를 제공했다는 무고한 의혹을 받고 있었다. 대단히 유능한 인물인 비쉬네그라드스끼와 달리, 늘 강한 지도자였던 위떼는 자신의 일의 많은 부분을 동료들에게 일임했다. 늘 그랬듯이, 위떼는 제국, 경제, 그리고 철도 체계에 대해 더 많이 배워 나가면서 그 일과 더불어 성장해 나갔다.

위떼는 철도국을 새롭게 조직하면서 합리적 차원의 운임률 체계를 최우선 과제로 다루었다. 곡물 무역에 관계된 지주귀족과 상인들, 황실성(Ministry of the Imperial Court) — 황실의 방대한 토지 소유를 운영할 책임을 지닌—과 다른 부처들로부터 받는 압력을 감안하면, 그 과제는 시행하기보다 이런저런 말 듣기가 더 쉬운 일이었다. 철도국 내에 곡물과(Grain Section)가 곧바로 신설되어 회의를 열기 시작하면서 정부대표자와 비정부 대표자들을 여기에 포함시켰다. 교통성은 철도의 수익성을 증가시키고자 노력했고, 동시에 수출 예정인 곡물 수송의 운임률을 낮추고자 노력했다. 수송률이 러시아의 수출 소득의 상당 부분을 차지했기 때문이었다.

철도국 창설에 매진한 지 두 달 정도 되었을 때, 관리들과 대토지 소유자들이 참석한 가운데 곡물 운임률에 대한 대규모 회의가 열렸다. 이 주제에 관해 거의 100번 정도 소회의가 열렸다. 위떼는 바랴노프 위원회의 경험을 살려 관영 운임률을 압박하고자 했다. 위떼는 그다지 유창한 사회자는 아니었지만, 그의 주장이 가지는 힘에 압도될 정도로 듣는 이들에게는 설득력이 있었다. 마침내, 1889년 11월 15일에 수출용뿐만 아니라 일부 국내용 곡물 수송을 위한 운임률을 낮추는 임시 규정이 시행되었고, 나중에 이는 영구적으로 법제화되었다. 이에 따라 다른 운임이나 승객들의 운임률에도 규제가 가해졌다.[7] 많은 곡물을 수출하는 지주와 상인들이 새 운임률의 수혜자였다. 반면에, 곡물 수송이 증가하게 되었음에도 불구하고 철도는 그리 혜택을 받지 못했다. 그러나 그 규정이 결과적으로 정부와 철도 모두에게 좋은 것이었다는 점은 놀랄 일이 아니었다.

일의 추진 과정에는 많은 지주귀족들과 타협하는 일이 포함되었다. 위떼가 오데사와 '남서철도'에서 일할 때에 형성된, 지주귀족에 대한 좋지 않은 인상은 이때 더욱 나빠졌다. 다른 무엇보다도 위떼는 1863년 폴란드 반란의 결과로 징발된 폴란드 지주들의 영지를 인수

받은 러시아인들을 탐탁하지 않게 여겼다. 위떼는 농민들보다도 농업에 대해 더 모르는 그들을 '관광 나온 예술가들'이라고 지칭하곤 했다. 반면, 자신들의 토지를 소유할 수 있는 폴란드 귀족들에 대해서는 농민들에게보다 자신들의 가축 떼에 더 정성을 들이는 사람들로 규정했다. 위떼는 폴란드 귀족들에 대해서도 "많은 귀족들이 믿기지 않을 정도로 탐욕스런 위선자이자 불량배에 개떡 같은 놈들"이라고 느꼈는데, 그들 중 어떤 이들은 궁정의 고위직에 있었다.[8] 이제까지 위떼가 겪은 모든 경험은 나중에 재무상이 되었을 때 더욱 강화되었다. 위떼는 자신이 비록 지주귀족은 아니지만 세습 귀족이라는 데 자부심을 갖고 있었으면서도, 지주귀족의 많은 부분에 대해 아주 좋지 않은 인상을 갖게 되었다. 그렇지만 위떼는 황제가 자신의 훌륭한 오른팔로 간주하는 지주귀족이 강력한 그룹을 형성하고 있다는 사실을 고려해야 했다.

철도국장으로 재직하는 동안 위떼는 러시아 제국에 대한 안목을 넓혔다. 1890년 가을에 위떼는 러시아령 투르케스탄(Russian Turkestan)과 러시아의 보호령 부하라(Bukhara)로 가는 시찰단에서 비쉬네그라드스끼 재무상을 수행했다. 러시아령 투르케스탄은 광활하고, 희박한 인구의 무슬림지역이었다. 국경지대 부근에 주둔하던 장군들이 외무성 상부의 지원을 받아 이 지역을 정복했다. 이들은 정복 후에, 마치 영국이 인도 서북부에서의 통제권을 확대하며 자신들이 해야 할 과업을 주장했던 것처럼, 자신들의 팽창주의를 '문명개화의 사명'이라고 정당화했다. 파데예프 삼촌도 이와 유사한 견해를 가지고 있었다. 즉 러시아는 아시아에서 하나의 사명을 가지고 있으며, 이 때문에 러시아는 다른 열강보다도 영적으로 더 우위에 있다는 것이었다. 그 추진력은 그곳에서 많이 나는 면화에 눈독을 들인 섬유제조업자들에 힘입은 것이기도 했고, 그 이해관계는 러시아 재무성에도 관심사였다.

시찰 여행은 위떼의 눈을 번쩍 뜨게 했다. 제일 먼저 찌플리스*에 들렀는데, 이제 그곳까지 철도가 닿았다. 그곳에서 시찰단은 록펠러(John D. Rockfeller)와 로뜨쉴드(Rothschilds)가문의 석유 중심지인 바쿠(Baku)로 갔다. 다시 거기서 카스피해를 건너 아직 미완성 상태인 카스피아 횡단철도(Trans – Caspian Railroad)**의 서부 종착역으로 갔다. 당시에 그곳은, 마르코 폴로, 칭기즈칸, 그리고 절름발이 티무르 대제(Tamerlane)처럼, 중국과 유럽 사이의 전설적인 실크 로드의 향수를 불러일으키는 지역을 통과하는 지점이었다. 그들은 한동안 관광하는 데 시간을 보냈지만 임무를 게을리할 정도는 아니었다.

우선 그곳에 부설된 철도는 아프가니스탄을 둘러싼 영국과의 분규 시에 대비해서 사용할 목적과 러시아령 투르케스탄의 평정을 가속화하기 위해 건설되었다. 조만간, 철도는 경제적 목적도 가지게 될 것이다. 철도 부설은 러터전쟁 기간 동안에 위떼와 언쟁했던 아넨코프(M. N. Annenkov) 장군과, 군사기술자 가운데는 나중에 위떼의 경력에서 중요한 인물이 되는 킬코프(M. I. Khilkov) 공이 맡았다. 1880년에 시작된 철도 공사는 이들이 시찰할 당시에는 사마르칸트(Samarkand)까지 도달했다. 특히 카라쿰 사막(Kara – Kum Desert)을 횡단하는 공사는 모래 속으로 가라앉지 않도록 선로를 깔아야 하는, 거의 시지푸스의 끝없는 노역과 같은, 결코 쉬운 공사가 아니었다.[9]

---

* 카프카즈 지방의 수도이자, 위떼의 출생지
** 타슈켄트 – 크라드보드스크, 1888년 개통

카스피아 횡단철도는 투르케스탄의 평정과정을 신속하게 해 주었고 영국과의 분규라는 만일의 사태에 대비할 수 있게 해 주었다. 그러나 동시에 이 철도는 중앙아시아에서가 아니라, 페르시아에서의 러시아의 야욕에 대한 영국의 우려를 불러일으켰다. 왜냐하면 새 철도가 그 쇠잔해진 땅에 대한 러시아의 개입의 기회를 더 많이 제공해 주었기 때문이다. 위떼는 재무상이 된 뒤에 이 지방에 대해 일회성 이상의 지속적인 관심을 가지게 될 것이다.

당시 시찰단의 주된 관심은 투르케스탄 지역의 경제적 가능성이었다. 미국 텍사스 주의 2배의 크기에다, 남쪽에 우뚝 솟은 산 정상에 쌓인 눈이 흘러내려 두 개의 큰 강이 만나는 지대를 제외하면, 투르케스탄은 황량하기 그지없는 땅이었다. 앞서 지적했듯이, 이 지역은 면화를 생산할 수 있었으므로 시찰단 일행은 황제의 소유가 될, 면화 생산지를 방문했다. 위떼 역시 투르케스탄의 경제적 잠재력에 관심이 있었다. 나중에 드러난 사실이지만, 위떼는 자신의 생전에 개발되지 못했던 이 지역의 '미개발자원'에 대해 깊은 인상을 받았다.

여행을 통해 위떼는 러시아 팽창주의의 흔적들로부터 깊은 인상을 받았다. 결코 광신적인 제국주의자는 아니었던 위떼였지만, '러시아의 피'로 획득된 지역은 러시아의 손에 남아 있어야 하며 비러시아계 원주민들의 권리를 고려해야 한다고 믿었다. 그리고 위떼는 적어도 나중에는 다음과 같이 언급할 정도로 충분히 현실주의자였다. "천 년 이상…… 우리는 비러시아인들을 흡수해 왔다. 그 결과 러시아 제국은 여러 민족의 복합 집단이 되었다."[10]

여행 도중에 위떼는 아내와 동행했는데, 키스로프드스크(Kislovdsk)에 있는 한 온천에 들른 것은 아내의 신장 통증을 완화시키기 위한 것으로 보인다. 그의 아내는 그곳에 계속 머무르면서 위떼로부터 희소식을 알리는 전보를 받았다. 아마 고위 관료들의 승진을 심사하는 몇몇 교단 가운데 하나인 성 블라디미르(St. Vladimir) 준 기사도적 교단에 위떼의 가입이 허용되었다는 내용이었을 것이다. 위떼에 따르면, 답신에서 아내는 축하를 보내며 위떼 자신의 앞으로의 경력을 정확하게 예견했다고 한다. 키스로프드스크에서 그녀는 체르니고프 (Chernigov) 지방에 살고 있는 남동생을 방문하고, 키예프로 친정어머니를 만나러 갔는데, 거기서 그녀는 갑작스럽게 심장 마비로 사망했다. 이제 위떼에게는 자신이 입양했던, 그녀의 딸 소냐를 부양할 책임과, 파란만장했던 결혼에 대한 추억만이 남았다.[11]

중앙아시아로 돌아오는 길에 위떼는 자신이 늘 해 오던 일들을 다시 시작했다. 운임률 규제, 통계 수집, 민영철도 감사 및 민영철도 가운데 정부가 확보한 몇 개 철도들에 대한 수입 감사 활동 등이 그것이다. 뿐만 아니라, 위떼는 새 관세에 대비하는 한 위원회의 일에 가담하였다.

관세 정책은 1870년대까지도 자유무역 정신으로 특징지어져 왔다. 그러나 당시의 산업 성장은 외국과의 경쟁으로부터 석탄, 철, 증기기관에 대한 관세를 지키기 위해 보호무역주의로의 전환을 재촉시켰다. 1891년 관세는 이러한 품목들에 대한 관세를 인상시켰고, 보호 품목 가운데 면화를 추가했다. 이는 러시아 제국 말기까지 기본적인 관세정책으로 정착되었다.[12]

보호무역주의는 특히 중공업에 유리했으나, 다양한 그룹의 희생 특히 농민층의 고통을 가중시켰다. 이러한 보호무역주의의 부정적인 폐해는, 1891년의 그해 가뭄으로 인한 흉작, 비축 곡물의 부족이 복합적으로 작용했고, 중부 지방에서 발생한 기근으로 악화되었다. 여기에 더해 콜레라의 발생으로 수천만이 목숨을 잃었다. 1891년의 기근은 정부의 억압 때문에 오랫동안 조용하던 자유주의자들을 활성화시켜, 체제를 비난하고 특히 기근을 악화시킨 조건을 만들어 낸 재무성에 대한 그들의 목소리를 높이도록 만들었다. 자유주의자들은 비쉬네그라드스끼가 곡물 수출을 적극적으로 고무시켰다며, "우리들 자신은 못 먹는 한이 있어도 곡물을 수출하게 할 것"이라는 비쉬네그라드스끼의 부적절한 언급을 그대로 되풀이하며 비난했다. 정말 그랬다. 한번은 기근이 돌자 비쉬네그라드스끼가 곡물 수출을 막았다. 그러나 정부는 고통을 겪는 지방들을 지원하면서도, 자유주의자들이 끼어들어 기근 구제 노력의 주도권을 쥐고 정부를 당황케 만드는 것을 내버려 두며, 안절부절못했다.[13]

이 모든 일이 일어나는 동안, 비쉬네그라드스끼 재무상과 위뵤넷(A. I. Hübbenet) 교통상 사이에는 불화가 있었다. 위떼의 지지를 받은 재무상은 위뵤넷을 무능력하다고 생각했다. 특히 재무상은 곡물을 실은 열차의 연쇄충돌을 교통상이 제대로 처리하지 못한 데 대해 불안해했다. 위뵤넷은 자신의 관할 문제에 재무성이 침해하는 것으로 받아들이며 분개했다. 위뵤넷의 반감은, 어느 날 밤 분명히 한잔 마신 거나한 기분으로, 비쉬네그라드스끼와 위떼를 '도둑놈들'이라고 칭하는 데까지 이르렀다.[14] 황제의 호의를 누리던 비쉬네그라드스끼가 유리한 위치에 있었다. 설상가상으로, 위뵤넷은 자신이 한 부하 직원으로부터도 공격받고 있음을 알게 되었다. 황제를 직접 알현하며 황제가 위뵤넷의 후계자로 여길 정도였던, 군인이자 엔지니어인 벤드리치(A. A. Wendrich) 제독이었다. 악명 높고 영향력 있던 메쉬체르스끼(V. P. Meshcherski) 공도 이 불운한 장관 위뵤넷을 공격했다. 메쉬체르스끼 공도 황제와 스스럼없이 말을 하는 몇 안 되는 사람 중의 하나였다.

위뵤넷이 중도 하차하는 것으로 한번 말이 퍼지자, 그 후계자를 둘러싼 음모가 본격화되기 시작했다. 비쉬네그라드스끼는 위떼를 후보로 밀었다. 어떤 이는 다른 후보들을, 또 위떼를 포함한 어떤 이들은 벤드리치가 에너지가 넘치긴 하지만 다소 아둔해서 경선에서 제거시켜야 한다는 점을 확실하게 하고자 했다. 마침내, 알렉산드르 3세는 위떼를 1892년 2월 15(27)일 교통성 차관으로 임명했다. 황제가 어떤 사람을 차관으로 임명하면 나중에 그를 장관으로 올려주는 것은 관례였다.

위떼의 임명은 일반적으로 비쉬네그라드스끼의 승리로 생각되었다. 중요한 관리였던 아바자(A. A. Abaza)는, 재무상 비쉬네그라드스끼가 위떼를 도와준 대가로 이제 위떼의 보좌를 받게 될 것이라고 단언했다.[15] 그러나 아바자의 보고에는 다음과 같은 내용도 있었다. 누군가 황제에게, 앞으로 재무성과 교통성이 제휴하면 위떼를 임명한 것과 똑같은 결과를 낳게 될 것이라고 하자, 황제가 "아니오, 위떼는 누군가에게 자신을 예속시킬 수 있는 사람이 아니오."라고 답했다는 내용이 들어 있었다.[16] 과연 황제가 옳았다. 오래지 않아 위떼는 비쉬네그라드스끼의 자리를 탐욕스럽게 곁눈질하게 될 것이다.

러시아에서 장관 직위까지 오르려면 보통 50대 후반이나 60대 초반이 되어야 한다. 위떼는 마흔둘에 교통상으로 임명되었으므로 상대적으로 애송이였지만, 당시 러시아에서 가장 젊은 나이에 그 같은 고위직에 오른 사람이었다. 고위 관직에 오른 위떼는 자연히 관심의 대상이 되어 세간의 입방아에 올랐다. 위떼가 매우 지적이고, 야심이 있는, 철도 업무의 전문가라는 점은 인정되었다. 그 외에 위떼와 비쉬네그라드스끼가 주식시장을 가지고 노는 듯한 행위를 했다는 가십도 있었다.[17] 위떼와 연중 여러 차례 함께 일해야 하는 국무회의의 황실 서기관 뽈로프초프(A. A. Polovtsov)의 일기의 내용 가운데 위떼에 대한 몇 가지 묘사가 있다.

> 위떼는 제복을 입고(관리들은 몇몇 지정된 행사에서 제복을 입었다) 교통상으로 자신이 임명된 것과 관련하여 나를 찾았다. 상급자들 앞에서만 제복을 입는 건데, 나는 분명히 그의 상급자가 아니라고 설명했다. 위떼는 대단히 지적이며, 절제된 행동을 할 것이며, 직무를 잘 수행할 것이다. 그러나 명예와 도의심에 관한 한, 위떼는 듬직하지 못하다.[18]

이 같은 경고의 이면에는 위떼가 당시에 요령이 없었고 우쭐하기를 좋아했다는 사실이 놓여 있다. 그러나 때가 되면 위떼가 이룩해 놓은 업적이 그의 행동거지보다도 더 큰 인상을 주게 될 것이다.

위떼가 황제를 곧바로 알현할 정도로 중요한 권력의 지위에 올랐다는 사실은 그의 자만심을 부추기지 않을 수 없었다. 특히 위떼는 황제에게 올리는 주간 보고를 중시했다. 정장 제복으로 차려 입고 황제가 머무르는 궁정이면 어느 곳이나(대개는 파블로프스크에 있는 궁정의 한 곳) 따라나섰으며, 정복을 입은 하인들을 궁정까지 수행케 하는가 하면, 자신이 보고서를 낭독하는 황제의 서재에까지 그들을 부르곤 했다. 이 모든 것이 다소 거만한 행동들이었지만 위떼는 이를 통치자에게 깊은 인상을 주어 정책을 결정짓게 할 하나의 기회로 높이 평가하였다.

여러 가지 점에서 위떼와 알렉산드르 황제 두 사람은 걸맞았다. 둘 다 키가 크고, 다소 까다로운 사람들로서 강한 의지를 겸비했고, 그 어떤 것보다도 참아내야 할 예식을 참아내지 못했던 점에서 공통적이었다. 그러나 두 사람의 지성적인 면까지 같았다고는 할 수 없다. 위떼는 매우 지적이었으며, 아마도 천재였을 것이다. 알렉산드르 3세는 필요한 상식을 갖추었지만 균형이 잡히지도 않았고, 지적이지도 않았다. 황제의 형인 니콜라이가 만일 예기치 않게 죽지 않고 제위를 계승했다면, 알렉산드르는 기병 경무관과 같은 자신의 장점을 제대로 발휘할 수 없는 군관직이나 맡아 그럭저럭 모호하게 자신의 생을 보냈을 것이다. 그러나 그는 "전지전능한 신의 은총으로, 모든 러시아인들의 황제요 군주이며…… 폴란드 황제이며…… 핀란드 대공"으로 군림했다(공식적으로 통치자는 황제로, 비공식적으로는 짜르로 지칭되었다).

알렉산드르 3세의 통치는 '반동'이라는 단어와 폭넓게 연관되어 있다. 알렉산드르 2세의 몇몇 개혁을 축소해 버린 통치는 반동적이었으나, 그것은 전제정의 원칙, 지주귀족의 강력한 지위, 보수적인 러시아 정교회의 우위성을 보존하기 위한 것이었다. 그 주요 이념적 대변자이자, 러시아 정교회의 종무원장인 뽀베도노스쩨프(C. P. Pobe-donostsev)는 다음과 같이 선언했다. "모든 정치 원리 가운데 최악은 인민주권론이다. ……오늘날까지도 소위 인텔리겐치아의 많은 사람들을 미혹시키고, 불행하게도 어리석은 러시아인들을 홀리게 만든 의회주의가 거기에서 나온다."[19] 물론 위떼도 전제정을 믿었으나, 그의 견해는 황제와 인민에 대한 친슬라브적인 환상의 색채를 띠었다. '우리의 황제 카이저는 우리가 하려는 것을 할 때에만 절대적인 권한을 가지신다.' 아마도 독일 각료들이 복창했을 이 말이 황제를 통해 권력을 발견한 위떼에게 해당될는지도 모르겠다.

위떼는 알렉산드르 2세가 암살된 이후에 뒤이은 개혁정신을 지지했고, 알렉산드르 3세 치하에서 취해진 많은 정책들에는 개인적으로 반대했다. 그러나 위떼는 이러한 생각들을 혼자만 가지고 있었을 뿐, 황제를 위해 일하는 것을 행복하게 생각했다. 이러한 이견들이 수면 위로 떠오른 때는 이른바 유대인문제에 대한 위떼의 입장이 드러났을 때였다. 위떼가 언급하고 있는 바에 따르면, 황제가 듣기로는 위떼가 유대인들과 친구라는데 그것이 사실인지를 물었다는 것이다. 어느 누구도 그 같은 일 때문에 알렉산드르를 비난하지 않았다. 일설에 따르면 황제는 한 유대인 묘지를 처음 보고 다음과 같이 말했다고 한다. "만일 모든 유대인들이 저기에 묻힌다면 우리가 평화로울 텐데."[20] 위떼는 황제의 질문에 다음과 같이 대답한 것으로 기록하고 있다. "만일 '유대인 문제'가 모든 러시아계 유대인들을 흑해로 몰아내 버린다고 해서 해결될 수 있다면 그게 좋을지도 모르겠습니다. 그러나 그렇게 하는 것이 가능하지 않기 때문에 법률적 무자격자로 고통을 겪고 있는 많은 유대인들을 점차적으로 개선시켜 주는 것이 해답일 것입니다."[21] '유대인 문제'란 러시아정부가 러시아 내 유대인들을 전 세계 유대인의 절반인 500만에 달하는 황제의 유대계 신민으로 다루는 데서 수반되는 문제들을 포괄하는 용어였다. 1772년, 오스트리아, 프러시아, 러시아 사이에 폴란드에 대한 파렴치한 분할이 시작되기 이전에, 러시아는 한 소수 분파를 제외한 유대인들이 국경 내에 들어와 살지 못하도록 금했다.* 이는 중세의 서유럽 국가들이

_____

* 1772년 8월 1일 폴란드에 대한 첫 분할로 말미암아 러시아는 백러시아, 드비나, 드니프르에

기독교세계의 적이라는 믿음 때문에 유대인들을 추방하거나 게토에 그들을 가두어 놓았던 이유와 같은 맥락이었다.

러시아가 폴란드 영토를 획득하게 되면서 상당수의 유대인들이 유입되었고, 이들이 러시아 신민으로 수용되면서 유대인들을 어떻게 다루어야 하는지에 대한 문제가 생겨났다. 폴란드에서 유대인들은 상당히 유리한 지위를 누렸다. 그들은 군역이 면제되었으며, 몇 가지 자치를 허용받았다. 그러나 짜르 치하에서는 이런 것들이 가능하지 않았다. 러시아정부는 유대인들을 기독교세계의 적으로 간주하면서, 유대인들을 이등 신민의 범주 안에 묶어 놓는 수십 개의 차별적인 법률안, 칙령, 제한조치들을 통과시켰다.

분명히, 위떼는 유대인들 및 개종한 유대인들을 고용했고, 그들과 관련되어 있었으며, 그들과 친구라는 명성을 얻었다. 개종한 유대인들은 알렉산드르 3세와 반유대주의자들에 의해 개종은 했지만 달라진 것이 없는 사람들로 간주되었다. 위떼는 러시아가 유대인 시민들의 법적 평등을 허용하는 서유럽의 예를 따를 수밖에 없다고 생각했으나, 대중의 반감이 폭발하지 않도록, 한 번에 한 단계씩, 주의 깊게 다루어야 한다고 믿었다. 그러나 이 과정을 출범시키기 위해 노력하는 데 위떼는 주도적인 역할을 하지 않았다. 그렇게 하면 자신의 경력을 위태롭게 만들 뿐만 아니라, 그러한 노력이 권력에 의해 거부될 것이어서 보람도 없을 것이기 때문이었다. 위떼는 적어도 두 가지 경우에서 황제가 편견을 갖도록 만드는 빌미를 제공했다.[22] 자신의 지

이르는 모든 영토와 180만 명의 주민을 확보했다. 오스트리아는 갈리시아, 포돌리아 서부 및 크라코프 일부를 차지하면서 270만 명의 주민을 확보했다. 프러시아는 단치히를 제외한 폴리쉬 프러시아를 차지하고 416만 명의 주민을 확보했다. 이로써 폴란드는 국토의 1/3, 인구의 1/2를 상실했다.

위를 대단히 예민하게 의식하는 강한 의지의 소유자였던 위떼는 황제의 환심을 계속 유지하고자 하였지만, 전하는 바에 따르면, 때로 황제와 서로 언성을 높여 가며 논쟁을 했다고 한다.[23] 어쨌든, 위떼는 미천한 신민의 역할을 다해야 할 삶의 현실이 자신에게 요구되고 있다는 사실을 잊지 않았다. 두 사람의 관계는 매우 편안한 관계였으며, 알렉산드르 황제는 오래된 각료들보다도 훨씬 유능한 위떼의 능력과 활력을 존중하고 높이 샀다. 위떼 역시 짜르에게서 강인함과, 모범적인 삶을 산, 평화를 사랑하는 사람임을 발견하며 그를 숭배했다. 위떼는 알렉산드르 황제가 70년을 살 것이며, 황제 자신과 관련한 가혹한 정책들을 완화시켰어야 한다고 믿었다.[24] 위떼를 주시하던 사람들은, 오래지 않아 위떼가 저명해지기 시작할 무렵, 막 자신의 경력이 끝나가고 있던 독일의 '철의 재상' 비스마르크와 위떼를 비교하게 된다. 위떼가 또 다른 비스마르크로 비쳤느냐 아니냐의 문제는 사실 알렉산드르 3세가, 비스마르크를 굳건하게 지원했던, 또 다른 빌헬름 1세였느냐 아니냐의 문제였다.

황제는 국가수반이자 정부수반이었다. 그의 임명권은 공무원과 군부 인사에 이르기까지 실로 광범했다. 각료들은 하나의 집단 기구를 구성하지 않아서, 가령 각료위원회는 있긴 했지만, 서류상으로만 존재했다. 각료들은 대체로 매주 황제에게 보고했으며 이론상 자신들의 일을 통합했다. 소관이 불분명한 부처들 간의 문제에 부딪칠 때 황제는 관련 각료들과 아마도 한두 명의 대공들을 소집하여 특별각료회의를 소환하여 일반적으로 회의를 주재하며, 어떤 견해를 받아들일지를 결정하곤 했다. 그 같은 조정은 효율적인 정부에는 적절하지 않았지만, 권력을 황제의 수중에 유지시키면서도 각료들이 황제의 호의를 서로 얻기 위해 경쟁하도록 고무시켰다. 위떼는 알렉산드르 3세와 그렇게 일하는 데 성공했음을 보여주었다.

각료라는 새로운 역할에서 위떼는 국가의 최고위 기관인 각료위원회(Committe of Ministers)와 국무회의(State Council) 위원으로서의 직권으로 일했다. 각료위원회는 각료들, 황제가 임명하고자 하는 다른 고위 관료들, 추가 위원들, 그리고 당시에 제위 계승자였던 니콜라이 알렉산드로비치(Nicholas Alexandrovich) 대공으로 구성되었다. 각료위원회 의장은 전(前) 재무상 분게(Nicholas Bunge)였다. 분게는 위떼가 차지하게 될, 이 막다른 자리에까지 승진한 후 물러났다.

각료위원회 위원장으로서의 위떼는 다음과 같이 신랄하게 언급했다. "온갖 종류의 행정적인 쓰레기, 즉 국무회의에서 회부되었거나, 반대에 부딪칠지도 모르는 주요 법안은 물론, 모든 것들이 명확하게 법으로 규정되지 않은 쓸데없는 문제들이 회의에 상정되었다."[25] 각료위원회는 한 회기에서 지독히도 악명 높은, 예외적 탄압법안이나, 유대인들에게 보다 한층 강압적으로 부과된 제한법과 같은 이른바 임시 입법안을 다른 형태로 갱신하거나, 공공도서관에 들어가야 할 도서 목록이나 새 회사의 설립허가서를 고려해야 할지도 몰랐다.

위떼가 각료로서 도모한 일 가운데 이보다도 훨씬 더 중요한 일은, 전제 정권하에서 입법부에 가장 근접한 국무회의에서였다. 국무회의는 알렉산드르 1세하에서 탄생했는데(1811년), 알렉산드르 1세 황제는 선거로 선출된 국가두마(State Duma) 하원과, 칙명으로 구성되는 상원을 헌정 질서의 한 부분으로 계획했다. 헌정 질서는 상층 계급의 맹렬한 반대와 황제의 나약한 의지 때문에 제대로 유지되지 못했지만, 국무회의는 (1917년 2월 혁명기까지) 살아남았다.

국무회의는 '제국의 최고위 기관'으로 간주되었다. 국무회의는 법안을 발의하지 않았다. 그것은 각료들의 몫이었다. 국무회의는 발의된 입법안을 심의하고 수정한 뒤, 숙의를 거친 추천서와 함께 그것을 황제에게 올리는 일을 맡았다. '독재적인, 무제한의 권력을 가진 군주'로서 황제는 국무회의의 추천을 거부할 수 있었으며, 때때로 그렇게 했다. 국무위원들이 거의 세습 귀족, 대체로 전직 각료, 퇴역 장성이나 제독이 그 일원으로 임명되었던 사실을 감안하면, 사실 그런 경우는 드물었다. 국무위원이 되는 것에 대해 황후가 '최상의(bon – bon)' 자리라고 불렀듯이, 위원들은 연금을 대신하는 후한 사례와 명예가 보장되었다. 그들은 대부분 나이가 많았지만, 몇몇은 무지하거나 노쇠하여 고려해야 할 문제들을 다룰 능력조차 없었다.[26]

국무회의는 일주일에 한 번, 한 시간 동안, 마린스끼 궁정에서 회동했으며, 위원들은 특유의 제복을 입었다. 지루한 회기 내내 알맹이 없는 토론이 이루어져, 대부분의 일은 해당 분과의 노련한 관료들에 의해 이루어졌다. '국가경제국'은 위떼의 일에 가장 영향을 많이 준 분과 가운데 하나였다. 때때로 관심 있는 주제에 관해 국무회의 석상에서 토론이 이루어질 때면, 위떼는 효과를 높이기 위해 목소리를 높여서 발언했는데, 세련된 웅변가는 아니었지만, 설득력 있게 말할 수 있었다. 위떼와 관계된 사람은 대체로 '국가경제국'의 국장인 아바자(A. A. Abaza)였는데, 그에 대해서는 나중에 더 언급하기로 하자. 그리고 위떼는 앞서 우리가 한 번 만난 적 있는 뽈로프쵸프(Polovtsov)와도 관계가 있었으나, 연로한 미하일 니콜라예비치(Michael Nikolaevich) 대공과는 별로 함께 일한 적이 없었다. 대공은 암호전문가이자 전직 카프카즈 총독으로서 국무회의 의장을 맡았고 위떼와는 전에 자주 만난 적이 있었다. 앞서 언급한 바와 같이, 국무회의가 제안된 입법안에 대해 이의를 제기하면, '임시 법안'으로 전환시키기 위해 각료위원회로 회부시켰다. 그러면 임시 법안은 정기적으로 갱신해야 하기 때문에 흔히는 정부 말기까지 유효하지 못했다.

위떼가 교통상으로 재직한 6개월 미만의 시간은, 시정해야 될 사항이 심각하게 많은 교통성의 운영에 심대한 영향을 주기에는 너무 짧은 시간이었다.[27] 그러나 이 짧은 사이에도 주목할 만한 몇 가지 사건이 있었다.

그중 하나는 위떼의 삶에 등장한, 악명 높은 블라디미르(Vladimir, 그의 친구들은 '보보(Vovo)'라고 불렀다) 페뜨로비치 메쉬체르스끼(Petrovich Meshcherskii)였다. 메쉬체르스끼는 높은 자리에서 영향력을 행사하는 수상한 인물들 가운데 한 사람이었고, 늘 그런 부류의 사람들과 접촉하고자 했다. 매우 귀족적인 가문이지만 무일푼이었던 메쉬체르스끼 공은, 잘생긴 근위장교들을 좋아하고, 빌붙기 좋아하는 파렴치한 음모가였으며, 사람들로부터 '호로자식', 불량배라는 의미의 놀리는 말인 '메르제츠끼 공' 또는 그의 동성애를 지칭하는 '소돔 공과 고모라 시민'으로 불렸다.[28] <시민 Grazhdanin>이란 메쉬체르스끼의 영향력과 수입의 원천이자, 그가 편집 발행하는 극단적인 보수 신문의 이름이었다. 수입은 정부의 공지 사항 발행에 지불되는 보조금과 황제의 호의적인 보조금으로 충당했다. 메쉬체르스끼가 황제의 환심을 사고 있었기 때문에, 그의 영향력은, 위떼의 경우처럼, 저술로써 관료 경력에 영향을 줄 수 있을 것이라는 폭넓게 확산된 믿음에서 나온 것이었다. 메쉬체르스끼는 끊임없이 각료들과 친분을 가지려 애썼고, 그들을 매주 저녁에 초대하여 그에 상응하는 대가를 반드시 얻어냈다.

황제는, 의지가 강한 황후 마리 페드로브나와 함께하는 자리에서는 그를 무시했지만, 황제 자신도 <시민>지를 읽는 것을 마다하지 않았고 메쉬체르스끼 공이 자신을 예방하도록 허용했다.[29] 혹자는 이 신문이 알렉산드르 황제가 읽은 유일한 신문이었으며, 자신의 초보수적인 견해를 지지해 줄 기관지를 원했던바, 보조금을 지불해 주었을 것이라고 믿었다.[30] 메쉬체르스끼의 영향력에 대한 믿음이 광범하게 확산되어 있었기 때문에 많은 각료들, 그중에서도 위떼는 그의 환심을 사고자 노력했다.

위떼가 교통상이 되고 나서 얼마 후 메쉬체르스끼 공은 위떼를 예방한 자리에서 자신의 총애를 받는 사람 가운데 콜루쉬코(I. I. Kolyshko)라는 사람을 눈여겨보고 있는지 물었다. 그 사람은 위뵤넷이 '특별하게 임명한 관리'로서 특례직에 임명한 사람이었다. 위떼는 콜루쉬코가 파렴치하지만 재능 있는 작가임을 발견하게 되면서 어쩔 수 없이 그 남자와 친숙해졌다. 위떼는 콜루쉬코의 그 같은 재능을 경계했기 때문에, 그에게 공식 보고서를 다듬는 일을 맡겼고, 가명으로 교통성의 정책을 지지하는 글을 신문에 게재하도록 했다.[31] 위떼는 메쉬체르스끼, 콜루쉬코와 수년간 유대를 유지해야 할 운명이었다.

위떼는 곧바로 메쉬체르스끼 공으로부터 다른 부탁을 들어주어야 했다. 메쉬체르스끼의 새 출판을 주선함으로써, 그가 국영철도의 모든 인쇄물을 맡을 독점적 권리를 누리며 비쉬네그라드스끼가 지정한 보조금을 받을 수 있도록 해 주었다.[32] 그것은 상당한 돈이 드는 권리였다. 그리고 니콜라이 2세가 제위에 오르면서 <시민>지에 대한 보조금 지급을 중단시키고자 했을 때, 그렇게 하는 것을 만류한 이도

위떼였다.[33]

위떼의 삶에서 이보다도 훨씬 더 중요한 사건은 교통상으로 재직한 짧은 기간 동안에 일어났다. 개종한 유대인이자 "지적이며 반짝이는 미소를 띤, 위엄 있는 매너의 까무잡잡한 미인"[34] 마띨다 리자네비치(Matilda Lisanevich)와 위떼가 결혼한 것이다. 위떼가 마띨다를 처음 만났을 때, 그녀는 행복하지 못한 결혼생활을 하고 있었다. 마띨다에게 홀딱 반한 위떼는 그녀의 동의를 얻어 남편을 이혼에 합의하도록 했는데, 이는 자신이 간통죄를 인정한다는 것을 의미했다. 그녀의 남편 리자네비치는 3만 루블과 적어도 일 년에 3천 루블을 받을 수 있는 정부의 일자리를 요구했다. 위떼는 자리는 마련해 주었지만 요구한 돈을 갖고 있지 않았다. 이때 별거 중인 아내의 친구인, 그라베노프라는 이름의 '중매쟁이'가 은행에서 돈을 대출받을 수 있게 주선하여 주었는데, 아마도 위떼가 뭔가 대가를 지불할 것이라는 기대감에서였을 것이다.[35]

그러나 남편 리자네비치만 위떼의 결혼을 방해한 것이 아니었다. 정교회는 이혼을 허락했지만, 드물게는 고소인에게 상당한 액수의 돈을 지불하라고 하기도 했다. 더욱이 이혼은 당시까지도 간통이 수반하는 오점보다도 훨씬 더 무거운, 상당한 치욕을 수반했다. 위떼는 만일 자신이 결혼식을 올린다면 마띨다가 이혼녀에다 유대계 출신이기 때문에 황제가 자신을 외면하지 않을까 두려워했다. 위떼는 개종한 유대인 이혼녀와 결혼하면서 궁정의 호의를 받지 못하게 된 전직 키예프 총독, 체르뜨코프의 경우를 잘 알고 있었다.[36] 야심이 있는 그였지만, 위떼는 위험을 감수할 작정이었다. 마띨다를 포기하느니 차라리 자신의 경력을 포기하고자 했다. 그는 황제에게 자신의 운명을 맡기기로 결심하고, 비록 정부관료직을 떠나는 일이 생길지라도 결혼하겠다는 의중을 황제에게 알렸다. 위떼는 황제의 신임을 받으며 자신의 편에 서줄 수 있는 두 명의 조력자를 찾았다. 당시 궁정에서 중요한 위치에 있던, 내무상 뒤르노보(Durnovo)와 리히테(Richter) 장군이 그들이었다. 준비가 된 위떼는 황제에게 정례 보고를 하는 도중에, 만일 황제가 예정된 결혼에 찬성하지 않으신다면 자신의 지위를 포기할 준비가 되어 있으며 그녀와 결혼하겠다는 뜻을 밝혔다. 알렉산드르 황제는 위떼와 인연을 끊고 싶지 않다고 대답했다.[37] 그리하여 결혼식이 거행되었다.

여러 가지 점에서 두 번째 결혼은 초혼과 유사했다. 두 번 다 아내가 잘생겼으며, 모두 돈으로 남편들을 해결했으며, 첫 결혼에서는 딸을 입양했다. 위떼는 왜 불행한 결혼생활을 하는 여성만을 선택했을까. 아마도 위떼가 구애에 그리 능하지 않았으며, 이 여인들에게는 많은 구애를 하지 않아도 되었기 때문일 것이다. 그러나 두 결혼 사이에는 현저한 차이가 있었다. 두 번째 결혼은 만사여의했다. 위떼는 분명히 마띨다로부터 많은 힘과 위안을 얻었으며, 결혼생활의 충실함에 높은 가치를 두지 않는 높은 지위에 있는 양반들이 웃을 정도로, 위떼는 그녀에게 헌신적이었다. 위떼가 언젠가 마띨다와 딸 베라(Vera)가 자신의 인생에서 가장 값진 두 가지라고 단언했던 그의 감정이 바로 그런 것이었다.[38]

결혼생활의 행복은 값비싼 대가를 치르게 한다. 그의 아내에 대한 배척과 그녀에 대한 끊임없는 추잡한 가십이 그것이다. 이혼녀이기 때문에, 위떼의 아내는 궁정에서 받아들여질 수 없었다. 그것은 무엇보다도 새해 첫날 행사에서, 다소 모호하기는 해도 모두가 선망하는,

황후에 손에 입을 맞추는 예식(baise-main)의 특권이 부정되는 것을 의미했다. 위떼는 알렉산드르 황제가 서거한 뒤 황후에게 이 금제를 풀어달라고 요청할 정도로 이를 지긋지긋한 일로 여겼지만 소용없었다.[39] 마띨다는 위떼의 동료 각료들 사이에서도 배척받았다. 그들은 각료 부인들이 통상적으로 초대받는 행사에도 마띨다를 초대하지 않았다.[40] 가십거리로 말하자면, 황후 마리 페도로브나가 내무상에게, 자신이 시녀들로부터 들은 '방탕한' 마띨다의 명성에 대한 이야기가 과연 신빙성이 있는 말인지 알아보라고 할 정도로 지독했다. 뒤르노보는 "그녀가 이혼녀이기는 하지만, 매우 점잖은 여성"이라고 보고하며, 계속 시녀들을 바보들이라고 탓했는데 이 같은 코멘트가 황후를 지루하게 만들었다.[41] 한번은 니콜라이 니콜라예비치 대공의 집에서 아내의 이름이 함부로 불리자 위떼는 대공에게 항의할 정도로 괴로워했다.[42] 러시아 귀족과 결혼한 그란트(Ulysses S. Grant)의 손녀인 칸타쿠젠(Cantacuzene) 공주는 위떼 부부의 친구였는데, 마띨다에 대한 가십에 대해 이렇게 말했다. "그녀는 모호한 전력의 여성이었지만, 나는 그녀에 대한 그렇게 괴상한 이야기들을 그렇게 많은 사람들이 흥분해서 말한다는 이유만으로도 그들이 모호했다고 판단했다. 그녀는 자신의 진가를 어렵지 않게 발휘할 수 있었고 그녀의 남편처럼 자신만의 방법으로 눈부시게 그 역할을 해낼 수 있었다……."[43]

위떼 부부는 위떼가 첫 결혼에서 입양했던 소녀 문제를 해결했다. 부부는 소녀에게 지참금을 마련해 주고, 은행가이자, 위떼가 잘 아는 사이인 저명한 내과의사의 아들인 메링(M. F. Mering)과의 결혼을 허락했다. 분명히, 위떼는 소녀가 일단 결혼하면 더 이상 그와 자신의 아내에게 부담이 되지 않을 것으로 기대했다. 그러나 그렇지 않았다.

메링은 위떼의 이름을 신용에 활용하여 자신의 은행을 방만하게 운영한 투기꾼이었으며, 자신의 아내와 러시아를 떠났다. 소냐는 계모와 자신의 '빠빠(아빠의 러시아식 명칭)'로부터 부당하게 대우받았다며 큰 소리로 불평하면서 당황해하는 기색이 역력했다.[44]

앞에서 지적했듯이, 위떼의 결혼은 황제와의 관계에서 볼 때 그의 위치를 손상시키지 않았다. 콜레라가 1892년 봄에 볼가 유역을 휩쓸 때, 알렉산드르 황제는 위떼로 하여금 그 지역을 시찰케 하는 역할을 맡기면서, 각료들 가운데 위떼가 가장 젊다는 이유로 그를 선택했다고 말하면서, 무슨 일이 일어났으며 어떤 조치가 필요한지 보고하도록 했다. 감염 위험과 비참한 광경을 감안해 볼 때, 그것은 위떼에게 선택의 여지가 없는 과제였으며, 상당한 책임감을 수반했다.[45]

이 과제에 대한 위떼의 업무와 그의 전반적인 수행 능력으로 말미암아, 비쉬네그라드스끼의 주가가 떨어질 무렵, 위떼는 황제로부터 더욱 두터운 신임을 받았다. 비쉬네그라드스끼는 분명 황제의 자부심에 넘친 두 개의 대형 사업 — 시베리아 횡단 철도 부설과 주류 판매의 정부 독점권 확립 — 에 그다지 큰 관심을 보이지 않았기 때문이다.[46] 비쉬네그라드스끼 재무상은 일과성 뇌허혈 발작(TIA)을 계속 앓아왔기 때문에, 날로 쇠약해진 건강상태가 그의 지위를 더 훼손시켰다. 1892년 4월에 한 동료는 비쉬네그라드스끼의 심적인 상태를 '절망적'이라고 표현했다. 다음 달, 황제는 자신이 재무상을 위떼로 교체할 생각이라는 사실을 뒤르노보에게 털어놨다.[47] 분명 위떼는 비쉬네그라드스끼의 권위가 떨어졌음을 황제가 의식하고 있다는 사실을 확인하고자 했다. 한번은 기회가 생기자, 위떼는 황제가 충격을 받지 않도록 하기 위한 노력이라며 비쉬네그라드스끼의 나약해진 정

신적 능력을 황제에게 알렸다. 그러나 위떼의 동기는 그리 순수하지 않았다고 생각할 수밖에 없다.[48)]

비쉬네그라드스끼 재무상의 입장에서는 자신이 정책 형성권한을 보유하면서도, 머리가 둔한 육십대 초반의 재무성차관 퇴르네(F. G. Thöner)에게 몇 가지 책임을 더 넘길 것을 제안했다. 그러나 비쉬네그라드스끼는 일을 적절하게 수행하지 못했음에도 불구하고 자신의 지위에 집착했다. 황제는 비쉬네그라드스끼가 자신의 권력에 침해를 가져올 수 있는 시도를 계획하는 것을 보면서도 아무런 조치를 취하지 않았다.[49)] 1892년 8월 30일(9월 12일), 황제는 위떼를 재무상 대리로 임명하고 몇 달 뒤에는 재무상 자리로 올려주었다. 비쉬네그라드스끼는 불명예스럽게 물러났다.[50)] 이제 위떼에게는 자신이 이룩한 업적 가운데 가장 뛰어난 족적을 남기게 될, 자신의 삶에 가장 중요한 장이 열리고 있었다.

재무상 위떼
(1892~1894)

위떼의 재무상 재직은, 이제껏 그들 역사에서 거의 찾아볼 수 없던 방법으로 러시아를 자극시켰고, 위떼 자신에게는 국제적인 명성을 가져다주었다. 위떼는 러시아의 '모든 경제생활의 향배를 좌지우지할' 정도로 가장 강력하고 영향력 있는 부서의 장관이 되었다.[1] 러시아 재무성은 미국의 '재무성', '행정 관리 예산국(OMB)', '상무부', '정부 출판국(GPO)', '표준국(NBS)', '국세청(IRS)', 그리고 '해안 경비대'에 상응하여 육상에서의 밀수 방지를 주 업무로 하는 '국경경비대' 등, 이 모두를 합쳐 놓은 것과 맞먹는 기능을 가지고 있었다. 재무성은 화폐 주조, 관세 징수, 국무회의의 도움을 받아 국가 예산을 확정하고, 철도 업무에 권한을 행사하며, 상공업 분야의 벤처사업을 진흥시키거나, 보조금을 지급하기도 하며, 귀족과 농민층에 대한 자금 대출, 상업 조약 등을 교섭했다. 조선과 페르시아 같은 해외의 몇몇 나라에서는 막강한 영향력을 행사하는 금융 에이전트들이 러시아 재무성을 대표했다. 뿐만 아니라, 재무상은 보상하고, 처벌하고, 신용을 얻을 수 있는 역량을 가지기 위해, 돈을 다른 부처로 이관시키거나 보류시킬 수 있는 권한을 가졌다.[2] 분명히, 재무성은 광범한 책임을 수반했고, 위떼는 그것을 확대하고자 했다. 더욱이 위떼는, 다소 유순한 타입의 킬코프(M. I. Khilkov) 공이 교통상이 되면서, 교통성의 운영에도 즉각 영향을 미칠 수 있었다. 그리고 몇 년도 안 되어 위떼는 동아시아정책을 형성하는 역할을 담당하였다. 위떼가 다른 문제에 얼마만큼 권한을 행사할 수 있는가는 황제의 의향, 위떼의 에너지와 능력 및 심복들의 지원과 능력, '국가경제국'과 '국무회의'의 태도, 그리고 비정부 권력 그룹 특히 지주귀족의 영향력에 달려 있었다.

위떼는 정밀하게 세분화한 계획을 가지고 일을 시작하지는 않았으나, 재무상으로서의 자신의 재직을 특징짓게 만들 아이디어들을 도입했다. 프리드리히 리스트의 <국가제도의 정치경제학>이라는 위떼의 1889년의 팸플릿에서 그의 아이디어들을 엿볼 수 있다. 그것이 위떼 자신의 견해를 드러낸 것은 아니었다. 오히려 그것은 러시아어로 번역되지 않았던 리스트의 책을 사실상 대중에게 친숙하게 만들려던 시도였다고 보아야 할 것이다. 그렇게 하는 과정에서, 위떼는 재무상으로서의 자신의 일을 특징짓게 될 몇 가지 중요한 지위와 자신을 연관시켰다.

프리드리히 리스트 책의 제목은 위떼의 메시지를 이해하는 관건이다. 아담 스미스의 이론으로 예시된 현존하는 경제이론은, 모든 인류에게 공헌한다는 사상이 동기가 된 것으로 잘못 알려졌다는 것이다. 사실은 오히려 코즈모폴리턴적인 접근이 발전할 만한 단계에 도달하는 먼 훗날이 오기 전까지, 인류가 국가의 이해에 기여해야 한다는 것이 리스트의 주장이었다.[3] 위떼는 '코즈모폴리턴적 경제학의 처방전'을 추종하고 있는 러시아 경제학자들이 러시아의 이해에 제대로 기여하고 있지 못하다고 주장하며, 리스트의 견해에 동의하였다.[4] 위떼는 한 국가가 최대한의 잠재력을 발휘하기 위해서는 제조업과 상업을 발전시켜야 한다는 리스트의 견해를 수용했다. 위떼는 다음과 같이 리스트의 말을 인용했다. "역사는, 많은 국가들이 제조업을 확립하고 상인과 제조업자들의 강력한 계층을 형성함으로써 적절한 시기에 그들의 도덕적, 경제적, 정치적 독립을 수호하는 대과업을 이행할 수 없었기 때문에, 몰락할 수밖에 없었던 많은 사례를 보여준다."[5] 이는 위떼가 4년 전에 산업자본주의를 비난했던 것과는 현격한 차이가 있다. 리스트의 산업화의 중요성을 수용하면서, 위떼 역시 상공업을 진흥시키기 위해 국가의 중대한 역할과 보호무역주의를 지지하는 리스트의 주장을 받아들였다. 위떼가 1891년의 보호무역주의 관세를 고안하는 데 일조한 사실을 기억해야 할 것이다. 위떼는 강대국으로서의 러시아의 생존을 확보하기 위해 필요한 단계에 맞추어 산업화와 상업에 박차를 가함으로써, 러시아의 후진성을 극복한다는 뚜렷한 목표를 가지고 자신의 직무를 시작했음이 분명하다.

세 명의 전임자, 로이테른(Reutern), 분게, 비쉬네그라드스끼는 러시아의 후진성을 인정하고 그것을 극복하고자 하였다. 이 세 사람은 적절한 은행 제도와 안정적인 통화가 필요하며, 국내 투자가들이 필요한 자본을 제공하지 못하고 그들의 성과가 목표치에 크게 못 미치는 한, 산업 분야에서 대규모의 외국인 투자가 필요하다는 사실을 인정했다. 그러나 위떼와 함께 새 시대가 시작되었다. 우리가 이미 알고 있는 바와 같이, 위떼는 막강한 에너지, 강철 같은 의지, 업무에 몰입하는 능력, 고매한 식견, 그리고 끝으로 적지 않은 황제의 지원을 등에 업고 있었다. 위떼는 재직 초기에, '상업제조국'의 직원을 확충하려는 계획안에서 자신의 목적을 분명히 했다. 산업 분야에서의 최근 성장을 주목하며, 위떼는 러시아가 아직 순수 농업국가에서 농업 – 산업국가로 발전해 가는 초기 단계에 있다고 주장했다. 위떼의 주장에 따르면, 서구는 그 이행이 점진적으로 그리고 자연스럽게 이루어졌지만, 러시아는 정부의 도움을 받아 몇 단계를 뛰어넘어 이행되어야 한다는 것이었다.[6]

선진국들이 금본위제를 채택할 무렵, 러시아는 당시까지도 기술적으로는 은화로 상환하는 지폐에 의존하고 있었다. 이마저도 크림전쟁 이후에는 고비용을 감당하지 못해 은본위제는 명목상의 것에 머물렀다. 은화가 받쳐주지 못하므로 루블화는 액면가 이하로 요동쳤고, 투기가 그 변동을 더욱 부추겼다. 이 모든 요소들이 외국인 투자가들의 투자의욕을 상실케 했다. 이러한 상태가 금본위제를 채택하라는 선동을 부추겼으나, 이는 실질적인 경제 성장이 전제되지 않는 한 말처럼 쉬운 일이 아니었다.

금융에 초보자였던 위떼는 키예프대학의 경제학교수인 안토노비치(A. Ia. Antonovich) 교수의 조언과 자문을 받았다. 그는 키예프에서 앞으로 위떼의 신문 기록을 출판하는 일을 하게 될 것이다. 통화정책에 대한 교수의 저술, 특히 그가 통화 단본위제(單本位制)를 지지한다는 사실에 위떼는 깊은 인상을 받았다. 위떼는 재무성 차관 두 명 중의 한 사람인 에르몰로프(A. S. Ermolov)가 1893년 3월에 국토상으로 부임받아 차관직을 떠나는 것을 환영하며, 그 자리에 안토노비치를 앉히는 데 성공했다. 그러나 위떼는 안토노비치가 연약하면서도 교활하며, 통화개혁 반대자들의 영향을 너무 쉽게 받는 것을 알게 되면서 새 인물에 환멸을 느끼기 시작했다. 조만간 위떼는 통화개혁과 국제 금융운용에 관한 조언과 자문을 로뜨슈테인(A. S. Rothstein)에게 구하게 된다.[7] 우리는 앞으로 자주 로뜨슈테인을 만나게 될 것이다. 그러는 동안, 위떼는 다른 이슈들도 다루어야 했다. 어떤 문제는 황제의 바람에 따라 절박한 문제가 된 경우도 있었고, 또 어떤 문제는 진행 중인 사건들 때문에 그렇게 된 경우도 있었다.

황제의 바람에 부응하여 절박해진 문제 가운데 하나는, 특히 농민층에서 기승을 부리고 있던 알코올중독과 싸우기 위한 방안의 하나로써 정부가 주류를 독점하는 것이었다. 위떼는 이를 두고, "농민층이 더 많이 마시는 것이 아니라, 다른 계층 사람들보다 더 자주 만취하게 된다"고 표현했다.[8] 비쉬네그라드스끼는 주류 독점이 기존의 소비세보다 더 나은 세입원이 될 것이라는 이유에서 주류 독점에 관심을 가져왔지만, 기껏해야 사소한 예비조치를 취하는 데 그쳤다. 위떼는 이보다도 더 유화적인 조치를 취했다.

1893년 2월에 위떼는 황제에게 주류 독점제가 우선 시험적으로 그리고 상대적으로 먼 네 곳의 지방에서 도입되어야 한다고 제의했다. 이 시도를 위한 준비는 잘 진행되어, 황제는, 독점 조치에 몇 가지 예외조항을 두며 제한시켜 왔던 유대인들의 25개 지방에까지 급속하게 확대시킬 준비를 하라고 명령했다. 한때 폴란드의 지배하에 있었던 이들 지방의 대부분에서는 주류 생산 및 판매 독점, 그리고 유대인들에게 도급했던 판촉권 등의 독점권을 귀족층이 누리고 있었다. 위떼의 보고서는 다음과 같이 황제의 명령에 대답했다. "정부가 주류를 독점하면 지방의 기독교도들에게 기회가 돌아가므로 유대인들에 대한 의존에서 자유롭게 될 것입니다."[9] 황제는 이에 동의했다. 위떼는 유대인들이 기독교도들을 이용한다는 황제의 믿음을 충족시켜 주었음이 분명하다.

주류 독점제의 실제적인 도입은, 알렉산드르 황제가 서거한 이후, 니콜라이 2세가 위에서 언급한 25개 지방에서 조속히 시행하도록 명령할 때까지 기다려야 했다.[10] 1901년경 주류 독점제는 카프카즈 북부 지방을 제외하고 전 유럽령 러시아에서 시행되었다. 그 후 주류 독점제는 아시아령 러시아에까지 도입되었는데, 그 과정이 순탄하게 이루어진 것은 아니었다. 그러므로 상트페테르부르크 시와 그 주변 지방에 변화가 찾아오자, 지역 증류업자들과 주류 판매업자들이 자신들의 생계를 잃게 될까 두려워 폭동을 일으킬 것이라는 무서운 예상이 있었으나 평화롭게 지나갔다.[11]

위떼는 근자에 주류 독점제가 도입된 지방으로 시찰을 나가면서 이 일을 맹렬하게 추진했다. 어떤 시찰여행에서는 위떼를 수행한 한 프랑스 관리가 "만일 프랑스가 강력하고도 무제한적 권력의 군주에 의해 통치된다면 좋을 텐데"라고 언급하며 주류 독점제를 칭송하자, 의회정부에 대한 위떼의 경멸심은 더욱 강화되었다. 이 말에 관해 위떼는 회고록에서 다음과 같이 언급했다. "의회정부하에서, 특히 공화정하에서, 그 같은 개혁은 생각할 수 없을 것이다. 왜냐하면 그것은 고위층과 돈 많은 그러한 사람들의 이해를 해치기 때문이다." 그리고 그러한 사람들이란 '프랑스의 하원 의원들'로 충분히 대변될 수 있다고 위떼는 덧붙였다.[12]

앞서 언급했듯이, 주류 독점제는 알코올중독을 억제하고, 부수적으로는 세입을 늘리기 위한 것이었다. 일요일과 휴일에 일반화된 과음을 억제하기 위해 이런 날에는 알코올 판매가 금지되었다. 뿐만 아니라, 위떼는 지방과 구역 차원에서 공무원, 사제, 그리고 다른 단체들에서 차출한 위원들로 절주위원회를 창설하여 과음을 자제시키는 정력적인 캠페인을 개시하였다. 총독들이 지방위원회를 주재하고, 귀족계층의 구역 사령관들이 구역위원회를 주재하는 것은 이러한 위원회의 중요성을 암시하는 것이었다. 모든 위원회들이 알코올중독과 심각한 싸움을 전개했다고 믿기는 어렵지만 많은 위원회가 그러했고, 특히 위떼는 분명히 그렇게 했다. 심지어 위떼는 도덕적 영향력이 지대했던 톨스토이(Leo Tolstoy)의 도움을 받고자 했는데, 그의 알코올 혐오는 잘 알려져 있었다. 안타깝게도 도중에 톨스토이가 금주라는 오로지 한 가지 처방만 지원하는 역할을 하는 바람에 위떼의 노력은 실패로 끝났다.[13] 어쨌든 절주위원회들은 비음주 정신을 앙양시키는 분위기를 마련하기 위해 공공오락시설, 다실(茶室), 독서실 등 수천 곳을 개설하는 데 성공했다. 분명히 그러한 시도들이 효과가 없는 것은 아니었다고 해도, 알코올중독을 없앨 정도의 효과는 거두지 못했다.

위떼를 사로잡게 한 황제의 또 다른 관심사는 시베리아를 횡단하여 태평양에 도달하는 철도를 부설하는 일이었다. 이는 각료가 받아들이기 어려운 관심사안은 아니었다. 그 같은 철도를 부설해야 한다는 논의는 수십 년 전으로 거슬러 올라가야 한다. 다양한 계획들이 제안되었다. 그중에 한 영국인 기술자가 제안한 계획은 마력(馬力)을 이용하자는 것이었다.[14] 가능한 노선에 대한 심각한 고려는 1860년대에 시작되어, 정부와 언론 일각에서 열띤 논쟁이 일어날 정도였다.

한동안 아넨코프 장군은 자금을 제공하고 그 철도를 직접 부설하겠다고 제안했다. 실행 가능성에 대한 논쟁만큼이나 재정조달을 둘러싼 논의는, 국가가 비용을 조달할 여력이 없다는 비중 있는 의견과 함께, 1870년대와 1880년대에까지 이어졌다. 철도 부설을 찬성하는 주장은 경제적, 정치적, 전략적인 것이었다. 시베리아는 방대한, 미개발자원의 지역이라고 주장되었다. 카테리나 대제는 시베리아를 '우리의 인도, 멕시코 혹은 페루'라고 불렀다.[15] 지지자들도 러시아인들을 그곳에 정착시킴으로써 시베리아와 러시아제국의 나머지 지역을 융합시킬 필요가 있다고 강조했다. 그럼으로써 시베리아를 러시아화할 뿐만 아니라, 유럽령 러시아의 인구 압력을 완화시킬 수 있다는 것이었다. 마지막으로, 극동에서의 러시아의 존재를 강화시켜야 할 뿐 아니라 제국의 가장 동쪽 지역을 방어해야 할 절박한 필요성도 있었다.

예스맨들에 의해 확신을 갖게 된 황제는 1882년에 이를 허가했으나, 이 시기 이후의 재무상들, 그중에서도 특히 비쉬네그라드스끼는 제안된 사업에 너무 많은 비용이 들게 될 것이라고 주장했다. 이 견해는, 아무르총독으로부터 거듭된 압력과의 균형을 무색게 할 정도로 강한 것이었다. 아무르총독은 자신의 관할 구역과 멀리 떨어져 있는 수도와의 적절한 통신뿐만 아니라, 아무르지역의 방어를 보다 공고히 하기 위한 필요에서 강한 어조로 철도부설의 필요성을 주장해 왔던 것이다. 1891년 초, 황제는 철도가 부설되어야 한다고 추천했던 최고위 관료들과 특별회의를 열었다. 역시 공사는 즉각 시행되어야 한다는 것이었다. 이 같은 기대감에서, 제위 계승자인 니콜라이 알렉산드로비치(Nicholas Aleksandrovich) 대공은 블라디보스토크 기공식에서 첫 삽을 뜨는 것으로 대순회 교육여행을 마무리 지었다. 기공식은 아직 때 이른 것으로 드러났다. 비쉬네그라드스끼가 공사에 아주 적은 비용을 할당하도록 예산을 세웠으며, 조속한 공사 개시와 지속적인 작업은 가까운 장래에 이루어질 것 같지 않았기 때문이다. 비쉬네그라드스끼가 교체되면서 시나리오가 급격하게 변화했다.

제안된 시베리아철도 노선의 몇 가지 측면에 이미 익숙했던 위떼는 신이 나서 적극적으로 이 사업에 뛰어들었다. 철도사업은 뭐니 뭐니 해도 그의 전문 분야였다. 그러나 시베리아 횡단철도는 그 규모 면에서만이 아니더라도 가히 새로운 도전을 제기했다. 위떼는 우선 시베리아의 발전을 고려해야 했다. 둘째, 위떼는 과거에는 거의 관심을 갖지 않아 온 지역인 동아시아에서의 러시아의 역할에 대해 철도가 미칠 충격을 잘 고려해야만 했다.

재무성의 키를 잡자마자 위떼는 철도 공사의 재정을 어떻게 충당할 것인지에 대해 황제의 질의를 받았다. 위떼는 황제가 그 문제를 다룰 특별회의에 매진해 줄 것을 추천했다. 위떼는 분명 이에 대해 각료들로부터 동의를 구하고자 했다. 위떼는 즉각 시베리아횡단철도가 가져다줄 이득을 구체화시킨 각서를 알렉산드르 황제에게 제시했다. 황제는 긴급 특별회의를 소집했고, 특별회의에서 재무상의 아이디어가 제시되고 논의되었다.

위떼는 철도 공사가 외국의 도움 없이도 재정이 충당될 수 있다고 단언하고 시베리아횡단철도가 제공해 줄 이득에 대한 현란한 청사진을 그려 나갔다. 그것은 당시 19세기의 모든 위대한 대역사 가운데서도 거의 정점에 달하는 것으로 기록될 대역사였다. 시베리아의 광활한 자원을 개발하기 시작함으로써 막대한 경제적 이득을 창출해 낼 것이며, 동시에 러시아의 최극빈농민들에게 토지를 제공하고, 동서의 운송로를 대폭 단축시킬 것이었다. 더욱이 이 철도는 열강으로서의 러시아의 지위를 고양시키고 그 명성을 향상시킬 것이었다. 뿐만 아니라, 철도는 차 시장에서 영국과 경쟁하는 중국을 도울 수 있으며, 영·러 대립에서 중국의 지원을 얻을 수 있게 해 줄 것이었다. 그리고 '내친김에' 위떼는 중국을 관통하여 황해로 가는, 중국을 향한 지선을 부설할 가능성에 대해서도 언급했다. 시베리아 철도의 종착역이 연간 몇 개월씩 얼어서 폐쇄되는 블라디보스토크란 사실을 감안해 볼 때, 이 지선은 부동항을 제공해 주고 참으로 막대한 이득을 가져다줄 것이라는 것이었다.[16] 위떼의 견해는 승인되었고, 원대한 계획이 출범했다.

'원대한(grandiose)'이라는 말은 끝에서 끝까지 5,000마일*에 달하는, 세계에서 가장 긴 철도를 부설하려는 사업에 적절한 용어이다. 그것은 가장 최장 철도일 뿐만 아니라, 건설하기도 가장 어려운 공사 가운데 하나였다. 대지 위로 끝없이 펼쳐진 광야는 영구 동토였고, 또 다른 쪽으로 길게 펼쳐진 곳의 땅은 곤충들이 득실거리는 늪지대가 드러나 7월까지도 녹지 않는 동토지대였다. 그곳에는 우회하거나 터널을 뚫어야 할 무시무시한 산들이 가득했고, 미국 로드아일랜드 주의 10배 크기**에 해당하는 바이칼 호수를 우회해야 했다. 작업은 신속하게 그리고 가능한 저렴하게 — 단선 철도, 초경량의 레일, 많은 지역에 나무 교량을 설치하여 — 이루어져야 했다. 이 과업은 자원 공급과 노동 인력이 아주 먼 곳으로부터 조달되어야 했기 때문에 더욱

---

* 약 8,046km, 그러나 실제로는 9,300여 km에 달했다.
** 약 31만km로 한반도의 1.4배.

어려웠다.[17] 이러한 여러 문제 가운데 한 가지를 해결하기 위해 위떼는 편의상 곳곳에 레일 제조소를 설치할 것을 제의했다. 납품을 신속하게 할 수 있도록 위떼는 날씨가 허용하는 한, 예니세이 강 입구에서부터 크라스노야르스크에 있는 철도 종점까지의 수원(水源)에 이르는, 북해 루트를 이용할 것을 장려했다. 공사는 세 단계로 이루어질 것이다. 첫째, 동서쪽의 양 종착역에서 동시에 착공하여 1900년까지 완성되어야 했다. 둘째, 동시베리아 구간은 1902년까지 셋째, 바이칼 호수 주변과 아무르 강 북쪽 기슭은 그 다음에 완공한다는 것이었다. 앞으로 살펴보겠지만, 세 번째 단계에서 이미 어떤 사람들은 대안 노선을 생각했는데, 그 노선은 만주를 관통하여 아무르 강 남쪽을 달려 동쪽의 종착역 블라디보스토크에 이르는 것이었다.

절차가 번잡한 관료적 장애를 피하기 위해 위떼는 부처 간의 벽을 뛰어넘는 시베리아철도위원회의 창설을 제안했다. 이 위원회는 공사에 대한 의사결정 권한을 가지게 될 것이었다. 민첩하게도 위떼는 니콜라이 알렉산드로비치 대공이 이 기구의 위원장으로서 이 프로젝트에 관여하길 희망한다며 제안했다. 황제는 황태자가 아직도 미숙한 애송이라고 언급하면서 마지못해 이에 동의했다.[18] 1893년 1월, 니콜라이는 시베리아철도위원회 위원장이 되었지만, 위원회의 지배적인 목소리는 위떼의 것이었다. 교통상 킬코프 공의 어깨에 지워진 공사 감독이라는 지루하고 힘든 일까지 포함하여, 위떼의 견해가 곧 철도 공사의 지도적 정신이었다.

공사는 교통성의 후원하에 수행된 노동력에 의해 급속하게 이루어졌다. 대부분의 일은 도급으로 주었다. 노동자들의 일부는 자발적인 지원 인력이었으며, 일부는 주로 지역에서 공급되어 선발한 — 농민,

코삭크인, 병사, 죄수, 그리고 망명자 — 인력들이었다. 숙련노동이 필요한 경우에는, 유럽령 러시아와 서유럽으로부터 노동자들을 들여왔다. 알렉산드르 황제가 서거할 즈음인 1894년 10월에 875마일의 철도가 놓였다.[19] 시베리아횡단철도(Trans-Siberian Railway) 혹은 러시아인들이 부르듯이, 대시베리아 간선철도(Great Siberian Mainline)는 동아시아에서의 격랑의 시기가 이제 막 시작된 시점에서 재빨리 시작되었다. 당시는 시베리아철도를 '우리의 심장을 향한 비수'로 간주했던 일본이 청국과 전쟁을 개시하려던 때였다.

청일전쟁이 시작되기 직전, 그리고 철도 공사가 막 시작된 직후에, 위떼는 바드마예프(P. A. Badmaev)라는, 자칭 티베트의 한 의학 박사가 도모한 무모한 계획을 잘못 지원해 주면서, 러시아의 동아시아 정책과 연관을 갖기 시작했다. 시베리아횡단 철도가 수반할 수 있는 예기치 않은 결과에 대한 증거와 당혹스러운 점을 제외하고, 바드마예프의 계획에서 나온 것은 아무것도 없었다.

러시아화한, 부랴트 몽고인인 바드마예프는 러시아정교도로 개종한 지 얼마 되지 않았는데, 그의 대부(代父)가 다름 아닌 바로 짜르였다. 바드마예프는 러시아의 대중국정책에 영향을 주어, 자신의 주머니 속을 가득 채우고자 했다. 그 목적을 위해 바드마예프는, 황태자의 해외 순방 시 가정교사를 했던 욱똠스끼(E. E. Ukhtomskii) 공의 주선을 받아, 위떼에게 가까스로 접근할 수 있었다. 1893년 2월, 바드마예프는 황제에게 전달할 장문의 각서를 위떼의 손에 쥐어 주었다. 위떼는 자신의 설명을 보태어 이를 황제에게 전달했다.

바드마예프가 전달한 문서의 핵심은, 중국의 만주 지도자들을 타도하도록 유도하고, 중국과 티베트가 자발적으로 잇달아 러시아의 지배에 굴복하도록 만드는 환상적인 제안이었다. 이 계획은 러시아의 은밀한 도움을 필요로 했으며, 시베리아횡단철도에서부터 감숙성 용주(Lanchow) 시까지의 긴 지선을 필요로 했다. 그 노선은 러시아에 막대한 상업적 이득을 줄 수 있었고, 용주는 바드마예프와 그의 지지자들이 이끄는, 만주 왕조에 대한 반란의 도피처를 제공해 줄 수 있었다. 봉기는 동쪽으로 확산될 것이며, 만주왕조가 붕괴되고, 짜르가 중국과 티베트에 대한 지배권을 가질 수 있도록 민중적 요구를 야기할 것이었다.[20] 이는 훗날 CIA가 도모했던 계획과 같은 종류의 것이었다.

어딘가 좀 이상하게 보이긴 했으나, 위떼는 바드마예프의 제안을 추천했다. 위떼는 이 제안을 설명하며 러시아의 특이성에 대한 친슬라브적 주장과, 아시아에서의 러시아의 역할에 대한 파데예프 외삼촌의 견해를 되풀이했다. 그렇게 함으로써 위떼는 서유럽이 기독교를 이용하여 중국을 착취한 것과는 달리, 러시아는 계몽을 목적으로 한 신념을 사용하였기 때문에, 이 차이가 러시아와 서유럽 사이의 적대감을 낳게 하였다고 주장했다. 적대감이란, 위떼에 따르면, 러시아가 새 철도에서 이득을 거둬들이지 못하도록 방해하려는 서유럽의 노력으로 설명된다. 여기에는 서유럽이 러시아에 맞서 중국을 선동하는 일도 포함될 수 있었다. 만일 바드마예프의 계획이 성공적으로 이행된다면, 러시아는 아시아문제와 유럽문제에서 주도적인 위치에 있게 될 것이다. 위떼는 개인적인 후원을 받아 이루어진 주요 사업들이 정부에 의해 인수되었음을 보여주는 그간의 기록을 언급하며, 바드마예프가 약간의 은밀한 지원을 받아야 한다고 추천했다.[21]

바드마예프의 계획에 대한 황제의 반응은 간략하고 현명한 것이었다. "이 모든 것이 신선하고 아주 이례적이며 환상적이어서 그 성공 가능성을 믿기가 어렵다."[22] 설령 성공할 수 있다 하더라도, 영국과 같은 열강이 중국에 대한 러시아의 지배권을 묵인할 것이라고 믿기 어렵다는 것이다.

위떼가 왜 이 계획에 자신의 지지를 보냈는지는 수수께끼이다. 아마도 자신의 군주가 그것을 지지하리라고 생각했는지도 모른다. 위떼는 황제를 기쁘게 하려고 노력했다. 위떼는 당시까지도 동아시아에 대해서는 경험이 없었기 때문에 이 지역에 대한 광범한 지식을 내세우는 바드마예프의 주장을 받아들였는지도 모른다. 어쨌든, 위떼의 추천은, 모험주의의 기미가 있는 그 어떤 것도 혐오하던 그와는 동떨어진 것이었다. 바드마예프 계획은 문서고의 산적한 쓰레기 더미 속으로 사장되었고, 위떼는 곧 거짓말하는 바드마예프에게 환멸을 느끼게 되었다. 그러나 적어도 이 일화는 청제국의 부패에 대한 관심을 불러일으키는 데 기여했으며, 이는 곧바로 러시아를 들끓게 만들게 된다.

러시아는 이미 독일과의 상업적 갈등에 점점 더 연루되었다. 이는 위떼에게 자신의 기질을 보여줄 기회를 제공했고, 그럼으로써 황제에게 그의 위치를 강화시켰다. 러시아의 교역 파트너인 독일은, 러시아 곡물에 대해 고율의 수입관세를 부과하라는 강한 압력을 프러시아 지주들로부터 받아왔다. 앞에서 지적한 바와 같이, 러시아는 1891년에 보호관세를 채택하였다. 1892년에는 비밀 러불동맹이 체결되었고,* 독일은 러시아 이외 다른 몇몇 나라들과 최혜국 상업조약을 체결함으로써 분위기가 점점 긴장되어 갔다.

---

* 1891년의 외교협정, 1892년의 군사협정으로 이루어졌다.

위떼는 최소 최대 관세율 확립을 제안함으로써, 회전하는 양 날개와 논쟁하는 격이 되었다. 최소 관세율은 1891년 관세율이며, 최대관세율은 위떼의 재량으로 독일에 대해 적용된 것이었다. '국무회의'의 신경 과민한 위원들은 위떼의 제안을 하나의 위험스런 도발로 생각했지만, 결국 국무회의는 이를 승인했다. 심각한 교역 타격과 더불어 곧바로 관세전쟁이 일어났는데, 이 모든 것들이 독일과의 상업조약 교섭의 불꽃 튀는 노력들이 진행되던 중에 일어났다. 관세전쟁은 곧바로 관료계와 식자층에 공포감을 조성시켰다. 재무상은 후일 벼랑 끝 정책으로 불리게 될 일에 착수하고 있었다. 위떼는 자신이 마치 따돌림당하는 듯이 느끼기 시작했지만, 황제의 전폭적인 지지를 받고 있었다.

마침내 독일은 러시아와의 싸움을 중지하고, 우호적인 기반 위에서 상업 관계를 구축하게 될 상업조약의 교섭 회의를 베를린에서 갖는다는 데 동의했다. 위떼의 지시에 따라, 재무성 관리인 티미랴제프(V. I. Timiriazev)가 러시아 대표단을 인솔했다. 1893년 10월에 열린 회의 교섭은 길고 지루하게 전개되었다. 상업조약은 3개월 후에 체결되고 곧바로 승인되었으며, 10년 뒤에 재협상을 갖기로 했다. 이 조약에서 독일은 몇 가지 이익을 얻었지만, 승자는 분명히 최혜국 지위를 부여받고 곡물과 목재에 대한 관세율을 독일로 하여금 삭감하도록 만든 러시아였다. 러시아에게는 추가 이득도 따랐다. 러시아가 다른 나라들과 상업조약을 체결하는 데 독일과의 조약이 하나의 모델이 되었고, 독·러 관계도 다소 향상되었다. 더욱이, 로마노프 왕가와 호헨쫄레른 왕가 사이의 전통적인 '특별한 관계'가 적어도 이 조약으로 형식적이나마 보전되었다. 위떼는 이제 막 사임한 비스마르크로부터

도 대대적으로 칭송받았다. 위떼는 일약 유명인사로 떠올랐는데, 자신이 고무되는 것을 그는 전혀 마다하지 않았다. 보다 정확하게 말하자면, 황제에 대한 위떼의 지위는 이전보다 훨씬 더 공고해졌다.[23]

예상치 못한 것은 아니었지만, 이때부터 위떼의 오만이 성큼성큼 자라나기 시작했다. 1893년 초, 출판업자 수보린(Suvorin)은 자신의 일기에 다음과 같이 썼다.

> 위떼는 몰라볼 정도가 되었다. 그가 보고할 때는[황제에게?] 마치 이 세상에 관한 것이 아닌 어떤 것을 꿈꾸거나 또는 자신의 소명이 고귀한 것처럼, 눈은 하늘을 향해 치뜬다. 누군가가 그에게 말을 걸면, 그는 거의 대답하지 않는다. 황제는 위떼의 권위주의적인 태도에 흡족해했다고 한다.[24]

독·러 상업조약이 승인된 지 3개월 후, 황제가 재무상을 신임하고 있음이 다시 한 번 드러났다. 북극권의 북쪽에 위치한 무르만(Murman) 해안에 대한 중요 시찰단으로 위떼를 파견한 것이다. 황제 자신이 마음속에 두고 있던 두 가지 목적과 함께. 첫 번째 목적은 백해(White Sea) 가장자리에 위치한 도시인 무르만스크(Murmansk)까지의 철도 노선의 장단점을 연구하는 것, 두 번째는 무르만스크나 무르만 해안가에 위치한 또 다른 항구에 주요 해군기지를 두는 것이 바람직한지 여부를 연구하는 것이었다. 알렉산드르 황제와 위떼는 이제까지 방치되어 온 지역인 유럽령 러시아 북부의 경제적 발전에 관심이 있었다. 그 목적을 위해 제안된, 북부까지의 세 가지 철도 노선 가운데 어떤 노선이 가장 바람직한지를 고려하기 위해 1893년 12월에 위원회가 열렸다. 세 가지 노선 모두 부설할 가치가 있다고 판단되었으나, 무르만스크까지의 철도는 세 번째 순서로 꼽힘으로써 사실상 더 이상 고려 대상에서 제외되었다. 분명 무르만 해안의 해군 기지에 대한 아이디어를 둘러싸고 당시 진행 중이던 논쟁에서, 황제와 위떼는 생각이 달랐다. 당시에 주요 해군 기지는 발트 해의 리바우(Libau)에 건설되기 시작하였다.

리바우 기지를 미는 최대 추진력은 참모총장 오브루체프(N. N. Obruchev) 장군이었다. 오브루체프는 전쟁 계획을 새롭게 짜는 일을 하고 있었고, 육해군의 주요 인사들로부터 지지를 받았다. 그 가운데 가장 유명인사는 대공 알렉시스 알렉산드로비치(Alexis Alexandrovich) 육해군대장이었다. 그는 해군의 수장으로서 행실이 좋지 않은 여자에 대한 관심과 미식가로 소문난 독신남이었다. 이 기지를 추진한 이면에는 최근에 황제가 된 빌헬름 2세하에서 독일 해군이 성장하고 있었고, 독일 전함이 북해와 발트 해 사이를 신속하게 이동하도록 만들어 줄 키일 운하(Kiel Canal)의 건설이 이루어지고 있었기 때문이었다. 그러나 독일에 맞설 새로운 부동항 해군 기지가 필요하다는 데 동의하는 러시아 고위 관리들은 리바우가 쉽게 봉쇄될 수 있다고 주장했다. 멕시코 만류(Gulf Stream)*가 부동항의 조건을 제공하는, 북극권의 북쪽에 위치한 무르만 해안 기지가 공해상으로 나아갈 수 있는 이점이 있으며, 따라서 방어하기가 더 용이한 이점이 있다고 주장하는 고위관리들도 있었다. 이에 충분히 공감한 황제는 이 대안이 조사되어야 한다고 마음을 바꾸었다.

그리하여 1894년 6월, 위떼는 해군성 전문가들을 포함하여 측근자들과 함께 길을 떠났다. 그들 중에는 후견인이자 황제의 사위인 알렉산드르 미하일로비치(Alexander Mikhailovich) 대공이 끼어 있었다. 그

---

* 대서양 허리케인을 일으키는 난류.

의 야심은 육해군대장의 후임자가 되는 것이었다. 측근들 가운데는 위떼가 언론의 힘을 예리하게 의식했음을 증언한 저널리스트도 있었고, 인상적인 풍경을 묘사하기 위한 젊은 예술가들이 여럿 있었다.[25] 황제의 임무를 수용하면서 위떼는 주요 제독과 장군들의 발끝 위에 위태롭게 서게 되지만, 머지않아 이마저도 황제의 지원으로 별 어려움이 없게 될 것이다.

여행의 대부분은 북쪽의 수많은 강과 백해를 건너, 다양한 중간 방문지들을 경유하는 것이었다. 그 가운데서도 유명한 수도원이 있는 솔로베츠끼 섬(Solovetskii Island, 소비에트 시대에는 강제수용소로 악명 높았던 백해의 군도)은 위떼에게 깊은 인상을 남겼다. 거기서부터 무르만과 무르만스크까지는 인근의 노르웨이와 스웨덴을 경유하여 귀국하는 일행과 함께 했다.

귀국길에 위떼는 장문의 보고를 준비했고, 고대하고 있던 황제에게 그것을 보고했다.[26] 위떼는 무르만 해안에 위치한 에까쩨린스까이야(Ekaterinskaia)가 부동항인데다가 공해상에 위치해 있다는 사실을 크게 중요시하며, 블라디보스토크보다 훨씬 훌륭한 항구를 가지고 있음을 주목하면서, 해군기지문제 뿐 아니라 유럽령 러시아 최북단의 경제적 중요성에 대해 차근차근 설명했다. 그리고 비용을 의식하고 있는 황제를 위해, 무르만 해안의 기지가 현재 건설중인 리바우 기지보다 비용이 덜 들것이며, 재무성이 이 북부 기지를 위한 자금을 마련할 수 있을 것이라고 강조했다. 위떼는 만일 알렉산드르 황제가 더 오래 살았다면, 북부의 이 기지를 선택했을 것이라고 주장하지만, 그렇지는 않았다.

이것이 위떼가 생전의 알렉산드르 황제를 알현한 마지막 순간이었다. 알렉산드르3세는 1894년 10월 얄타 체류중에 서거했다. 황제의 서거로 위떼가 정부에서 쌓은 경력 가운데 가장 행복했던 시기는 끝났지만, 이제 그의 이력에서 가장 빛날 기념비적인 업적이 그를 기다리고 있었다.

새 황제, 구노선

(1894~1896)

새 황제 니콜라이 2세에 대한 평가를 물었을 때, 위떼는 새 황
제에 대해 거의 아는 것이 없다는 전제로 대답했는데, 새 지배자가
"번듯하게 잘 자랐고 선의를 가지고 있어 호감이 가나" 경험이 부족
해서 10년이 지나야 잘할 수 있을 것이라는 것이었다. 내무상 뒤르노
보(I. N. Durnovo)가 위떼에게 자신은 황제에 대해 더 잘 알기 때문에
말하자면, 새 지도자 밑에서 위떼가 '불운할' 수도 있다는 것이었다.
비정상적이며 다소 전제주의적이었던 황제 파벨 1세(Paul Ⅰ)와 니콜
라이와의 유사성을 드는 사람들도 있었다.[1]

새 황제는 26세였다. 그는 '개인교습' 교육을 받았다. 적어도 서류
상으로는, 대학과 참모학교(General Staff Academy)에서 제공된 것과 동
등한 수준이었다. 새 황제는 장관, 저명한 교수, 장군 및 사제들로부
터 강의를 들었으나 이들로부터 이의가 제기된 적은 없었다. 새 황제

는 대부분의 시간을 지루해했는데 – 아마도 그에게 그러한 환경이 주어졌는지도 몰랐다. 1890년 4월 그는 자신의 일기에 다음과 같이 썼다. "오늘, 마침내 그리고 영원히, 나는 수업을 끝냈다."[2] 그 다음에 4년간의 실질적인 실습훈련이 뒤따랐다. '국무회의', '각료위원회', '시베리아철도위원회'의 회의에 참석하는 것과 '후싸르·쁘레오브라젠스끼 수비대, Hussar and Preobrazhenskii Guards'에서 복무하고 이 수비대의 1개 대대를 지휘하는 것까지 포함되었다. 그러나 이전처럼 이의를 제기받지 않은 것도 아니었고, 그렇다고 그가 도전받고자 했음을 나타내 주는 그 어떤 것도 없었다. 오히려 아직 미성숙함을 나타내는 많은 것들이 있었다.

'그 아버지에 그 아들'이라는 말은 알렉산드르 3세와 니콜라이 2세에게는 여러 가지 면에서 적용될 수 없었다. 니콜라이 2세는 어머니를 닮아 가냘픈 체격에다 적어도 황실의 다른 멤버들은 물론이고 아버지보다도 머리 하나만큼 키가 작았다. 그의 아버지가 결단력 있고 꾸밈없이 말하는 부분에서, 새 황제는 줏대가 없고, 훌륭한 매너로 '사람의 마음을 끌었으며' 강한 어조를 사용하지 않았다(그가 '젠장'과 같은 말을 할 때에는 눈썹이 올라갔다). 그의 아버지가 외경심을 일으키고 때로는 두려움을 야기하는 부분에서, 새 황제는 첫 치세 기간의 몇 년 동안 겸손이 몸에 밴 듯했으며, 어머니에게 기를 못 펴고 사는 듯이 보였다. 위떼가 가끔 알렉산드르의 서거를 탄식할 수밖에 없었던 이유가 있었다.

알렉산드르 3세 황제의 죽음에 대한 여러 가지 회한 가운데에는 새 황제가 황실의 다른 멤버들을 엄하게 통제할 수 있는 힘이 부족했다는 사실이 있었다. 이는 대공들, 특히 육해군의 고위직을 차지하고 있던 황제의 삼촌들에게 재빨리 감지되었다. 그 첫 번째 사례가 알렉시스 알렉산드로비치 대공의 경우이다. 대공은 자신의 조카가 위떼로 말미암아 해군기지를 무르만 해안에 설치한다는 데 지지하는 쪽으로 기울고 있었으므로, 니콜라이가 그 생각을 포기하지 않는 한, 육해군대장으로서의 자신의 지위를 내놓아야 할 위협을 느끼고 있었다. 그러나 대공이 이겼다. 그리고 또 얼마 지나지 않아서, 젊은 황제는 자신의 삼촌이자, 황실수비대(Imperial Guard)와 수도 방위구(St. Petersburg Military District) 사령관이면서, 여러 차례 직위 임명에 대한 황제의 바람을 무시한, 블라디미르 알렉산드로비치 대공과 눈에 드러나게 싸웠다. 니콜라이는 자신의 삼촌에게 보내는 편지에서 마침내 분노가 폭발했다. "나의 '친절함'이 모든 사건에 책임이 있소. 그렇소, 나의 어리석은 친절함 때문이라고 주장하고 싶소. 나는 줄곧 가족 관계에서 반목과 불안 조성을 피하고자 했지만…… 의지도 인격도 없는 꽉 막힌 사람…… 이제 나는 단순히 요청하지 않고 대공에게 나의 '이전에 표현된 뜻'을 이행할 것을 명령하는 바이오."[3]

그의 각료들은 나이 든 대공들이 하듯 그런 자유를 누릴 수는 없었다. 특히 위떼를 비롯한 많은 각료들은 말은 고분고분했지만, 젊은 황제에게 훈계조나 거만한 태도로 대했다. 니콜라이는 뭔가 약이 올랐지만 감내했는데, 위떼가 수십 년 뒤에 그를 성숙한 사람이라고 회고한 데서 그의 진면목이 드러난다.[4] 이 거구의 투박한 남자는 황제를 불편하게 만들었지만, 그럼에도 불구하고 니콜라이는 자신의 재무상을 지원했다. 그는 아버지의 정책을 계승하는 데 전념하고자 했고, 자신의 양친 모두 위떼를 대단히 존중했다는 점을 의식했다. 그와 위떼는 어울리지 않았지만, 앞으로 십수 년간, 불안한 가운데 연계되어야 할 운명이었다.

재무상은 자신이 이제까지 해 오던 노선을 유지하고자 했지만, 예기치 않던 사건인 청일전쟁이 1894년 8월에 일어남으로써, 이미 위떼가 벌이고 있던 과중한 일의 부담에다가 외교문제의 영역까지도 그를 끌어들였다. 앞으로 보게 되겠지만, 위떼는 시베리아횡단철도 때문에 외교문제에 연루되었다. 러시아는 청일전쟁으로 일본과 혈전을 치르는 길로 가게 되었다.

청일전쟁의 이슈는 조선이었다. 청국은 조선을 속국으로 여겼고, 근대화 과정의 한 세대도 채 되지 않아 일본이 조선에 대한 야욕을 가지게 되었다. 일본의 압도적인 승리는 대부분의 열강, 특히 러시아를 경악시켜, 러시아는 강화 조약으로 자국의 이해가 손상되지 않도록 확실히 해두고자 했다. 청국 측에서도 가혹한 조건들을 피하기 위해 얻을 수 있는 모든 도움을 필요로 하고 있었다. 반면 일본은 청국을 희생시켜 열강에게 친절을 베풂으로써 그들의 호의를 사고자 기도했다. 그 배경에는 청제국이 계속 존속할 수 있을 것인가라는 보다 큰 이슈가 자리 잡고 있었다. 청제국은 내적 취약성과 유럽 제국주의의 외적 압력에 의해 유린당하고 이제는 일본 제국주의에 의해 황폐화되고 있었다.

1895년 1월, 일본이 어떤 조건을 요구할 것인지를 공개적으로 밝히지 않은 가운데 청국과 강화 협상을 개시했을 때, 황제는 러시아가 어떤 태도를 취해야 할지 주의를 기울이기 시작했다. 니콜라이와 각료들은 러시아가 조선 남부의 한 항구, 즉 블라디보스토크보다 더 기동성을 보장해 줄 부동항을 획득하는 것을 지원받는 대가로 일본에게 우호적인 태도를 취하는 데 찬성했다. 위떼는 일본에 유화적인 태도를 취하는 데 반대했는데 ― 그 혼자만 그런 것은 아니었다 ― 특히 3월에 강화조건이 알려진 뒤에 그러했다. 강화조건은 남만주의 랴오둥 반도, 대만, 팽호 열도(Pescadores Islands)를 청국이 양도할 뿐만 아니라, 청국이 조선을 독립국으로 인정하고 막대한 배상금을 지불한다는 내용이었다.

3월 30일(4월 11일)에 열린 특별회의에서는 황제에 의해 소환된 알렉시스 알렉산드로비치 대공이 회의를 주재했는데, 황제의 견해가 제시되자 격렬한 토론이 벌어졌다. 시베리아횡단철도에서의 자신의 역할 때문에 참가할 권리를 가지고 있던 위떼는 맹렬하게 이 견해에 반대했다. 위떼의 견해로는, 일본은 위협적이었다. 만일 일본이 랴오둥 반도를 점령하도록 허용하면, 중국 영토를 장악하기 위한 일본의 팽창을 허용하고, 최종적으로는 북경을 차지한 뒤, 청국 황제의 제위에 일본 텐노를 세우는 것을 허용함으로써 일본이 중국본토에 발판을 가지게 될 것이라는 것이었다. 위떼의 견해로는, 청국에 대한 일본의 공격은 그들의 야욕을 확실하게 저지하게 될 시베리아 횡단철도의 완성을 예상한 가운데 고려한 선제조치였다. 일단 일본인들이 중국 본토에 진입하게 되면, 위떼의 주장으로는, 러시아는 그들을 제어하기 위해 수십만의 군대를 동원해야만 하며, 이미 수립해 놓은 안정적인 회계를 손상시키기에 충분한 막대한 경비를 들이게 될 것이라는 것이었다.

위떼는 계속해서 덧붙이기를, 일본과의 갈등이 불가피해졌기 때문에, 러시아는 기다리기보다는 군사적인 우월성을 보이면서 일본과 전쟁을 감행하는 것이 더 낫다는 것이었다. 그의 제안은, 즉 중국 본토나 다른 지역에 대한 일본의 점령을 중지하라는 최후통첩장이었다. 위떼는 계속해서 말하기를, 그 같은 행동은 청국의 호의라는 기대이상의 이익을 가져다줄 것이라며, 나중의 어떤 시점에서 북경 정부에 아무르 강 남쪽의 어떤 땅을 양도하도록 설득하는 그 같은 호의를 지속시켜야 할 필요가 있다는 것이었다. 이는 시베리아 횡단철도의 완성을 더욱 원활하게 해 줄 것이었다. 그는 계속해서 말하기를, 일단 시베리아철도가 완성되면, 러시아는 동아시아에서의 러시아의 야망을 달성하는 입장에 서게 될 것이라는 것이었다. 반일적 입장에 대한 위떼의 호소는 회의의 대다수 참석자들로부터 공감을 얻었고, 황제도 거의 이견을 보이지 않았다.

니콜라이는 위떼와 육해군 수뇌, 그리고 그를 반일적인 견해로 끌어들이는 데 성공한 외교 각료들과의 회동에서 이 같은 도전에 직면했다. 다음 날인 4월 5(17)일, 청국과 일본은, 일본이 제시한 모든 조건을 구현한 강화조약을 시모노세키에서 체결했다. 따라서 러시아는 프랑스 및 독일과 함께 행동하며 일본이 랴오둥 반도를 반환해야 하다고 요구했다. 그 같은 삼국의 포진에 직면한 일본은 선택의 여지가 없어 굴복했으나 결코 이를 잊지 않았다.[5] 한동안 동아시아 정치에서는 상대적으로 수동적이었던 러시아가 이제 그곳에서의 제국주의적인 경쟁에 깊이 말려들게 되었는데, 위떼는 그 드라마의 주연 배우들 가운데 한 사람이었다.

청국의 가장된 호의를 키워 나갈 방도로, 위떼의 눈은 만주를 관통하는 시베리아횡단철도의 다른 길로 향했고, 청국이 곧 이행해야 할 대일(對日) 배상금의 첫 회 분을 지불할 수 있는 자금을 얻도록 도와주는 일을 맡았다. 그러나 거기에는 장애가 있었다. 러시아 자신이 채권국이 아니라 채무국이어서, 청국은 자연 우선적으로 서유럽 은행가들에게 지원을 요청하게 되었다. 은행가들은 오토만 제국이 그러했던 것처럼, 청국이 자국 재정에 대한 국제 통제를 수락한다는 조건하에 상환을 보증할 준비가 되어 있었으나, 청국은 이것이 받아들일 수 없는 조건임을 알아차렸다. 왜냐하면 이때 위떼가 국제적 통제를 받지 않으면서도 자금을 더 많이 제공해 주겠다고 비밀리에 제의했기 때문이다.[6]

위떼의 전형적인 대담함, 철면피의 뻔뻔스러움, 그리고 야심에 찬 목표가 뒤를 이었다. 위떼는 자금을 염출할 프랑스 은행가들의 도움을 기대했음이 분명하다. 운 좋게도, 그동안 만족치 못한 결과로 청국에 차관을 제공해 왔던 몇몇 은행가들이 위떼에게 문의했고, 러시아에게 자금의 많은 부분을 지급하도록 요구하지 않는다는 데에 위떼와 합의하겠다고 제안하였다. 위떼는 기꺼이 프랑스의 몇몇 주요 은행가들을 상트페테르부르크로 초청했다. 그곳에서 위떼는 이들의 황제 알현을 주선했는데, 이는 외무성에서 위떼와 최근 외상 대리로 임명된 로바노프 - 로스또프스키(A. B. Lobanov - Rostovskii)가 배석한 가운데, 청국이 차관을 받아들이는 조건을 규정한 선언문에 청국 공사가 조인했던, 6월 24일의 회동 이후에 잇따른 일이었다. 러시아는 차관의 상환을 보장했으며, 차관의 대부분은 프랑스 은행가들이, 나머지는 러시아 은행가들이 제공하기로 했다.[7]

은행가들과 같은 수완이 있음을 입증하게 될 위떼였다. 러시아정부가 공인하고, 청국에서 사업을 펼치게 될 러·청은행(Russo - Chinese Bank)이라 불리는 준민간은행의 창설을 제안함으로써 그들을 놀라게 한 것이다. 자본금의 5/8는 프랑스 은행가들이, 나머지 3/8은 러시아은행가들이 제공하기로 되어 있었다. 그 비율은 지배적인 이

사회에서는 역전되어, 러시아인 이사가 8석 중 5석을 차지하기로 되어 있었다. 프랑스인들은 이 제안을 좋아하지 않았으나 수락을 거부할 정도의 것은 아니었다. 만일 이에 대한 증거가 필요하다면, 다음의 사실들로 곧 명백해질 것이다. 즉 러청은행은 위떼가 통제하는 러시아의 도구가 될 것이며, 위떼와 절친한 욱똠스키(E. E. Ukhtomskii) 공이 러청은행장으로 일할 것이며, 프랑스 은행가들과의 협상을 도와준, 상트페테르부르크 국제은행(St. Petersburg International Bank)의 은행장, 로뜨슈테인(A. Iu. Rothstein)이 러청은행 이사회의 이사라는 점이었다.[8]

러청은행의 설립허가서는 청국에서의 광범한 영역의 여러 활동에 종사할 수 있도록 허용했다. 화폐를 발행하고, 철도 – 그리고 바라고 기대하던 만주를 통과하는 노선을 포함한, 모든 종류의 활동에 필요한 자금을 대부할 수 있었다. 황제에 올리는 보고에서 위떼는 자신의 목적이 "청국에서 러시아의 경제적 영향력을 강화시켜 영국의 영향력에 대응할 수 있도록" 하는 데 있었다고 언급하였는데, 위떼는 영국을 러시아의 주적(主敵)이라고 생각했다.[9]

위떼는 이제 북만주를 통과하는 시베리아횡단철도의 루트를 정하기 위한 허가를 얻어내기 위해 청국에 접근할 준비가 되어 있었다. 이러한 시도를 자극한 것은 아무르 강 북쪽 노선에 예상외의 어려움이 따를 것이라는 점을 최근에 알았기 때문이었다. 청국에서 점증하고 있는 국제적 힘 경쟁의 강도를 고려해 볼 때, 위떼는 가능한 한 빨리 전 노선을 완성시키고자 고대했다. 이는 그 루트가 만주를 통과해야 시간을 낭비하지 않는 것임을 의미했다.

이는 청국을 꾀어내어 협약에 이르도록 하는 시도를 황제가 승인하게 되었음을 의미했다. 프랑스인들이 러청은행 계약에 사인하기 직전에, 위떼는 이 일에 착수했다. 위떼가 매진하고 있는 것에 대한 말이 나자마자, 몇몇 고위 관료들이 이에 대해 공격하기 시작했으나, 위떼는 황제로부터의 허락을 얻어 낼 만큼 충분히 설득력이 있었으며, 로바노프-로스또프스끼가 청국과 교섭했다.

그럴 만한 이유를 가지고 이미 러시아의 의도를 알아채고 있던 청국은 더욱더 날카로워져서 러시아정부에 철도권을 허용하는 데 대한 자신들의 입장을 굽히지 않았으나, 러시아정부의 후원을 받는 사기업에 철도권을 준다는 데 대한 생각을 호의로 받아들이는 몇 안 되는 고위관료들도 있었다. 이로써 교섭의 길이 트였지만, 결정적인 것은 아니었음이 나중에 드러났다. 위떼는 청국의 주요 각료이자, 러시아의 친구인 이홍장이 1896년 5월로 예정된 황제의 대관식에 청국 대표로 참석할 예정이며 그가 전권(全權)을 가지게 될 것이라는 사실을 알게 되었다. 위떼는 협약이 성사될 때까지 그에게 독점 접근할 수 있도록 하는 일에 착수했다. 우선적으로, 위떼는 이홍장이 예정된 대로 서유럽을 첫 방문하게끔 하기보다는 러시아로 직접 오도록 일을 성사시킬 수 있었다. 그렇게 함으로써 언론과의 접촉 없이 협약에 이를 때까지 비밀이 지켜지도록 하려는 목적이었다. 따라서 욱똠스끼 공이 알렉산드리아에서 이홍장을 데려와서 상트페테르부르크까지 가능하면 은밀하게 그를 에스코트하도록 했다. 그러면 위떼, 로바노프-로스또프스끼 공, 욱똠스끼 공, 그리고 로뜨슈테인은 그들의 권한을 총동원해서 이홍장을 설득한다는 것이었다. 욱똠스끼와 이홍장은 대관식 3주 전에 상트페테르부르크에 도착하여 교섭에 필요한 적절한 시간이 마련되었다.[10]

일의 진행은 험난했다. 이홍장은 러시아만이 만주 수로에서 헤엄치려는 유일한 상어가 아니라는 사실을 알고 있었다. 이홍장은 만일 사태가 자신이 청국의 이해를 적절하게 보호할 수 없을 것으로 보인다고 해도, 귀국 시에 값비싼 대가를 치르게 될 것이라는 점도 의식하고 있었다. 청국 정부는 청조의 본산인 만주에 경제 조차권을 허용하는 문제에 심히 난색을 표할 것이다. 그리고 이는 러시아를 의심할 만한 정당한 사유였다. 청국에 기분 좋게 양보하기 위해, 황제로부터 허용받은 권한을 이용하여, 제안한 철도가 동맹국 청국을 도울 수 있는 러시아의 능력을 향상시킬 것이라는 확언과 함께, 위떼는 청국에 대일(對日) 방어동맹을 제안했다. 그리고 가능한 한 이홍장이 이를 따르도록 만들기 위해 위떼는 그에게 300만 루블의 '사례금'을 제공하도록 위임받았으며, 이 금액의 1/3은 협약이 체결될 때 지불하기로 되어 있었다. 이 같은 '사례금'으로 청국인들을 다루는 것이 보기 드문 이례적인 일은 아니었다. 이로써 동의를 사지는 못하더라도 교섭을 원만하게 해 줄 것으로는 기대되었다.[11] 위떼는 이홍장에 대한 추가 유인책으로 황제와의 접견 자리를 마련했다.

어쨌든, 이홍장은 여러 가지 점에서 쉽게 움직여지지 않는, 힘든 교섭 상대임이 입증될 것이나, 몇 가지는 주고자 했고 상대의 체면을 살려 주는 타협안을 받아들이고자 했다. 이홍장은 러시아 정부에 철도권을 수락하거나 러시아가 그 철도를 건설하는 것에 동의할 수 없다며 붙들고 늘어졌다. 그러나 청국인 대표가 그 이사로 선임될 러청은행에 조차권을 부여한다는 데는 동의했다.

또 다른 주장들도 있었다. 대관식이 다가오자, 교섭은 역사적 사건의 한 장면이 될, 모스크바로 옮겨 진행되었다. 마침내, 1896년 5

월 24일(6월 3일), 로바노프 – 로스또프스끼(이 교섭에서 제2의 역할을 담당한), 위떼, 그리고 이홍장이 비밀동맹조약에 조인했다.[12] 동맹 조항에 따라, 일본이 청국, 조선 또는 러시아의 동아시아령을 공격하면 '가상의 적(Casus foederis)'으로 간주될 것이었다. 이에 덧붙여, 청국은 러청은행이 북만주에서 철도를 부설한다는 데 동의했다.

3개월이 지난 8월 27일, 북만주를 관통하며 서쪽으로 시베리아철도의 치타(Chita)와, 동쪽의 시베리아철도를 연결시키는 철도를 부설하기 위한 계약을 로프슈테인과 욱똠스끼가 조인하였다. 청국인의 체면을 살려 주기 위해서, 그 이름을 동청철도(Chinese Eastern Railway, 현재는 中東철도)로 명명하고, 러청은행의 재정지원을 받으며, 동청철도회사(Chinese Eastern Railway Company)라 불리는 한 회사가 철도를 부설하기로 했다. 그 철도는 청국이 선호했던 유럽식 표준궤보다는, 러시아에서 사용되던 궤폭에 맞추어 광궤 철도로 부설하기로 결정함으로써 사실상 동청철도가 러시아철도가 될 것이라는 점을 입증했다.[13]

청국이 고집한 여러 가지 체면용 요구조건 가운데 하나는 새 회사의 주식 매매가 공개적으로 이루어져야 한다는 것이었다. 위떼는 이 제한조건을 충족시키기 위해 부랴부랴 주식 매매 공지를 관영 신문에 게재했다. 그런데 아침에 매매 공지가 게재되었고, 프라이드가 높은 고급 비즈니스맨들이 참여하기에는 너무 이른 시간에 매매가 예정되었다.* 러시아정부가 주식의 1/4을 사들이고 나머지는 옵션**을

---

* 한여름 백야의 계절에 늦은 저녁과 취침으로 일찍 일어나지 못해 이른 아침의 주식 공매에 참여하지 못하던 이들의 관행을 위떼가 역이용한 것이다.
** 주식 매입 선택권

획득하도록 하는 계략을 썼다.[14] 요컨대, 계약상으로는 청국이 동청철도회사에서 중요한 역할을 맡기로 규정되어 있었지만, 그 실제 주인은 위떼가 그 관리인으로 활동하는 러시아정부였다.

더욱이 동청철도의 권한은 실로 방대했다. 철도 연장권을 소유하고, 그것을 관리하고 보호하는 권한까지 주어졌다. 철도 보호는 재무성의 철도수비대(Corps of Border Guards)를 배치시킬 수 있었는데, 이 수비대는 위떼의 아내의 이름을 따서 '마딸다의 수비대'라고 알려졌다.[15] 동청철도는 만주에서의 러시아의 영향력을 점증시켜 줄 것이며, 이로 말미암아 '위떼 제국'이라 일컬어지기도 했다.

위떼는 훗날 러시아의 동아시아정책을 결정적으로 전환시키는 데 기여했다는 비난을 듣게 될 것이다. 위떼에 의해서든 그렇지 않든 간에, 당분간 러시아는 청일전쟁에 뒤이어 동아시아에서 그 힘을 과시하게 될 것이라고 할 만한 여지가 충분히 있었다. 여기에는 위떼가 러시아의 동아시아정책의 결정에서 때로는 외무상보다도 더 강한 목소리를 내고 있었다는 사실이 덧붙여져야 한다.[16] 사실상, 위떼는 자신만의 재무성 인력, 동청철도, 러청은행, 그리고 그의 견해를 뒷받침해 줄 정보 요원들을 갖춘 재무성의 동아시아 재정 요원들을 활용하여 자신만의 준동아시아 외무성을 창설했다.[17] 위떼는 외교관이라는 직함을 부인하면서도, 동아시아 외교 세계에 입문했다. 위떼의 주된 관심은 경제적 이득을 추구하는 것이었고, 전쟁의 위험을 무릅쓰지 않고도 이것이 성취될 수 있다고 확신하고 있었다.

그러나 경제적 이득만으로는 충분치 않았다. 러시아의 경제적 성장도 필요했다. 모스크바 대관식이 끝난 뒤 바로 며칠 뒤인, 1896년 5월 28일에 개최될 예정이던 러시아 산업과 기술의 진전을 과시할 대형 박람회에, 이홍장과 같은 정부 고관들이 방문해서 깊은 인상을 받게 하는 것이 황제에게는 더 편리하면서도 더 나은 방법이었을까. 위떼도 일반 러시아인 대중을 끌어들여 그들의 찬탄을 자아낼 지상 2평방마일*에 차린 이 대형 이벤트에 의존했다. 물론 위떼도 박람회를 준비하는 데 무척 바빴고 처음에는 그 일을 하기에 적절하지 않다고 판명된 사람의 손에 그 준비를 맡겼다. 그 후 위떼는 자신의 유능한 보좌진 가운데 한 사람인 코발레프스끼(V. I. Kovalevskii)에게 이 일을 맡겼다.

니즈니 노브고르드(Nizhnii Novgorod)에서 박람회가 개최되었을 때, 위떼는 다음과 같이 선언하며 개회 환영사를 했다. "우리의 과제는 1882년 모스크바 박람회 이래 우리의 조국이 성취해 온 영적, 경제적 결과들을 러시아와 전 세계에 보여주는 것이다." 위떼는 이어서, 이 기간 동안의 러시아의 '괄목할 만한 성장'에 대해 언급했고, 그것을 러시아의 보호관세와 연결 지었다.[18] 그러나 그 같은 장밋빛 견해가 모든 사람들의 공감을 얻은 것은 아니었다.

8월, 박람회가 한창 열리는 가운데, 상공업에 관한 학술대회가 니즈니 노브고르드에서 위떼의 주최로 개최되었다. 위떼는 정부, 비즈니스계, 그리고 학계에서 초청된 인사들의 이 모임이 자신의 일에 일제히 호의적인 환경을 마련해 줄 것으로 기대했다. 그러나 오히려 위떼는 1891년 관세에 대한 상당한 비판에 부딪쳐야 했다. 농업 기계류의 단가를 올려 농업에 과중한 부담을 안겨주었다는 주장이 그것이었다. 반면 산업계 대표들은 관세 개혁을 옹호했지만, 반대자들의 수를 압도할 정도는 아니었다. 위떼는 정부가 '사리에 맞는' 조언은 따

---

* 약 5.18㎢

를 것이나, 반대하는 사람들로부터 자신이 들은 내용은 그리 적절하
지 못하다고 선언함으로써 눈 하나 깜짝하지 않고 비판에 화답했
다.[19] 위떼가 반대하는 사람들로부터 들었다고 하는 내용이란 금본
위제를 확립하는 데 자신이 앞으로 부딪치게 될 하나의 표본이었다.
그리고 그것은 위떼가 이미 시작한 과정이기도 했다.

위떼 체제
(1892~1899)

"**금본위제**의 확립은 내가 재무상으로서 이룩한 가장 위대한 업적이었다. ……니콜라이 2세 황제 치세의 가장 빛나는 업적 가운데 하나로 역사가 기록하게 될 이 엄청난 개혁을 이뤄낸 사람이 바로 나였다."[1] 이 같은 위떼의 판단은 다소 건방진 표현이기는 하지만 핵심에서 벗어난 말은 아니었다. 금본위제는 산업자본주의의 성장을 보호하기 위한 환경을 만들어 내기 위해 위떼가 기울였던 막대한 노력 가운데서도 중추적인 부분이었다. 금본위제를 도입하는 과정에서 위떼는 다시 한 번 강철 같은 의지와, 반대에 굴하지 않고 거칠게 다루어 나가는 능력, 그리고 전제군주의 호의에 어떤 방식으로 의존했는지를 보여주게 될 것이다.

1895년 3월에 재무성의 금보유고가 충분하게 높아지자, 위떼는 이제 시기가 무르익었다고 판단했다. 위떼는 자신의 주장을 '금융위원회'에 제시했다. '금융위원회'는 국가의 신용에 영향을 주는 문제들을 다루는 관계 부처의 합동 위원회였다. 여기에서 위떼는 상당한 영향력을 행사했다. 위원회의 응답은 호의적이었고, 황제의 의견도 위원회의 입장과 일치했다.

다음 단계는 필요한 입법 조치를 위해 '국무회의'의 '국가경제국'으로부터 승인을 얻는 일이었다. 여기에서는 일을 지연시킬 만한 많은 문제들이 제기되었다. 현재의 상태(現狀)에 변화를 가져올 필요가 있는가. 러시아가 금본위제를 채택해야 한다면, 루블화의 환가율은 얼마가 되어야 하는가 하는 문제들이 그것이었다.[2] 관료적 수레바퀴는 천천히 굴러가기 마련이다. 위떼는 1896년 3월이 되어서야 금본위제를 주장했던 '금융위원회'가 열리는 석상에서 몇 가지 논쟁점에 대해 연설했다. 여기서 그는 (금은)복본위제(複本位制)나 은본위제에 반대하는 주장을 폈다. 위떼는 사람들이 가치가 하락한 은이 곧 반등할 것이라는 잘못된 믿음을 지지하고 있다고 주장했다. 위떼는 금화 1루블당 1.5지폐 루블화로의 환산율을 지지했다. 위떼의 견해는 금융위원회의 지원을 받았고, 황제도 이를 승인했다.[3] 다음에 거쳐야 할 단계는 '국무회의'였다. '국무회의'에서 위떼는 실제적인 어려움에 부딪쳤다. 몇 갈래의 반대는 개인적인 적의에서 비롯된 것이었다. 그러나 보다 중요한 사실은 지주들 및 가치가 하락한 지폐루블화가 자신들에게 유리하게 작용할 것이라고 믿고 있던 그 밖의 다른 계층들이 속해 있던 국무회의의 많은 위원들로부터 적의가 표출되었다는 점이다.[4]

위떼의 계획이 구체적으로 공개되면서 적대감은 더욱 광범해졌다. 재무상이 언급한 것처럼, "사실상 러시아의 배웠다는 모든 지식인들이 금본위제에 반대했다. ……마치 만성병에 익숙한 사람마냥 그 같은 병마가 몸을 쇠약하게 할 텐데도 [그들은] 지폐에만 익숙해 있었다.5) 유서 깊은 <자유경제학회>조차도 드러내놓고 반대했다. 1765년에 설립된 러시아 최초의 학회 가운데 하나인 이 학회는 저명한 회원들을 가지고 있었으며 지식인들 사이에 상당한 지지를 받고 있었다.

전제적인 러시아에서 그러하듯, 위떼는 여론을 움직이면서도 여론에 동요되지 않았다. 위떼의 관심사는 황제가 노선을 바꾸지 않도록 그의 마음을 잡아두는 일이었다. 니콜라이는 여론에서 통용되는 것들을 경멸했으나, 자신을 둘러싸고 말해야 할 것들에 대해서는 민감했다. 그래서 위떼는 외국의 고위 인사들이, 가령 금본위제와 같은 이슈에 대해 어떻게 말할 것인지를 생각했다. 그렇기 때문에, 위떼는 전 영국 수상 글래드스톤(William E.Gladstone)과 프랑스 수상 멜린느(Felix-Jules Méline)와 같은 명사들 및 전문가들의 도움을 받아 그들의 견해를 적당히 뒤섞고자 했다. 그러나 위떼는 걱정할 필요가 없었다. 황제가 그를 지지하는 든든한 세력으로 남아 있었기 때문이다. 그러는 동안, 어느 덧 시간이 흘러갔다.

이러한 상황에서 위떼는 '국무회의'를 무시하고 '금융위원회'에서 승인을 받기로 결정했다. 위떼는 그 같은 절차를 원칙적으로는 비난했지만, 결정적인 중요성이 있다고 생각하는 것을 성취하는 데 다른 대안이 없을 경우에 사용하는 방법이었다. 1897년 1월 2(14)일, 황제가 주재하는 '금융위원회'가 필요한 입법안을 승인했고, 그 다음 날 황제는 1금화 루블은 1.5지폐 루블화의 가치를 지닌다고 선언하며, 금화를 주조하는 데 필요한 칙령을 선포했다. 모든 준비가 제대로 갖추어진 것은 아니었지만, 러시아는 이제 금본위제를 시행하게 되

었다. 금본위제는 이후 2년 동안에 발효된 칙령으로 시행되었다.[6]

1월 3일의 칙령은 '국무회의'의 몇몇 위원들 사이에 민감한 분노를 야기했다. 한 위원은 이 칙령이 파벨 1세(Paul Ⅰ)에게나 알맞은 법안이라고 개인적으로 선언했다. 파벨 1세는 부당하거나 괴이하게 보이는 제국 법안을 일컬을 때 일반적으로 연상되는 이름이었다.[7] 그러나 '국무회의'는 반발하지 않았으며 곧이어 모든 금본위제 칙령들을 요약한 법령을 승인했다.

금본위제로의 이행은 실로 러시아의 경제생활에서 대대적인 사건이었음이 입증될 것이다. 그것은 러시아의 신용도를 크게 향상시켰는데, 공식적으로 공개함으로써 추진력을 얻었기 때문이기도 했고, 또 프랑스 저널리스트들을 매수한 (위떼의 '천재적인 기술'로 처리된)[8] 덕택이기도 했다. 향상된 신용률은, 러시아 산업에 외국의 투자를 고무시켰고, 이미 진행 중이던 이 투자 과정을 더욱 강화시켰다. 통화개혁은 알맞은 시기에 이루어져 일본과의 전쟁 및 1905년 혁명을 포함한 많은 난관을 헤쳐 나갈 수 있게 해 주었다. 위떼는 국가 신용도를 개선시킴으로써 중요한 요소, 즉 외국 차관이 들어올 수 있는 조건들을 개선시킬 수 있었다. 더욱이 개혁은 우려했던 것과 같은 가격의 혼란 없이 순조롭게 진행되었다. 개혁이 성공할 수 있었던 것은, 황제의 든든한 후원자인 아돌프 로뜨슈테인(Adolph Rothstein)(오스트리아-헝가리에서 금본위제 정착을 지원한)이 제공하는 훌륭한 조언, 그리고 무엇보다도 위떼의 능력과 강철 같은 의지 덕택이었다.

그러나 금본위제는 하나의 가격을 강요했다. 이를 유지하기 위해서는 보호주의적인 정책과, 특히 농민층에 과중한 부담이 되는, 중과세를 계속 유지할 필요가 있었다. 그리고 금본위제 개혁은 해외에서는 위떼의 명성을 드높였다. 국내에서 금본위제는, 제한적이기는 해도 조롱을 받았다. 가령 새 은행 수표는 금화 액면가로 상환할 수 있는 '위떼의 수표'로 불리는가 하면, 새 금화 동전은 '마띨더리(Matildory)'(위떼의 처 마띨다의 이름을 따서) 혹은 '위떼킨더리'(위떼의 아이들)이라고 불리는 등 조롱을 당했다.[9)]

금본위제는, 러시아를 산업 강국으로 바꾸기 위한 위떼의 분명하고도 매우 인상적인 야심찬 계획, 즉 '위떼 체제'라고 불린 것들의 완성을 가속화시켰다. 당시는 위떼 체제의 가동을 고려하기에 적절한 시점이었다. 다른 사람들에게도 그렇게 비쳤지만, 위떼의 눈에 산업화의 주요 원천은 철도였다. 철도 공사는 철과 석탄의 수요를 증가시켰다. 채굴을 확대하기 위해서는 광산으로의 접근이 더욱 용이하도록 철도를 부설할 필요가 있었다. 국내 생산으로 철도의 차량과 레일의 수요에 부응하기 위해서는 철과 강철 생산을 늘리고 증기기관차와 화차 등의 제조를 확대할 필요가 있었다.

위떼의 재무성 철도국은 처음에는 막시모프(V. V. Maksimov)에 의해 주도되었다. 그는 위떼의 뒤를 이어 철도국장이 되었지만, 나중에는 스캔들 때문에 그 자리를 떠나야 했다. 그의 후임은 샤프하우젠(E. K. Ziegler von Schaffhausen)으로 대체되었는데, 두 사람 다 위떼의 밑에서 철도 경험을 쌓았고, 재무상의 지도 아래 중요한 역할을 했다. 뿐만 아니라, 위떼체제의 가동에는 위떼가 간접적으로 통제하던 교통성도 포함되었다. 정부가 계획한 새 철도들은, '남서철도'를 포함한 몇몇 사영철도를 사들이고, 몇 개의 사영철도는 합병하고, 사기업이 부설하는 새 노선에 대한 재정적인 인센티브를 제공하고, 투자자들이 일축해 버린 노선들을 부설할 과제를 떠맡았다. 이 모든 것에

기초하여 시베리아횡단철도와 동청철도 부설이 이루어진 것이다.[10)]

　1890년대 급성장하는 경제에 기여한 것이기도 하면서 그로부터 인한 혜택이기도 한 러시아의 철도 부설은, 1만 천마일*이 부설되어 당시 미국에만 뒤지는, 세계에서 두 번째로 높은 부설률을 자랑했다. 러시아 전체 총 3만 마일**의 철도 부설 역시 세계 제2위의 높은 부설률이었다. 분명 러시아의 철도 체계가 당연히, 수십 년 전에 이미 철도망을 완성한 선진 산업 국가들의 그것보다도 훨씬 더 대규모로 이루어져야 했다고 해도, 실로 그 성취는 놀랄 만한 것이었고 뜻깊은 의미를 지녔다.

　새 철도들은 기존에 미쳤던 경제적, 사회적 영향력보다 훨씬 더 강력한 영향력을 가졌다. 중공업, 광산업, 곡물 수출이 주로 철도 성장에서 가장 많은 혜택을 입었지만, 철도시대는 사실상 모든 사람들에게 크건 작건 영향을 미쳤다. 승객 수송률을 살펴보자. 1897년에 철도는 평균 70마일(약 113km)의 속도로 달리며, 약 7천백만 명의 승객을 수송했다.[11)] 그 경제적, 심리적, 사회적 효과는 쉽게 상상이 갈 것이다. 더욱이, 철도는 4만 개 이상의 영구직과 계절직 일자리를 제공했다. 동아시아에서 어느 한 강대국***과의 예상되는 분규와, 서유럽에서 독일과 그 동맹국에 대비한 전쟁 계획들을 가정한다면, 철도가 가지는 군사적 중요성도 간과될 수 없었다.

　경제를 진작시키는 책임의 많은 부분은 재무성의 '상공국 Department of Commerce and Manufacture'에 있었다. 1900년에는 그 운영이

---

*　약 18,628km
**　약 48,280km
***　일본 지칭

재무차관 후원하에 놓이면서 '상공국'의 위치는 더욱 높아졌다. '상공국'이 포괄하는 범위는 주식 거래에서부터 도량문제에 이르기까지 매우 광범했다. 위떼가 재무상이 되었을 때, '상공국'의 국장은 활기 없는 뵤르(A. B. Bähr)가 맡고 있었다. 시기적으로 적절하게도, 그가 몇 개월도 안 되어 사망하자, 위떼는 코발레프스키(V. I. Kovalevskii)로 대체시켰다. 코발레프스키는 10년 동안 유능하고 활기 찬 지도력을 보여주었지만, 애인의 스캔들 때문에 1902년에 그 임기가 단축되었다. 코발레프스키 자신은 죄가 없었지만, 위떼는 코발레프스키를 자리에서 물러나게 함으로써 자신의 사람을 보호했고, 그보다 능력은 떨어지지만 경험 있는 티미랴제프(V. I. Timiriazev)로 대체시켰다.[12]

위떼는 상공업이 번성하도록 직접적인 도움을 줄 수 있는 환경을 진작시키고자 노력했는데, 이러한 과업은 피터대제 시절을 연상시켰다. 경제 환경을 개선시키려는 위떼의 노력은 경외심을 불러일으켰다. 위떼는 유한주식회사 설립 시에 관료적 장애를 최소한도로 줄이고자 했지만, 무성한 반대에 부딪쳤다. 그렇지만, 위떼는 상표 등록 및 특허권 획득의 장애를 제거하는 입법안 제정에 성공했다.[13] 그런데 러시아 특유의 도량형 체계의 문제가 남아 있었다. 여기에는 재무성의 '도량형 위원회 Board of Weigh and Measures'의 위원장인 저명한 화학자의 지원이 있었는데, 그도 위떼처럼 미터 도량체계의 도입을 지지했다. 이 시도는 관료적 장애 때문에 좌절되긴 했지만, 위떼는 기존의 체계를 개선시킬 수 있었다.[14] 장애물의 실제적인 한 사례를 들자면, 당시 서유럽에서 쓰이고 있던 율리우스력보다 12일이 늦은 러시아의 그레고리우스력을 바꾸지 못하도록 방해한 종무원장 뽀베도노스체프(Pobedonostsev)가 만들어 놓은 것이다. 그가 서력 도입을 로마 가톨릭의 영향력에 대한 양보라며 거부시키는 데 성공한 것이다.[15) 당시에 막강한 인물인 뽀베도노스체프는, 한번은 위떼가 러시아의 노동계급에 대해 말하는 것을 듣다가 다음과 같이 격분했다.

> 노동자들이라고? 나는 러시아에서 그 같은 계급이 있는지 모르오. 그리고 세르게이 율리예비치, 난 당신이 무슨 말을 하는지 이해 못 하겠소. 인구의 90%를 구성하는 사람들은 농민층이오. 그리고 방앗간과 공장에서 일하는 소수의 사람들이 있지만, 그들은 여전히 농민으로 남아 있소. 당신은 인위적으로 새로운 계급, 어떤 새로운 사적 관계들, 러시아에는 모두 완전히 낯선 것들을 만들어 내려 하고 있소. 세르게이 율리예비치, 당신은 위험한 사회주의자요.[16)

그러나 위떼는 뽀베도노스체프가 '모히칸족의 최후'와 같은 전설적인 이야기를 지어내는 사람이라고 간주했으며, 두말할 필요도 없이, 그 같은 격정적인 발언에도 동요되지 않았다. 위떼는 상공업에 필요한 숙련된 인력을 양성하는 데 최우선권을 부여한 자신의 계획을 밀고 나갈 뿐이었다. 이는 재무성이 교육 분야에 입문했음을 의미했다. 1894년에 재무성은 신설 상업학교들을 관할했다. 당시에는 러시아 전체에서 그 같은 교육기관이 겨우 8군데밖에 없을 때였다. 이후 수년 내에 그 같은 교육기관이 140곳 이상이 들어섰다. 이는 교육 분야에 남긴 위떼의 소소한 업적일 뿐이다. 위떼는 상트페테르부르크, 모스크바, 바르샤바에 과학기술전문학교를 설립했는데, 이 가운데 상트페테르부르크에 세워진 최초의 이 전문학교는 그의 자랑거리였다. 그러나 이것이 전부가 아니었다. 농민들을 위한 직업학교(기계 수리가 과목 중 하나에 들어가는), 여성들을 위한 상업학교, 상선학교, 디자인학교 등도 위떼가 설립했기 때문이다. 물론, 위떼의 노력은 실업가들로부터 도덕적 지원과 때로는 재정적 지원을 받았다. 어떤 실업인들은 개인적으로 상업 및 직업학교를 재정 지원했고, 그중에 양조업자 협회는 학교 이름에 위떼의 이름을 붙이기도 했다.[17] 뿐만 아니라, 위떼는 재무성의 주간신문 <금융뉴스 Vestnik finansov>에서 제공하는 뉴스보다 더 많은 실업계 정보가 필요하다고 인식했다. 위떼는 1893년에 일간신문 <상공 뉴스 Torgovo - promyshlennaia gazetta>를 창간했는데, 이는 막대한 부수를 발행할 정도로 성장했다. 이것만으로도 충분하지 않았던지, 위떼는 <러시아경제리뷰 Russkoe ekonomicheske obozrenie>를 창간했는데, 이 신문은 일반적인 정부의 경제문제를 다루었다. 이 리뷰지는 러시아 최초의 경제학 학술잡지였다. 그리고 위떼는 자신의 재량권을 이용하여, 러시아 역사상 처음으로 전면적인 인구조사를 실시했다.[18] 이어서 위떼는 상업 뉴스를 전파할 전신 기관을 만들었다.

그러나 이것이 다는 아니었다. 앞서 예시했듯이, 위떼 체제에는 이전보다도 훨씬 대규모로 산업에 직접적인 도움을 줄 수 있는 일들이 포함되었다. 첫째, 위떼 체제는 기차선로와 그 밖의 철도 장비, 그리고 군대에 필요한 잡다한 물품들을 위한 시장을 제공했고, 시장 가격 이상으로 지불했다. 예를 들어, 1890년대 말에 선로를 시장 가격보다 40% 이상 높은 가격을 주고 구입했다.[19] 이것을 충당하지 못할 때, 정부는 차관의 형태로 직접적인 금융지원을 해 주었다. 니콜라이 2세 치세 초기에 위떼의 발의로 '국립은행'의 헌장이 개정되었다. 정부가 도움을 줄 가치가 있다고 생각하는 상공업과제를 위한 차관 도입을 위해 은행의 권한을 확대할 수 있도록 한 것이다.[20] 실제로, '국립은행'은 차관을 허용하는 데 대한 제재조치들을 가끔 자유롭게 해석했다. 그리고 거기엔 여러 산업 분야가 외국과의 경쟁에서 자유롭도록 만든 1891년의 관세 개혁도 있었다. 결국 이로 말미암아 산업이 차등화한 운송률에서 혜택을 입었다는 사실은 주목되어야 할 것이다.

위떼의 강력한 조치들은 상공업이 상승세일 때 나와 그 성장을 더욱 가속화시켰다. 1890년대에 주요 도시들은 신흥도시로 급격히 발전했다. 기존의 산업 기반들이 그 편의를 더욱 확대했고, 신흥 산업이 자리를 잡았다. 수십만의 농민들이 자신들의 보잘것없는 수입을 보충하기 위해 도시로 몰려들었고, 어떤 이들은 농한기에 일을 하기 위해, 또 어떤 이들은 토지를 가족들에게 내맡긴 채 일 년 내내 일하기 위해 도시로 몰려들었다. 최극빈층의 어떤 이들은 자신들의 얼마 안 되는 소작지를 그냥 포기했다. 예를 들어, 상트페테르부르크에서는 십 년 동안 인구가 125만 명에 달하며 1/3의 증가율을 보였는데, 이 증가율의 대부분은 지방으로부터 농민들이 이주한 결과였다.[21]

산업 성장을 가속화시킨 위떼의 노력의 결과는 무엇이었을까? 1900년은 위떼체제를 평가하기에 아주 유리한 지점을 제공한다. 그해에 시작된 슬럼프는 러시아에만 영향을 미친 것이 아니라, 재무상으로서의 위떼가 나머지 임기 동안에도 지속될 것이기 때문이다(경제는 강한 회복세를 보이게 되지만).

과연 러시아의 경제 성장은 인상적이다. 1890년대의 10년 동안 공장노동자들과 광부들의 숫자는 산업 투자만큼이나 거의 두 배로 늘어났다. 어떤 분야의 생산은 이미 선진국의 생산량에 맞먹었다. 석유 생산에서는 계속 수요가 늘고 있었는데 미국이 선두자리를 차지하기 시작한 1900년까지는 러시아가 세계에서 선두였다. 어떤 경제사가들은 러시아가 진정한 산업혁명을 경험할 준비가 되었다고 주장하기도 한다. 예를 들어, 블렉웰(Blackwell)은 "러시아가 1890년대에 근본적인 경제변화 혹은 산업혁명과 연관된 '도약(take-off)'을 경험했다고 주장하고 있다.[22] 위떼는 그것을 자신의 견지에서 "러시아의 국민경제 체제가 확립되었다"며, "이는 보호무역주의 체계와, 외국자본을 끌어들임으로써 가능했다"고 언급했다.[23] 실제 사례가 그것을 입증한다. 보호무역주의는 이미 지적한 바 있다. 외자 도입의 경우에도, 그 수치는 괄목할 만하다. 1894-99년의 5년 동안 226개의 외국인 소유의 기업들이 러시아에 설립되었는데, 이는 1850년대 이래 43년 동안에 세워진 외국인소유의 회사가 68개였던 것과 대비된다.[24]

위떼가 산업혁명이라고 일컫지는 않았지만, 그건 맞는 말이었다. 우크라이나 동부와 같은 지역들은 산업혁명을 경험했다고 보아야 한다. 한때는 야금술의 선두주자에 있던 우랄지역과 같은 다른 지역들은 당시까지도 한참 뒤져 있었다. 더욱이, 당시 러시아만이 전적으로 농업국가였던 것은 아니지만, 몇 가지 변화에도 불구하고 지방은 여전히 산업화 이전 시대를 살고 있었다. 러시아 산업이 외국자본에 과도하게 의존하여, 여전히 실질적인 자본가 계급을 발전시키지 못하고 있던 사실이 추가로 언급되어야 한다. 설사 실제적인 노동자계급이 형성되고 있었다 해도, 그 상당부분은 앞서 언급한 것처럼, 농촌 세계와 밀접하게 연결되어 있었다. 이미 산업화한 국가들과 대비시켜 볼 때, 소비상품의 시장은 아주 협소했지만, 중공업과 철도 사업에서 나온 공장 생산품의 수요는 많았다는 사실도 덧붙일 필요가 있다. 로저 포틀(Roger Portal)이 언급한 바와 같이, 러시아가 산업혁명을 경험하고 있었다고 할 수 있을지는 모르지만, "그것은 근본적이고도 급격한 변화를 수반하지 못했으며, 동시에 특정 지역 및 경제 부문을 제외하고는 불완전한 혁명이었다."25) 그럼에도 불구하고, 러시아 산업은 이제 이전에는 가져본 적이 없는 추진력을 갖게 되었다.

러시아의 경제 상태를 평가하는 또 다른 방법은 그것이 얼마만큼 위떼가 정해 놓은 목표에 부응했는가, 즉 러시아의 경제력을 열강의 지위에 상응할 만큼 끌어올렸는가를 고려하는 것이다. 위떼는 러시아의 산업화가 얼마만큼 진행되었는가에 대해 자부심을 가졌지만, 그럼에도 불구하고 아직도 갈 길이 멀다는 점 또한 깊이 의식하고 있었다.

1900년 2월에 제출한 국가예산안이 담긴 자신의 보고에서, 위떼는 국가 경제에 관한 보고서를 황제에게 제출했다. 우리는 제복을 입고 선 채로 황제에게 자신의 보고서를 읽어 내려가는 위떼의 모습을 그려볼 수 있다. 그러면 자신을 가르치려 드는 듯한 각료들의 보고에 다소 실증이 나 있던 황제는 자신이 들은 보고의 내용에 무관심하거나 혹은 틀림없이 보고서를 나중에야 읽으려고 할 것이다.

좋은 소식도 있고 나쁜 소식도 있었다. 좋은 소식이란 러시아의 산업과 채광업이 지난 몇 년간 괄목할 만한 비율로 성장했다는 것이며, 그 비율이 선진 국가들이 경험한 것보다도 훨씬 더 빠르게 증가했다는 것이다. 그러나 위떼는 여기에 안주하지 않고 계속 밀고 나갔다. 러시아는 경제적으로 자립하기 이전에도 가야 할 길이 멀었다. 국내 시장은 물론 이미 기지를 가지고 있을 뿐만 아니라 침투하길 희망하는 아시아 시장에서도 외국과의 경쟁에 부응할 수 있어야 하기 때문이다. 자신이 목표한 방향으로 가기 위해서 위떼는 놀라울 정도로 많은 숫자들을 인용했다. 가령, 영국의 1인당 선철 생산량이 러시아의 13배라든가, 미국은 9배, 벨기에도 거의 9배, 독일은 거의 8배, 프랑스는 거의 14배에 달한다는 사실을 든 것이다. 위떼가 인용한 면직물 공업의 비교 숫자는 훨씬 더 참담했다. 상업의 경우도 그 비교 수치는 여전히 낮았다.

요컨대, 위떼는 러시아가 필요한 만큼의 심리적인 강인함과 물질적인 자원을 갖추어야 할 여정에서 아직도 갈 길이 멀다는 것을 주장했다. 단호한 결심이 흔들리지 않도록 하는 데 무엇이 필요한 것이지, 만일 그 속도가 유지되지 못한다면, 러시아는 이등국가가 될 것이기 때문이었다.[26]

그러나 위떼는 확실히 근대화라고 불리는 것이 수반하는 결과들에 크게 관심을 갖지 않았다. 전제정은 존속할 수 있을 것인가. 까쩨리나 대제가 확립한, 시대에 뒤떨어진 법률적인 계급체계는 와해될 수 있을 것인가. 지주귀족이 누리어 오던 탁월한 지위(preeminence)는 지탱될 수 있을까. 농민 생활의 구조는 유지될 수 있을까. 산업의 성장이 선진국에서 이미 경험한 노동 소요와 같은 것을 초래하지 않을까. 위떼는 그리 많은 시간을 심사숙고하지 않았다. 실제적인 사람인 위떼는, 먼저 일을 실행에 옮긴 뒤, 먼 장래의 결과보다는 현재 맡고 있는 일에 열중했다. 그러나 수반되는 변화가 따를 수도 있고 따르지 않을 수도 있음을 위떼는 이곳저곳에서 보여주었다. 위떼는 전제정이 존속할 것이라고 확신했다. 위떼는 전제정의 구조에 어떤 변화가 오리라고는 예상하지 않았지만, 황제가 그의 국민들과 예로부터 지속되어 온 연결을 계속 유지해야 한다는 점에 유의했다. 계급에 관해서는, 위떼는 50년 내에 산업가들과 은행가들이 탁월한 지위의 지주귀족을 대체할 것이라고 믿었다(9장 167쪽 참조). 이것이 위떼가 미결로 남겨 놓은 정치적 구조에 어떤 영향을 줄 것인가.

그럼에도 불구하고, 당시에도 부르주아 계층이 성장할수록 권력을 공유하자고 요구하고 나올 것이라는 점도 분명했다. 그리고 점증하고 있는 중산계층과 노동자계급도 풍파를 일으킬 수 있었다. 위떼는 러시아가 노동 소요를 경험할 필요가 없다고 확신했다. 위떼는 1895년에 지극히 낙관적인 성명을 통해 공장 검열관들에게 다음과 같이 선언했다. "러시아에는 서유럽에서와 같은 의미에서의 노동계급은 존재하지 않는다. 그러므로 노동문제도 없다. 노동계급이 자라지도 않을뿐더러 증가할 어떤 근거도 없다. 만일 제조업자들에게 근심이 있다면, 여러분들은 준법에 대한 감각과 도덕 의무감을 노동자들 사이에 강화시키려고 노력해야 한다."[27] 위떼는 러시아에서는 노동자들이 농민과 연계되어 있기 때문에, 서유럽의 노동자계급보다 더 유순하다고 믿었던 것으로 보인다. 그리고 노동 소요가 1903년에 활성화되기 시작하자, 위떼는 '내무성'의 노동정책을 비난했다. 농민층에 관한 한, 위떼는 리스트가 주장했던 것처럼, 산업화의 밀물이 결국에는 그 계급을 걷어낼 것이라고 주장했다. 당분간 농민층은 산업화가 수반하는 중과세의 부담을 짊어져야 하지만, 그들이 겪은 법률적 부담이 제거된다면, 그들의 지위도 개선될 것이다.

새로운 20세기가 밝아오면서 위떼의 미래도 밝게 보였다. 위떼는 황제의 각료들 가운데 가장 지위가 막강했고, 눈에 띌 정도로 많은 관료적 혜택들을 누렸다. 즉 위떼는 러시아의 공직 가운데 두 번째로 높은 지위이면서, 실제적으로는 추밀원 고문관의 서열이며, 일반 시민으로서 육군대장과 맞먹는 서열이며(당시나 그 이후의 어느 누구도 위떼처럼 민간인으로서 최고의 서열을 가진 적이 없었다), 황제에 대해서는 국무고문의 지위로서, 최고 부관과 맞먹는 일반시민이자,

제국의 최고 고위직의 일원이었다.[28] 위떼는 국제적 명사였고, 그가 하는 일은 국내 여론이나 외국 언론에 의해 면밀하게 보도되었다.

그럼에도 불구하고 위떼나 위떼체제가 안전하지 않다는 징후가 있었다. 앞으로 살펴보겠지만, 황제는 위떼를 후원하는 데 동요를 보이기 시작했고, 경제는 이미 유럽의 불경기의 여파를 겪고 있었다.

전쟁과 평화의 문제
(1896~1899)

전임 재무상들과 마찬가지로 위떼 역시 부족한 자원에다 비생산적인 고갈을 가져올 전쟁을 두려워했다. 그렇다고 위떼가, 전쟁의 위험을 수반하지 않는 한, 경제적 정치적 제국주의에 반대하는 견해를 가졌음을 말하는 것은 아니다. 위떼는 점차적으로 전쟁과 평화의 문제에 관한 정책을 형성하는 데 연루되고 있는 자신을 발견했다. 동아시아 정책 형성에서 위떼의 역할에 대해서는 이미 언급한 바 있다. 1896년에 청국과 거래를 할 때조차도, 위떼는 특히 보스포러스 (Bosporus) 해협을 장악하려는 위험스런 계획과 같은 근동(서아시아) 문제에서 목소리를 내고 있는 자신을 발견했다. 보스포러스는 '양 해협 the Straits'으로 알려진 터키 내해의 일부를 가리키는 것으로 흑해와 지중해를 연결한다.

1895년 10월에 오토만제국의 아르메니아인들에 대한 일련의 대량

학살 사건은 열강으로 하여금 필요한 개혁을 도입하도록 건함외교 (gunboat diplomacy)와 맞먹는 압력을 행사하게 만들었다. 오토만제국으로 말미암아 경험한 위기에서 늘 그러했듯이, 마치 산적한 많은 문제들이 오토만제국의 계속적인 쇠퇴로 말미암아 불거져 나오는 것처럼, 이 학살사건도 '동방문제 Eastern Question'에 영향을 미쳤다. 러시아에게, 건함외교는 '양 해협'에 대한 필수적인 이해를 다루는 데 사용되었다.

러시아가 굳이 서명하길 원치 않았던 기존의 국제협약은, 평화 시에도 터키(오토만제국)가 통행을 허가하지 않는 한, '양 해협'이 외국 전함에게 폐쇄되도록 규정하였다. 이는 터키인들에게 러시아의 흑해 함대에 대한 완전한 지배권을 준 것이었다. 이는 러시아에게 어떻게 해서든 그 목조르기의 압박을 깨고 나와야 할 강력한 인센티브를 제공했다. 여기서, 무모한 계획이 넬리도프(A. I. Nelidov)에 의해서 맹렬하게 추진되었다. 넬리도프는 콘스탄티노플에 주재하는 러시아의 매파 대사로서 이 위기를 보스포러스를 장악하는 기회로 이용하고자 하였다. 이는 러시아의 '양 해협' 장악이라는 최종적인 목적으로 가는 그 첫 단계가 될 것이었다. 5척의 전함과 3만 명의 원정군이 이 작전에 이용되기로 되어 있었으며, 때가 무르익었다는 송신을 넬리도프가 보내면 작전이 개시될 예정이었다.[1]

'양 해협' 통과를 안정적으로 확보해야 할 절박함 때문에 원정군 파견이 필요하다는 점에서 황제는 이 계획을 고려하기 위해 특별각료회의를 소집했다. 위떼는 이 특별각료회의에서 이 계획이 즉각 보스포러스 상류를 차지하려는 계획으로 축소되어야 한다고 목소리를 높였다. 위떼는 처음부터 부족한 재정적 자원을 이 작전에 투입한다는 데 반대했으며, 이를 지지하던 황제의 비위를 거스르게 할지도 모른다는 점을 알면서도, 보스포러스를 장악한다는 작전 그 자체에 대해서도 반대했다. 이와 동시에, 특히 프랑스로부터 압력을 받던 황제는, 일정 형태의 국제적 노력을 기울여 터키로 하여금 개혁을 실시하도록 한다는 데 합의했다.[2] 위떼가 오토만제국과 현재 처해 있는 어려움에 관해 황제에게 각서를 제출하는 동안 몇 달이 지나갔다.

위떼의 견해로는, 터키제국은 아직도 건재했다. 러시아의 이해는 터키의 영토보전을 유지하도록 돕는 것이었다. 만일 유럽 공동의 외교적 압력이 필요한 개혁을 유도해 내지 못한다면, 그 과제는 국제회의의 의제로 채택되어야 했다. 위떼는 계속해서 주장하기를, 어떤 상황하에서도 러시아가 일방적인 힘에 의존해서는 안 된다는 것이었다. 위떼는 동방문제에 대한 장기적인 해결책으로서 이 문제가 대규모의 전쟁이 아니고는 해결될 수 없다고 보았다.[3](1차 세계대전은 오토만제국을 붕괴시킴으로써 이 문제의 극히 적은 부분만을 해결했음이 드러났다.)

분명히, 니콜라이는 위떼의 주장에 감동하지 않았고 행동으로 돌파할 방법을 계속 모색했다. 특별각료회의에서 위떼는 거침없는 어조로 맹렬하게 선언했다. "이 작전은 결국 유럽의 전쟁을 일으키게 만들어, 알렉산드르 3세 황제가 러시아제국으로 격상시켜 놓은 우리의 탁월한 정치적 재정적 상황을 손상시킬 것입니다."[4] 니콜라이가 아직 행동을 취해야 한다는 쪽에 있는 것을 알고 있던 위떼는 계속해서 블라디미르 알렉산드로비치 대공과 뽀베도노스체프의 조력을 구하였다. 위떼는 뽀베도노스체프와 이데올로기적인 차이는 있었지만 우호적인 관계를 유지해 온 터였다. 그러자 황제는 곧바로 자신의 견해를 바꾸었다. 넬리도프 계획은 사장되었지만, '양 해협'에 대한 러시아의 야심은 계속 주요 의제(agenda)로 남았다. 위떼는 상황이 역전된 것을, 앞서 언급한 두 사람이나 신의 영향력 때문으로 돌렸다.[5) 사실상, 이는 프랑스가 반대함으로써 역풍을 가동시킨 데서 기인하였다.

넬리도프 계획에 대한 메모랜덤에서, 위떼는 자신의 마음속에 있는 한 가지 아이디어를 살짝 내비쳤는데, 그것은 다름 아닌 유럽 대륙 연합(soiuz)이었다. 이것은 아마도 위떼가 영국을 겨냥한 대륙 연합 계획에 반대했던 사실로부터 영향받은 때문일 수 있다. 영국을 겨냥한 대륙연합 계획은 최근에 외상으로 임명된 무라비요프(M. N. Muraviev) 백과 참모총장 오브루체프(N. N. Obruchev) 장군의 주문에 따른 것이었다. 위떼가 보기에는, 위떼 자신은 물론 영국인들 스스로도 유럽의 일부라고 간주하지 않는 영국이, 해외에서 발전해 가고 있는 몇몇 국가들보다도 그 잠재적인 위협은 오히려 크지 않았다. 위떼가 생각하기에는 유럽은 연합이라는 수단을 통해 유럽의 힘을 보호해야만 하는데, 그 파워의 핵심 국가가 러시아, 프랑스, 독일이었다. 그러한 연합이 서로를 파멸시키는 갈등으로부터 유럽을 구할 것이며, 무장 경비를 감축시키고, 나머지 세계에 대처할 강력한 힘을 가져다줄 수 있다는 것이었다.[6)

1897년 7월에 빌헬름 2세가 러시아를 국빈으로 방문했다. 이때 빌헬름은 위떼를 치켜세우는 관심을 보이며 위떼에게 (대륙연합에 대한) 비전을 제시할 기회를 주었다. 이렇게 하여 위떼는 독일의 지배자로부터 정중하면서도 미온적인, 그러나 '흥미로운' 반응을 이끌어냈다.[7) 위떼의 아이디어에서 나왔다고 할 수 있는 것은 아무것도 없었지만, 빌헬름 2세는 대륙연합에 집착했고, 후일 만일 이것이 실행되었더라면 1914년의 전쟁은 피할 수 있었을 것이라고 주장하게 되었다.

그럼에도 불구하고, 카이저의 방문이 위떼에게는 간접적이나마 실질적인 결과를 가져다주었다. 독일의 지위를 높이기를 열망하던 빌헬름 황제는 동아시아에서의 자신의 일정 역할을 결심했는데, 그렇게 하려면 그곳에 해군이 있어야 했고, 해군기지 획득이 뒤따라야 했다. 독일의 눈은 교주(Kiaochow) 지역의 칭다오(Tsingtao)라는 중국 항구에 향해 있었다. 이 항구는 러시아가 블라디보스토크에서 온 전함들이 겨울 동안 정박해 온 곳이었다.

러시아 방문 시 니콜라이와 단 둘이 있게 되었을 때, 카이저는 교주에 독일의 기지를 두는 것에 반대하는지를 니콜라이에게 물었다. 분명히 그에게 허를 찔린 니콜라이는, 빌헬름이 금방 동의로 알아들을 정도로 분명치 않게 대답하고 말았다. 이어서 독일의 그 다음 노력은 다른 열강으로부터 동의를 확보하는 일이었는데, 행동을 취하기 위한 구실을 위해서는 기다려야 할 필요가 있었기 때문이었다. 비스마르크는 1890년에 해외의 독일 가톨릭교도들을 보호할 책임을 맡게 되었을 때 한 프랑스인으로부터, "다음에 독일인이 살해되면, 우리가 손해배상을 청구할 것이다"라는 말을 들은 적이 있었다.[8] 그때가 1897년 11월에 찾아왔다. 독일의 두 선교사가 교주에서 그리 멀지 않은 곳에서 살해된 것이다. 손해배상이 청구되었고 강제로 교주 지역이 조차(租借)되었다. 독일의 행동에 동의한 대가로 몇몇 열강은 '보상'을 찾았다. 중국으로부터의 조차가 바로 그것이다! 러시아는 중국의 소용없는 저항을 지원하는 척했지만, 역시 곧 '보상'을 추구

했다.[9]

이러한 노력의 추진력은 무라비요프로부터 나왔다. 그는 게으른 타입이면서도 야심적이었고, 전임자들과는 다르게, 동아시아에서 강력한 정책을 지지했다. 더욱이 무라비요프는 다소 책략가 타입이었다. 위떼는 무라비요프를 고골의 소설에 나오는 사기꾼, "이반 알렉산드로비치 흘레쉬타코프(Ivan Aleksandrovich Khlestakov)의 아들"*이라고 지칭하며 무시했다.[10] 독일의 교주 점령 뒤 곧바로 황제에게 올린 각서에서, 무라비요프는 황해에 연한 랴오둥 반도 끝자락에 위치한 부동항인 다롄 만(Talienwan)을 획득할 기회가 왔다고 주장했다. 그리고 그는 중국이 독일에 대항하는 데 도움을 요청하므로 러시아의 행동은 중국의 청원에 대한 대응으로 정당화될 수 있다고 덧붙였다. 여기에 설득된 니콜라이는 11월 14일에 특별회의를 소집했고, 여기에 위떼도 참석했다.

회의에서는 육군상과 해군성 국장 사이의 견해가 일치하지 않았고, 위떼가 격렬하게 반대하는 등 격론이 있었다. 재무상의 입장은 독일의 행동이, 만일 묵인된다면 평화를 위협할 것이므로, 베를린 측에 선교사들의 죽음에 대해 토지가 아닌 다른 보상을 추구할 것을 설득함으로써 방향을 전환시켜야 한다는 것이었다. 그리고 만일 무라비요프의 계획안이 시행된다면, 영국, 중국, 일본을 적으로 돌리는, 불에 기름을 붓는 격이 될 뿐이라는 것이 위떼의 주장이었다. 그렇다. 러시아가 황해에 접근해야 하지만, 그것은 동청철도가 완성되기 전에 이루어져야 했고, 그것도 평화적인 방법이어야 했다. 이전에 언급

---

* 소설 '감찰관(1836)'에 나오는 23세의 마르고 다소 아둔한 청년. 예기치 않은 말들을 쏟아내고, 두서없이 말하며 행동과 집중력이 부족함을 상징한다.

했던 것처럼, 위떼는 유럽열강의 고압적인 정책과는 대조적으로 러시아는 동아시아에서 선린정책을 따라야 한다고 역설했다. 위떼가 그렇게 말한 것은 사실을 왜곡한 것이지만 그가 무력의 사용에 반대했음은 틀림없다. 결국, 회의참석자들은 무라비요프의 계획을 나중에 다시 논의할 것을 추천했고, 황제는 주저하는 기색이 역력했지만 그에 따랐다.[11]

이 회의 기간 동안 이홍장이 청일전쟁의 대일 배상금의 2기분을 지불할 수 있도록 러시아의 차관 지원을 요청했을 때, 위떼는 평화적 침투라는 자신만의 정책을 사용할 수 있었다. 이홍장의 요청에 대한 답으로 위떼는 황해에 이르는 동청철도의 지선을 부설할 수 있도록 중국이 허용해야 한다는 조건으로 지원했다. (그 대가로) 무언가가 사전에 요구되었는데, 아마도 그것은 철도 완공에 맞추어져 있었던 듯하다. 재무상은 만주와 몽고에서의 세력권에 상당하는 것을 요구했다. 이홍장은 망설였고 다른 어딘가에서 차관 지원을 물색하고자 했다.[12]

그러는 동안, 황제는 다롄 만을 차지하는 데 대한 마음을 바꾸라는 압력을 점점 더 받고 있었다. 다롄 만 근처에 있는 뤼순에 영국선박이 정박하고 있는 위험성을 니콜라이 앞에서 부추겨 사태를 역전시킨 사람은 무라비요프였다고 위떼는 기록하고 있다. 입증할 만한 문서는 없지만, 이 주장은 타당한 듯하다.[13] 어쨌든, 12월 초에 황제에게 주간 보고를 하는 중에, 황제가 자신의 심경 변화에 대해 말했을 때 위떼는 간담이 서늘해졌다. 러시아황제폐하의 전함을 뤼순과 다롄 만의 항구에 입항시키라는 명령이 이미 내려졌다는 것이었다. 위떼는 겨우 자신을 간신히 진정시킬 수 있었다. 황제 앞에서 물러나와 알렉산드르 미하일로비치 대공과 마주치자 위떼는 다음과 같이 말했다. "이날을 기억해 두십시오. 대공 전하. 러시아에게 끔찍한 결과를 가져오게 될 날이 될 것입니다."[14]

위떼는 정신이 혼란스러웠지만, 계획된 행동을 막지 못하리라고 단념하지는 않았다. 이보다 앞서 위떼는 독일대사를 소환하여 베를린 측이 중국에서 토지가 아닌 다른 형태의 보상을 찾으라고 조언하는 역할을 맡은 바 있다. 황제를 알현하고 난 뒤에 카이저와 직접 대화할 수 있도록 허락받은 특권을 이용해 보기 위해 위떼는 독일대사관을 찾아갔다. 대사관에서 위떼는 자신이 독일대사에게 했던 같은 내용의 조언을 빌헬름 황제에게 전보로 보낼 것을 요구했다.

위떼는 그렇게 행동함으로써, 다소 위험부담이 있는 상당히 무모한 짓을 감행했다. 그리고 자신이 그렇게 행동한 것처럼, 러시아외무성이 독일대사관과 다른 대사관에서 보내온 전보를 해독할 수 있다는 사실도 알게 되었다. 그 후 황제에 대한 보고를 할 때, 위떼는 황제의 태도가 냉랭해진 것을 알아차렸다. 위떼의 보고의 말미에 황제는 "세르게이 율리예비치, 앞으로는 외국대사들과 대화할 때 좀 더 신중할 것을 조언하는 바이오."라고 말했다. 위떼는 그 말이 무엇을 지칭하는 것인지 모르는 양 행동하며, 자신이 황제에게 경솔한 조언을 해드린 적이 전혀 없음을 확신시켰다. 위떼는 황제에게 고자질한 사람이 무라비요프이며, 자신에 대한 황제의 잇단 얼음장 같은 태도가 그 사건 때문이라고 확신하게 되었다. 무라비요프에 대한 위떼의 의심은 나중에 확인되었다. 무라비요프의 후계자인 람스도르프가, 빌헬름 2세에게 보낸 교주에 관한 위떼의 조언 전보를 독일대사 라돌린 공(Prince Radolin)이 해독한 것을 보여주었던 것이다.[15]

그러는 동안, 뤼순을 해군기지로 확보하려는 결정은 차근차근 이루어지고 있었다. 12월 초에, 러시아전함들이 군대를 상륙시키지 않은 채, 뤼순과 다롄 만 근처에 닻을 내렸다. 러시아는 이것이 중국에 대한 지원을 보여주는 제스처라고 공언했다. 며칠 후에는 영국 전함들이 겨울 동안 정박하겠다는 설명과 함께 뤼순으로 입항했다. 이는 출판업자 수보린(Suvorin)과 익명의 질문자 사이에 익살스런, 아마도 가상 대화를 불러일으켰다. 황제가 그 같은 모욕을 왜 참고 있느냐고 질문자가 묻자, 수보린은, "황제가 아직 대령이거든요."라고 답했다 (니콜라이는 제위를 계승하면서, 효도의 제스처로 부친이 그에게 임명한 서열에 그대로 남기로 했는데 그것이 대령이었고, 그 제스처는 잘한 것은 아니었다). 이에 대해 질문자는 다음과 같이 말했다. "황제를 장군으로 승진시켜 주세요. 그런 모욕받지 않게."16) 러시아 정가는 우유부단했고, 러시아의 힘이 확대되는 것에 영국과 일본이 강하게 반대하는 등 우물쭈물하는 사이에 몇 달이 지나갔다. 일단 영국이 유화적으로 나오자, 러시아는 뤼순과 다롄 만의 운명에 대해 확고하게 행동할 준비를 갖추었다. 1898년 2월 28일, 러시아 특별회의는 청국으로부터 무엇을 요구받게 될 것인가를 심의했다. 그러나 이즈음, 이 지역을 차지하려는 러시아의 욕구는 더 커졌다. 대다수 고급관료들이 뤼순과 다롄뿐만 아니라, 이들 항구가 위치한, 랴오둥 반도 끝자락의 1만 스퀘어마일*의 면적에 해당하는 관동주의 조차를 지지했다. 더욱이, 그들은 랴오둥 반도 끝까지 동청철도의 지선을 부설할 권리를 요구했다. 위떼는 소수파에 속했지만, 황제는 대다수의 의견을 열광적으로 지지했다.17)

---

* 약 25,889k㎡

자신에게 첫 번째 발언 기회가 왔을 때, 위떼는 아직도 황제의 총애를 누리고 있다고 확신하고 싶었던지, 만일 채택된 정책에 자신이 반대한다면 황제가 자신을 사직하도록 하는 것이 적절하지 않을지를 황제에게 물었다. 니콜라이는 자신은 아직도 재무상으로서의 위떼의 봉직을 높게 평가한다고 대답했다. 그러자 곧바로 자신의 입지를 보강하려던 위떼는, 특정 관료들을 매수하는 오랜 관행에 의존하는 방법으로는 러시아가 바라는 대로 청국의 동의를 얻지 못할 것임을 확실히 해두고자 했다.[18]

뇌물은 도움이 되었지만, 처음에 청국이 받아들이기를 주저하던 것을 극복할 만큼 충분하지는 못했다. 청국은 여러 가지 요청이 러시아의 우호에 의해 이루어진 것처럼 위장된 요구를 받아들이기를 주저했다. 상트페테르부르크 측은 위협하지 않으면서도 계속 강요했다. 타 열강으로부터 저항에 대한 지원을 받아내지 못한 북경정부는 마침내 항복했고, 2월 28일의 러시아 특별각의에서 주장했던 것들을 러시아에게 허여하는 러·청 협정을 1898년 3월 15일에 조인했다. 러시아는 관동주의 25년 조차를 허용받았다. 이 협정은 상호 동의에 의해 갱신될 수 있었다. 뤼순은 해군기지가 될 것이며, 그 항구는 러시아와 청국 전함 이외에는 입항할 수 없었다. 다롄 만은 상항으로서 동청철도 지선의 종착지가 될 것이었다. 조차협정의 내용은 솔직하지 못하고, 체면치레의, 비위를 맞추기 위한 언어로 채워져 있었다. 즉 협정의 어떤 문안도 청국의 주권을 손상하지 않으며, 청국의 북동 해안을 보호하기 위해 러시아의 육해군 능력을 강화시키기 위한 것이라고 우기고 있었다.[19] 니콜라이는 협정 결과에 흡족해하며 그 다음 신년 하례일에 협정을 가능케 하는 데 참여한 몇몇 사람들에게 총애의 표징을 하사했는데, 위떼도 그 가운데 한 사람이었다.

위떼가 두려워한 것처럼, 러시아의 행동은 청제국의 침식을 재촉했다. 타 열강은 세력권을 주장하며 청국의 주권을 손상시키는 다른 특권들을 요구했다. 특히 일본은 러시아가 자국에게는 허용해 주지 않던 관동주를 조차하고 그곳에 즉각 러시아 군대를 증강했다는 사실에 분개했다.[20] 청국 입장에서는 독일의 교주 획득에 반해, 청국 지원과는 거리가 멀게 러시아가 독일을 지원했다는 것이 명백해지자 러시아에게 배신감을 느꼈다. 그 결과 1896년의 러청동맹은 언제라도 사멸 지경에 이를 수 있는, 일종의 허구가 되었다. 이 모든 것이 절박한 필요가 있어서도 아니었고, 군대의 최우선 선택사항도 아니었던, 해군기지를 확보하기 위한 것이었다.[21]

위떼는 모험적인 행동을 막고자 했고 막을 수 있으리라고 믿었지만, 만주에 대한 자신의 경제적 침투정책을 죄의식 없이 실행한 것은 아니었다. 사실상, 북만주를 관통하는 시베리아횡단철도의 노선을 정하는 위떼의 작업이 관동주에서의 러시아의 행동에 책임이 있다는 주장들이 있었다. 그 같은 주장에 위떼는 때로 다음과 같이 말하며 대응했다. "내가 만일 아쿠아리움(어느 카바레 이름)에 내 손님들을 데려갔다고 치자. 거기서 손님들이 술에 취해서 매음굴로 가는 길을 찾아가서 일을 벌였다고 해서, 그것까지 내가 책임을 져야 하는가?"[22] 분명한 해답은 그러한 경우 위떼에게 일정 책임이 있다는 것이다. 그러나 1898년 독일과 러시아를 자제시키려던 위떼의 노력은 성공적이어서, 이후의 사건들은 아마도 나은 방향으로 전환했다는 데 의문의 여지가 없다.

관동 조차 교섭이 종결되면서, 관심은 유럽으로 전환되었다. 1898

년 2월, 위떼의 다음 단계 이력에서 한 역할을 담당하게 될, 육군상 쿠로파트킨(A. N. Kuropatkin)은, 러시아가 갖출 여력이 없는 사치스런 야전 속사포를 프랑스와 독일은 갖추고 있다는 사실을 황제에게 환기시켰다. 이 점은 위떼가 이미 더 이상의 군비 증강에 반대해 온 바였다.[23]

쿠로파트킨은 아직 선진 무기를 채택하지는 못한 러시아와 오스트리아-헝가리에게 신무기 개발과 제조에 대한 10년 동안의 모라토리엄(일시 중지) 조인을 제안했다. 만일 이 제안이 성공한다면, 군비경쟁을 멈추게 할 수 있으며, 세계의 막대한 자본을 절약하고, 황제에게 평화조정자의 '영광'이 부여될지도 모른다고 주장했다. 설사 이 계획이 실패한다 해도, 황제는 호평을 받게 될 것이었다.

니콜라이는 이를 대단히 환영했다. 위떼는 쿠로파트킨으로 하여금 무라비요프와 함께 이를 추진해 보라고 허가했다.[24] 오래지 않아, 이 제안은 짜르가 군비경쟁을 멈추게 하기 위해 국제회의를 소집하는 계획의 초안이 되었다. 무라비요프 외상은 그 같은 황제의 발의(發議)가 해외에서 호평을 받을 것이며, 동아시아에서 러시아의 최근 행동에도 불구하고, 러시아가 유럽에서의 평화를 보전하려는 입장을 타 열강에 확신시키게 될 것을 확신했다.[25] 평화회의를 준비하는 동안 쿠로파트킨은 영구적인 평화에 필요한 청사진을 황제와 나누었다. 쿠로파트킨이 생각한 것처럼, 다가올 20세기 러시아의 주요 목표는 보스포러스 통제권을 확보하고 그럼으로써 '양 해협'을 지배하는 것이었다. 그 같은 행동은 슬라브족으로 하여금 오스트리아-헝가리제국의 '불가피한' 붕괴를 재촉시키는 행동을 불러일으키게 될 것이었다. 러시아는 세르비아와 불가리아와 연합하는 반면에, 독일은 소멸

된 제국의 독일 쪽 영토를 점령하도록 허용받게 될 것이었다. 독일이 실제로 그렇게 할 전폭적인 준비는 되어 있지 않다고 해도, 그러한 행동이 독일로 하여금 알자스-로렌을 프랑스에 반환케 할 정도로 다소 유화적으로 만들 것이었다. 쿠로파트킨의 견해로는 러시아와 프랑스가 독일에 성공적으로 공동 공격을 감행할 가능성도 있었는데, 그 경우는 한편으로는 독일, 그리고 다른 한편으로는 영국과 미국이 시장과 식민지를 놓고 '불가피한' 전쟁이 일어날 때일 것이다. 그때도 독일로 하여금 알자스-로렌 지방을 반환하도록 강요할 수 있게 될 것이었다. 그것이 이루어진다면, 러시아는 유럽에서의 현상 (status quo)에 만족할 수 있게 될 것이었다. 후술하겠지만, 동아시아에서도 러시아는 '역사적 사명'을 가지고 있었다. 이러한 것들에 대해 생각에 잠긴 위떼는 '영리하고 용감한 장군' 쿠로파트킨을 '참모서기관 같은 인물'이라고 평했다.[26] 평화회의의 아이디어가 탄생해서 회의에 참석할 초대장을 발부할 때까지 거의 6개월이 지났다. 평화회의와 계획, 목표가 군비 감축보다는 무장해제가 되는 것을 두려워하는 사람들, 알자스-로렌의 회복이 위기에 처했다는 프랑스 군부 인사들을 잠잠하게 만드는 데 수개월이 걸린 것이다.[27] 그 기간 동안 무라비요프가 평화회의에 대한 위떼의 생각을 물었을 때, 위떼는 일 년 전에 카이저에게 표명했던 군비 경쟁의 무시무시한 결과에 대한 견해를 되풀이했다. 위떼가 주목하기로는, 영국과 미국은 각자의 해군력을 증강하면서도 소규모군대를 유지하기 위해 지리적 이점을 이용하고 있으며, 이것이 세계 문제에서 두 나라에게 목소리를 높이도록 해 주고 있다는 것이었다. 그러므로 위떼는 더 이상의 해군 증강을 제한하는 것은 "몇몇 열강의 능력을 유럽 바깥 지역에서의 권리와 이해를 옹호하는 것으로 한정시키는" 이점만 영미 두 나라에게 배가시켜 줄 것이라고 주장했다.[28] 위떼는 평화회의의 준비과정에서 사소한 역할을 했지만, 그의 견해는 '제1차 헤그평화회의'로 알려지게 된 회의의 황제 초대장에 그대로 표현되었다.

　1899년 5월에서 7월 헤그에서의 회동은 회의가 장기적으로 열렸고, 끝없이 계속된 엄숙하고도 지루한 연설에도 불구하고 보여준 것은 별로 없었다. 회의의 주요 의제였던 군비 경쟁 종식은 열강 사이에 어떠한 제재조치에도 광범하게 반대할 것으로 예상되었지만, 결국 실현시키지는 못했다. 그러나 회의는 독가스 사용을 금지하고, 그렇지 않으면 몸서리치는 전쟁을 제한시키고, 상설 중재재판소(permanent court of arbitration) 확립과 같은 수단을 통해서 평화를 유지하는 것과 같은 몇 가지 단계를 채택했다. 중재재판소는 국제분쟁의 해결을 위해 위떼가 추구했던 것과 같은 종류의 기구는 아니었지만, 분명 한발 앞으로 나아간 것이었다. 그리고 러시아는 모성과 평화의 언어가 모든 사람들의 칭송을 받을 수밖에 없다는 사실을 설파함으로써 호평을 얻었다.

제9장

'이제 짐이 통치한다'
─ 위떼의 쇠락(1899~1903)

위떼는 1903년 8월에 갑자기 예기치 않게 재무상직에서 물러 났다. 위떼가 이임하는 모골이 송연해진 상황들에 대해, 상충되는 많은 말들이 봇물 터지듯 쏟아져 나왔다. 위떼가 이임할 당시의 내무성 경찰국장인 로푸킨(A. A. Lopukhin)이 했던 말은 끔찍하기까지 하다. 위떼가 자신이 미워하던 라이벌인 내무상 플레베(V. K. Plehve)를 교체시키기 위해 날조된 증거로 음모를 꾸미다가 권좌에서 쫓겨났으며, 플레베는 그 음모를 알고 황제에게 알렸으며, 황제는 즉석에서 재무상을 해임했다는 주장이 그것이다. 이 견해는 위떼가 사임한 이후 20년이 지나 출판되었는데, 믿을 만한 소식통이었다고는 할 수 없다.[1] 보다 신빙성이 가는 주장은, 위떼 사임의 일부분 이야기에 지나지 않기는 하지만, 쿠로파트킨이 위떼의 사임 이후 2주가 채 못 되었을 때 자신의 일기에서 언급한 설명이다. 쿠로파트킨은, 위떼가 재무상이었을 당시에 동시에 폭발했던 세 개의 지뢰밭을 거론했다. 첫 번째 인물은, 필요할 때마다 짜르를 설득했던 알렉산드르 미하일로비치(Alexander Mikhailovich) 대공으로, 위떼는 그에게 너무나 많은 권력을 쌓아두었다는 것이다. 두 번째 인물은, 우리가 곧 만나게 될 인물로서 동아시아정책에 대한 위떼의 견해가 러시아를 위태롭게 한다는 사실을 황제에게 제시했던 베조브라조프(A. M. Bezobrazov)이다. 세 번째 인물은 플레베이다. 플레베는 재무상이 충성스럽지 못하며, 아르메니아인, 핀란드인, 유대인 및 학생들 사이의 이견을 고무한다는 것을 니콜라이로 하여금 믿도록 만들었다.[2] 쿠로파트킨의 이 같은 해석은 경제 상태를 포함한 보다 광범한 배경 속에서 간주되어야 한다.

그러나 동시에 언급되어야 할 점이 있다. 위떼가 1899년에 어려움을 겪기 시작했지만 몇 년 동안 몇 가지 승리를 기록했다는 사실이 그것이다. 첫 번째, 위떼가 내무상으로서 색채가 없던 관료, 고렘킨(I. L. Goremykin)을 시피야긴(D. S. Sipiagin)으로 교체시킨 일이다. 위떼와 고렘킨은 1898년에 상트페테르부르크대학 설립 기념을 떠들썩하게 축하하던 학생들을 무자비하게 단속한 행위를 놓고 논전을 벌였다. 고렘킨은, 학생들이 신나게 흥청망청 떠든 것을 정치적 행위로 취급한 경찰을 옹호했다. 반면에 위떼와 다른 이들은 학생들을 옹호하고 경찰을 비난했다. 계속된 조사로 위떼의 견해가 옳았음이 재확인되었다.[3]

위떼와 고렘킨 사이의 더욱 심각한 차이는, 내무상이 러시아 서쪽 지방에 젬스트보 기관을 확대시키자는 제안을 내놓았을 때였다. 이들 지역은 1863년 폴란드반란에서의 역할 때문에 그동안 특권을 거부당해 왔다. 젬스트보는 개혁기에 설립된 지방 선거 기구였다. 고렘킨은 이 젬스트보가 전제정 원리와 양립할 수 있는 유용한 기구체가 될 것으로 생각했다. 반면 위떼는 젬스트보가 전제정과 서로 잘 맞지 않으며, 러시아 서쪽 지방에까지 확대시켜서는 안 될 뿐만 아니라, 오히려 젬스트보가 조정되어야 한다고 믿었다. 이 안을 놓고 고렘킨과 논쟁이 오가는 가운데 위떼는 매우 장문의, 대단히 학술적인 논문을 제출했다. 소문에 의하면 이 논문은 한 법률학 교수가 위떼에게 제공한 것이었다. 논문에서 위떼는 입헌주의가 '우리 시대의 가장 큰 위선'4)이라는 견해에 동조한다는 확신으로 끝을 맺었다. 이 문서는 고렘킨과 그가 한 제안을 겨냥한 일격이었던 것 같다. 동시에, 이 문서는 위떼가 전제정의 진정한 신봉자로 황제의 눈에 비치도록 재확인시키는 역할을 했다. 어쨌든, 고렘킨은 교체되었다. 고렘킨의 제안은 보류되었다. 우리는 고렘킨의 마지막 모습이나 그의 제안이 그 후 어떻게 되었는지 알지 못한다. 이로써 고렘킨은 거북이고 위떼는 토끼였음이 입증되었다.

황제가 막강한 내무성의 수장으로서 시피야긴을 선택한 것은 위떼에게 기쁜 일이었다. 새 장관 시피야긴은, 상류계층 귀족과 결혼했고 궁정에서도 평판이 좋았기 때문에, 그곳을 압도하고 있던 위떼에게 적의를 가지고 마주칠 입장에 있었다. 이 두 장관은 기이한 한 쌍이었다. 시피야긴은 지주귀족들의 복지에 깊은 관심을 가지고 있었다. 반면, 위떼는 지주귀족들이 분개하는 정책들을 추구했다. 시피야긴은, 법률이 뭐라고 규정했든, 황제는 자신이 원하는 것이 무엇이든지 자유롭게 행동한다고 믿었다. 이와는 달리 위떼는 황제가 법률을 마음대로 바꿀 수는 있지만, 기존의 법률을 존중해야 하며, 그렇지 않다면 교황무오류설을 믿는 것처럼 생각하게 만들 수 있다고 주장했다.5) 시피야긴은 외모나 태도에서 완벽한 젠틀맨이었지만, 위떼는 그 반대였다. 그럼에도 시피야긴은 재무상의 제안들에 찬성을 보임으로써 위떼를 도와주고, 위떼는 내무상 집무실의 개조 자금을 승인하는 데 너그러울 정도로, 두 사람은 훌륭하게 잘 어울렸다.

이보다 더 가치 있는 일은, 1900년에 무라비요프의 예기치 않은 죽음 이후, 람스도르프를 외무상으로 임명토록 한 일이었다. 전임자와는 다르게, 람스도르프는 신중한 외교정책을 신봉했다. 우리는 앞으로 동아시아정책을 형성하는 데 위떼와 제휴해서 일하는 그를 보게될 것이다. 위떼는 외무성의 수장에 적절한 인물의 이름을 천거하라는 짜르의 요구에 응할 때 람스도르프 백을 추천했음이 분명하며, 그와 제휴하게 될 것으로 예상했다. 니콜라이가 람스도르프를 임명하기 전에 한 달을 기다리게 했다는 사실은 그 후보가 썩 마음에 들지 않았다는 것을 뜻하는데, 람스도르프는 동성애 때문에 '마담'으로 불린 것으로 알려져 있다.6) 동아시아문제가 점점 끓어오르는 상황에서 람스도르프의 임명은 위떼에게는 뜻하지 않은 횡재였다.

1903년 정월 초하루에 위떼는 재무상 대리에서 재무상이 된 지 10주년이 되었다. 위떼는 니콜라이가 알렉산드르 3세 황제의 제위를 계승했을 당시부터 장관직에 남아 있는 유일한 사람이었다. 위떼는 제위 계승을 최대한 활용할 수 있었고, 니콜라이 황제는 즉위를 맞아 위떼에게 칙서를 보내며 그를 따뜻하게 축하하고, 그의 값진 봉직에 감사하며 재무상에 대한 지속적인 믿음을 표현함으로써 제위 계승을 보다 원활하게 만들었다. 더욱이, 황제는 제위 계승자인 미하일 알렉산드로비치 대공에게 경제상의 지침을 마련해 준 위떼에게 감사했다.7) 위떼를 호의적으로 느낀 것과는 관계가 멀었던 니콜라이가 실제로는 그와 결별할 준비를 하고 있었을 가능성에 대해서는 나중에 다루게 될 것이다.

위떼의 지위는, 앞서 지적한 것처럼, 겉모습과는 달리 손상되고 있었다. 위떼에게 주된 골칫거리 문제는, 러시아뿐만 아니라 유럽의 다른 국가들에도 영향을 미치기 시작한, 1899년의 경제 침체와 함께 왔다. 경기침체는 이자율의 잇단 상승과 더불어 서유럽 금융시장을 압박하기 시작했다. 이 사실은 은행 운영에 연루되었던 러시아의 많은 기업과 철도회사들을 서유럽에서의 경제 침체 진전에 취약하게 만들었다. 같은 두 개의 대기업, 마몬토프(Mamontov)와 본 데르비즈(von Derviz)가 그해 8월에 파산했다. 서유럽국가들처럼 러시아도 경기침체를 맛보았다. 주문이 떨어지고 가격이 하락했으며, 노동자들은 해고되고, 더 많은 기업들이 파산했다.

예상된 바와 같이, 노동을 희생하여 이윤을 유지하려던 운영 노력들은 광범한 스트라이크를 야기했다. 이 가운데 가장 심각한 것은 1902년 남러시아에서의 철도 파업이었다. 정치적이면서도 통상 경제적 성격을 띤 이 스트라이크는 급속하게 확산되어, 앞으로 다가올 일들의 선구자 격에 해당했다. 침체하고 파산한 기업들을 돕기 위해 위떼는 자신이 가용할 수 있는 모든 수단을 동원했다. 그러면서도 위떼는 경제 상태에 대해서는 자신이 참을 수 있는 만큼 참았다.[8] 그러나 이는, 경제가 침체한다고 해서 산업화라는 목표를 추구하는 데 주저하지 말라던, 위떼의 간곡한 권고에 대한 황제의 믿음을 흔들리게 할 수밖에 없었다. 위떼의 정책에 대한 비판은 경제 불황이 막 시작되기 전에도 고위급 인사들로부터 나왔었다. 1898년에 니콜라이는 자신과 가까운 몇몇 측근들로부터 외국 자본의 유입을 제한할 필요가 있다는 조언을 들었다. 위떼는 황제에게 특별각료회의를 소집하게 해달라고 함으로써, 이를 바람막이로 하여 정면도전에 응했다. 위떼는 특별각료회의에서 승리했다. 그러나 외국 자본을 끌어들이는 정책에 위험이 따를 뿐 아니라, 불길한 어떤 징조까지 있다고 넌지시 말하는 영향력 있는 지위에 있는 사람들의 목소리까지 잠재울 수는 없었다.[9]

지방에서 올라오는 골치 아픈 문제들은 특히 토지귀족들로부터 나왔다. 오를로프(Orlov) 지방의 귀족들의 보고가 이를 말해 준다. 농업상 에르몰로프(Ermolov)와 위떼가 장관 자리를 바꾸는 것이 러시아 경제에 더 나을 것이라고 밝혔다는 귀족들의 보고가 그것이다.[10] 이런 경박한 제안의 핵심은, 수동적인 타입의 에르몰로프가 아무것도 하지 않는 정책을 추진할 것인 데 반해, 위떼는 지방, 특히 토지귀족의 필요에 부응하기 위해 막대한 에너지를 쏟을 것이라는 점에 있었다.

우선, 용어와 관련하여 한두 가지 에피소드가 있다. 토지귀족들은 자신들의 실질 소득을 충분히 충당할 만큼의 대토지를 소유하고 있는 지주들이자, 귀족의 일부였으며, 까떼리나 대제가 확립해 놓은 신분체계에서 제1계급이었다. 1885년에, 알렉산드르 3세는 한 문서에서 귀족계층의 수월성(preeminence)이 황제의 훌륭한 오른팔이 되며, '군대, 지방 행정 및 궁정에서의 우위'[11]를 향유해야 한다고 선언했다. 귀족 계층은 대체로 몇 가지 특권은 누렸으나, 궁정, 장교집단, '국무회의'에서 자주 볼 수 있고, 가장 관심을 많이 받으려 하고, 또 많이 받는 계층도 토지귀족들이었다. 1885년에는 '귀족 토지은행'이 만들어졌는데, 이는 토지귀족들에게 '신분을 자신들의 후손에게 물려주는 하나의 수단'[12]으로서, 대출을 할부로 제공해 주기 위한 것이었다.

그러나 지주귀족의 전망은 농노해방 이래 저물어 가고 있었고, 위떼가 재무상직에 있는 동안에는 더욱 가망이 없어졌다. 점점 더 많은 토지귀족들이 '귀족 토지은행'에 저당 잡히거나 토지의 일부 또는 자신들의 모든 토지를 지방자치체, 상인 혹은 농민들에게 매각했다. 외국과의 경쟁으로 초래된 곡물가격의 폭락은 그들의 곤경을 더욱 부채질했다. 토지를 소유한 귀족들은 자신들을 곤경에 몰아넣은 주범으로 위떼를 지목했다. 그들이 생각하기에, 공업을 지원하는 위떼의 보호주의적인 정책들은 농기구과 농기계류의 비용을 올려놓았다. 그리고 거기에는 금본위제가 있었는데, 이는 자신들이 겪는 많은 고충의 원인이라고 그들은 생각했다. 그들 가운데 상당히 소수과격파로 불렸을 더 보수적인 귀족들은, 금본위제를 유대인들의 국제적인 음모의 도구로 인식했다. 그들을 대변하는 샤라포프(S. F. Sharapov)는 저널리스트로서 한때 위떼를 위해 일한 적이 있었다. 샤라포프는 금본위제를 통렬하게 비난한 글에서 다음과 같이 썼다.

> 유대인들이 긴밀하게 짜놓은 국제적인 조직망은 ······현재의 상황이 어떻게든 지속되어야 한다며 염려하고 있다. 국제적인 고리대금업자들은 이 조직망에서 자신들의 부를 늘리지만, 생산 계층은 파괴되고, 유럽의 구기독교적 구조는 붕괴하고 있다.[13]

예상치 못한 바는 아니지만, 샤라포프는 위떼를 유대인들과 연계시켜 황제에게 재무상의 해임을 촉구하고 심지어는 마땅한 후임자들을 추천하기까지 했다.[14] 이에 위떼도 자신이 받은 것만큼 되돌려 주었다. 자신의 몇 가지 계획에서 지주귀족들을 빈사상태의 부류로 분류한 것이다. '귀족들의 요구'에 관해 1897년에 열린 특별각료회의에서 위떼는, 토지귀족의 미래에 대해 장황하게 언급했다. 위떼는 예견하기를, 15년 내로 서유럽과 같은 지위에 있게 될 러시아는 산업가들과 은행가들이 지배하게 될 것이며, 토지귀족들이 확실한 미래를 보장받고 싶다면 더 이상 자신들의 지위를 토지소유자로서 버티려 하지 말고, 공업과 은행업으로 관심을 옮기라고 충고했다.[15] 물론 이런 말들은 화해용 발언이 아니었다.

위떼가 예상한 것처럼, 대다수 토지귀족들은 생계를 위해 정부만 바라보는 '퇴물들'이었다.[16] 위떼가 보기에 더 나쁜 것은, 농업상과 내무상이 계속해서 토지귀족들의 비위를 맞춘다는 사실이었다.

농업 상황은 위떼의 관심을 크게 끌지는 못했지만, 러시아가 위협적인 농업문제에 직면해 있다는 아우성이 시간이 지나면서 점점 더 커짐에 따라, 위떼는 이 문제를 다루는 여러 시도들에 연루되지 않을 수 없었다. 그렇게 하는 동안 위떼는 자신의 견해를 더 명확하게 표현하게 되었는데, '귀족의 요구'에 관한 1897년의 특별각료회의에 직무상 참석하게 되었을 때, 그 기회를 잡았다. 이미 살펴본 것처럼, 위떼는 자신의 견해를 표현하는 데 주저하지 않았다. 위떼는 특별각료회의 벽두에, 토지귀족의 복지가 농민층과 밀접하게 연계되어 있다고 주장하였고, 회의는 농민계층에 우선적 관심을 쏟았다. 특별각료회의는 1901년까지 요란하게 지속되었지만, 어떤 제안도 거의 주목받지 못한 채 소멸해버렸다.[17] 그러나 위떼가 이 회의에서 플레베에게 언사로 치명타를 날린 사실은 언급되어야 할 것이다. 플레베는 토지귀족들과 공동전선을 펴며, 머지않아 재무상을 사임시키는 데 크게 기여할 인물이다.

농민계층의 문제를 위한 회의를 열기 위해 1898년에 '각료위원회'

의 개최를 제의한 것은 위떼에게 황제와 이 문제에 관한 생각을 나눌 기회를 제공해 주었다. 위떼는 당시 지방의 상황에 대해서는 직접적이든, 간접적이든 아는 것이 거의 없었다. 그러나 으레 그래왔듯이, 위떼는 강대국으로서 러시아에게 필요한 것들이 무엇일까 하는 관점에서, 하나하나 알아 나가면서 그 문제를 열심히 연구했다. 1898년 10월에, 위떼는 당시 크림 반도에서 휴가를 보내고 있던 황제에게 농민계급의 요구를 고려해야 할 합리적인 근거에 대한 장문의, 인상적인 서한을 보냈다. 위떼는 "러시아가 직면한 가장 절박한 문제는 농민계층의 문제"라고 주장했다.

위떼가 보기에 문제의 핵심은, 농민계층이 주도권을 빼앗겨 왔을 뿐만 아니라, 농민층 가운데 절반은 단지 '하는 일 없이 지내는' 것이었다. 왜냐하면 농촌 공동체가 가진 결함과 법률적 제약은 농민들을 제대로 걷지 못하게 만들어, 농민들이 적절한 교육을 받을 수 없었기 때문이었다. 농민계층의 상태를 묘사하면서, 위떼는 연민을 보였다. 위떼가 강조한 것들은 나중에 꼭 고려해야 할 중요한 요소로 불리게 될 것이다. "계속 늘어만 가는 경비를 충당하는 것이 러시아의 운명인가. 우리의 인구 규모를 감안할 때 이만한 경비는 적은 돈이다. 그 경비가 과하게 보이는 이유는 빈곤 때문이 아니라, 체계가 없기 때문이다." 이것이 위떼의 견해였다. 요컨대, 위떼의 견해에서 볼 때, 농민 문제를 강조하는 것은 농민들의 세금 지불능력을 향상시키는 절박한 문제였다.[18]

위떼는 농민문제에 대한 회의를 소집하자는 '각료위원회'의 추천에 황제가 따를 것으로 추정하며, '국무회의'의 '국가 경제국' 국장이자 위떼의 가까운 지인인 솔스키(D. M. Solskii)에게 회의 주재를 과감하게 제의했다. 그러나 위떼의 판단은 틀렸다. 회의는 열리지 않았고, 작황이 나빴던 이후인 1902년 1월 초에 황제는 시피야긴에게 기존의 농민 입법안을 재검토해 보라고 지시했을 뿐이었다. 이후 오래지 않아 니콜라이는 위떼를 의장으로 한, '농업의 필요에 관한 특별 각료 회의'를 개최하겠다고 포고했다. 이것은 위떼가 짊어지고자 했던 부담은 아니었다. 그러나 위떼 자신이 책임감 있게 이 문제를 처리할 수 있는 유일한 사람이라고 황제에게 말했기 때문에 이제 이 문제는 위떼에게 피할 수 없는 부담이 되었다.[19]

의장직에는 책무와 막중한 책임이 따른다. 그 안에는 이미 자신의 반대 진영에 있는 토지귀족들은 말할 것도 없고, 위떼가 밟고 서야 할 많은 중요한 요소들이 있었다. 위떼가 극도로 신중하게 다루어야 할 가장 중요한 주제는 농민공동체였는데, 신성불가침한 힘으로 간주되었다. 모든 농민공동체가 같은 천에서 나온 조각들은 아니었지만, 몇 가지 기본적인 성격은 공유했다. 대부분 모든 농민들의 토지는 농민공동체 소유였다. 토지는 인접하지 않은 긴 띠로 구획되었으며, 각 농민 세대는 몇 개의 토지 띠에 속할 수 있었는데, 그 수는 가족의 규모에 달려 있었다. 농민공동체는 언제 무엇을 파종하고, 언제 어느 토지를 휴경지로 할 것인지를 결정했다. 개인이 주도권을 쥘 수 없었고, 생산성은 낮았다. 이론상 농민은 자신의 토지를 농민공동체로부터 분리시키고, 토지 띠를 강화하고, 자신이 원하는 대로 경작할 수 있었으나, 실제로 그렇게 할 수는 없었다. 위떼는 친슬라브적이던 시절에 러시아를 서구보다 우월하게 만든 주요 기관 중의 하나로 농민공동체를 극구 칭찬한 바 있다. 이즈음 농민공동체에 대한 신념은 사라졌지만, 그럼에도 불구하고 농민공동체의 생존 능력을 주제로

제기하는 것을 위떼로서는 피해야 했다.[20]

각료위원회가 개최된 초반에 두 가지 사건이 그림자를 드리웠다. 첫째는 1902년 3월에 헤르손(Kherson)지방과 뽈따바(Poltava)지방에서 일어난 일련의 농민 반란이다. 이 과정에서 토지귀족들은 자신들의 집에서 쫓겨났다. 그중 몇몇은 모든 것을 약탈당한 뒤 불에 탔다. 이 같은 자극이 황제에게 농민문제에 대한 심각한 고민을 하도록 만들었을까? 전혀 그렇지 않다. 황제의 반응은, '러시아의 도덕적 힘과 질서의 전통적인 보루'라고 간주하는 귀족계층을 강화시키는 것이 곧 자신의 '끊임없는 관심'임을 지방의 토지귀족들에게 확신시키는 것이었다. 지방 농민들에게 보내는 황제의 메시지는 토지 재분배에 대한 어떠한 기대감도 제쳐 놓아야 하고, 권력의 명령에 복종해야 한다는 것이었다.[21] 위떼와 각료위원회에 대한 황제의 함축적인 메시지는 결국 현재의 상태를 바꾸려 하지 말라는 것이었다.

그 메시지는 노동 스트라이크가 광범하게 확산될 당시인 1902년 4월 12일에, 황제가 한 혁명적인 학생에 의해 암살된 시피야긴의 후임을 임명할 때 강조되었다. 황제가 선택한 인물은, 위떼에게는 대단히 실망스럽게도, 직무상 각료위원이 된 플레베였다. 새 내무상은 토지귀족을 지지하고, 위떼를 지긋지긋해하며, 재무상과 각료위원회를 손상시키고자 했다. 그렇다고 플레베가 당시에 위떼가 감내해야 했던 유일한 십자가는 아니었다. 그럼에도 불구하고, 위떼는 늘 그렇듯 자신의 활력으로 발 벗고 나서서 회의를 진행했다.

위떼와 다른 각료들, 국무회의 위원들, 모스크바 농업협회 회장으로 구성되며, 본질적으로 특별위원회인 각료위원회는 지방의 필요 사항을 추천하고 정보를 수집하기 위해 도 단위, 구 단위의 위원회를 만드는 상당히 과감한 조치를 취했다. 지역 위원회들은 지방 관리들과 젬스트보 의원들, 농업 전문가들 및 '아주 극소수의' 농민들로부터 협력을 얻었다. 이 위원회들이 정치적으로 위험한 영역까지 다룬 적은 거의 없었지만, 내무성에 경종을 울려 몇몇 사람들을 체포하게 만들기에는 충분했다.

지역 위원회들은 어마어마한 양의 정보를 수집하고, 농촌 교육, 농민층의 법적 지위, 농촌공동체 운영, 지역 행정 및 사법제도와 같은 문제를 추천하는 등 부지런히 활동했다. 도 위원회의 일은 구 위원회가 보내주는 자료들을 편집하고 대조함으로써 상당히 긴밀하게 진행되었다. 그리고 최종적인 판단은 특별각료회의 위원들에게 맡겨졌다. 마지막 결과보고는 수십 권 분량의 자료로 보관되었다. 그러나 특별회의는, 1905년 초에 황제가 회의 말미에 간략하게 칙령을 선포했을 때 관례상 사전에 위떼에게 공지해야 할 사항을 알리지 않은 채, 황제에게 전달할 추천에 동의했다. 위떼가 받은 이 모욕은, 특별회의가 오랫동안 황제에게 다소 파괴적인 사실들을 넌지시 알려 왔던 사람들로부터 니콜라이가 영향을 받아왔음을 말해 주는 명백한 암시였다. 황제가 농민문제를 다룰 한 위원회의 위원장에 고렘킨을 선택함으로써 이 암시는 더욱 확실한 것이 되었다.[22]

위떼의 걱정거리는 동아시아정책과 관련된 좌절과 복합되어 있었다. 그 좌절에는 3B, 즉 베조브라조프(Bezobrazov), 의화단 사건(Boxer Rebellion) 그리고 브리네르(Briner)가 포함된다. 동아시아정책을 형성하는 데 위떼가 결정적인 목소리를 계속 가지게 되었건, 가지지 않게 되었건 간에, 재무상의 미래를 갉아먹는 주요 이슈는 바로 청국으로의 평화로운 침투와, 청국과의 우호를 가장하는 위떼 자신의 정책이었다. 이 정책들은 특히 일본을 자극하는 위험을 피하는 데 있었으며, 황제로부터 신임을 유지하고 있어야 이 모든 것들이 가능했다. 분명, 위떼는 랴오둥 반도를 조차하고 뤼순에 해군기지를 건설하려는 결정 과정에서 이미 좌절을 경험한 바 있다. 그러나 그 후 위떼는 육군상 쿠로파트킨(A. N. Kuropatkin)과 무라비요프 사후 람스도르프 외상의 지지를 받아 강력한 지위에 있었다.

브리네르 이야기는 1896년에 시작된다. 이해에 브리네르(I. I. Briner)라는 이름의 이 러시아 상인은 한국왕 고종으로부터 압록강 유역의 목재를 채취할 독점권을 획득했다. 이 유역은 미국 동부의 델라웨어 주보다는 약간 작고, 만주 국경에 연해 있으며, 러시아의 연해주 지방과 가깝고, 러·일 사이에 중요한 전략적 중요성을 가진 수로였다. 이 조차권에 한 가지 조건이 있다면 브리네르가 5년 내에 사업을 시작해야 한다는 것이었다. 자본이 부족했던 브리네르는 상트페테르부르크에 머물며 사업 후원을 물색했으나, 본리알리알스키(V. M. Vonliarsky)를 소개받기 전까지는 실패를 거듭했다.

본리알리알스키는 궁정에 좋은 연줄을 대어 손쉽게 돈을 버는 안목을 가지고 있던, 전직 기병대(Chevalier Guards) 장교 출신이었다. 그는 연줄을 토대로 한국에서뿐만 아니라, 동아시아의 다른 지역에서도 거래하게 될 거대 기업을 일궈 낼 가능성을 알고 있었다. 로뜨슈테인은 은행 업무에서 위떼의 '오른팔'로 관심을 불러일으키는 데 실패하게 되자, 역시 기병대에서 봉직한 적 있으며, 자신보다 궁정에 더 나은 연줄을 가지고 있던 베조브라조프(A. M. Bezobrazov)에게로 돌아섰다.[23] <거룩한 형제단 Holy Brotherhood>(3장 53~56쪽 참조)에서 일한 적 있는 베조브라조프는 궁정장관 보론초프-다쉬코프(I. I.

Vorontsov – Dashkov) 백작 밑에서 충실하게 일한 결과, 궁정성에서 여러 가지 하급 직위를 가질 수 있었다. 보론초프 – 다쉬코프는 더 이상 궁정장관은 아니었지만, 고관으로서 황제 접견권을 가지고 있었다. 보론초프 – 다쉬코프는 베조브라조프로 하여금 브리네르의 조차권을 정부가 인수하는 것이 좋겠다는 아이디어를 황제에게 제시하도록 했다.[24]

40대에 접어든 베조브라조프는 분명히 눈에 띄는 이력을 가지고 있지는 못했지만, 이제는 주목을 받을 수 있는 입장에 있었다. 반드시 지식이 뒷받침되어 있지 않다고 해도 다양한 주제에 대해 상당히 강한 견해를 가진 베조브라조프는, 어떤 사람들에게는 천재로 생각되었고, 또 어떤 사람들에게는 쉴 새 없이 지껄이는 귀머거리, 멍청이, 허풍선이에 지나지 않는다고 생각되기도 했다.[25] 베조브라조프는 위떼의 경제 정책이 재난이었으며, 재무상이 유대인들과 함께 일하고 있다는 시각을 갖고 있었다. 보다 정확하게 말하자면, 베조브라조프는 위떼의 동아시아정책이 청국과의 우호(그의 견해로는 연약한 갈대에 불과한)에 의존하고 있고 일본을 자극시키기를 두려워하기 때문에 너무 소심하다고 공격했다. 베조브라조프는 러시아가 활기차게 행동할 수 있어야 하며 일본이 감히 러시아를 공격하지 못하도록 해야 한다고 믿었다.

베조브라조프는 브리네르의 조차권을 적절하게 사용할 수만 있다면 러시아에게 한반도 북부를 통제할 수 있게 해 주고, 만주에서 군사작전의 집결지를 이용할 수 있게 만들어 줄 것으로 확신했다. 베조브라조프는 브리네르의 조차권을 이러한 목적으로 이용하기 위해 25,000명의 재향군인들과 퇴역군인들을 벌목공으로 위장하여 주둔시

킬 것을 계획했다. 베조브라조프와 본리알리알스키가 준비하고, 1898
년 2월 말에 보론초프 - 다쉬코프가 황제에게 제출한 각서에서는, 정
부의 후원하에 한국 전체에 대한 실질적인 통제권을 가질 수 있게 될
것이라고 제안되었다. 당시에 자신의 견해를 내세우고자 고대하면서,
동아시아에서 러시아의 팽창에 대한 꿈에 솔깃해 있던 황제는 황실
자금을 들여 브리네르의 조차권을 한 황실 관리의 이름으로 사들이
라고 허가했다. 황제는 알렉산드르 미하일로비치 대공과 보론초프 -
다쉬코프 백작에게 이 비밀운영권을 넘겨주도록 위임하고, 날마다
이를 감독할 권리를 베조브라조프와 본리알리알스키의 수중에 일임
했다.[26] 이로써 베조브라조프가 통상적으로 압록강 삼림채벌권(Yalu
concession)을 불리게 될 이 조차권의 고참급 인사임이 드러났다. 이
모든 일이 러시아가 한국에서의 일본의 이해를 인정하는 로젠 - 니시
협상(Rosen - Nishi Convention,)*을 체결할 때 일어났다니!

베조브라조프의 계획으로 불릴 수 있는 것이란 순전히 환상이었
다. 아마 바드마예프의 계획(5장 104~106쪽 참조)만큼 환상적인 것은
아니라 할지라도, 어쨌든 백일몽이었다. 위떼는 바드마예프에게 매
료되었지만, 알렉산드르 3세는 그렇지 않았다. 이제는 그 역할이 바
뀌었다. 더욱 중요한 점은 보론초프 - 다쉬코프가 위떼에게 보내는
서신에서 보여준 그 어떤 것의 시작을 우리가 보고 있다는 것이다.
즉 황제가 한편으로는 몇몇 인력으로 공식 정책을 추진하고, 다른 한
편의 몇몇 인력으로 비공식정책을 가지는 두 갈래의 동아시아정책을
추진한 것이다.[27] 압록강 삼림채벌권을 가동시키는 작업이 시작되었

---

* 1898년 4월에 러시아는 자국의 원활한 만주 진출을 위해 한국에서 일본의 상공업상의 우위를
  인정해 주었다.

고 몇 년 동안 뚜렷한 결과 없이 지속되었지만, 그렇다고 몇 가지 의미가 없는 것은 아니었다. 그것은 두 갈래의 정책의 시기, 즉 위떼와 람스도르프의 영향력 쇠퇴와, 동아시아의 결정적인 의화단 사건이 일어난 시기에 베조브라조프의 영향력이 그만큼 증대한 것을 의미했다.

'의화단(Boxers)'이란 영어 표현은 '정의와 조화를 위한 주먹(義和拳)'이라는 명칭으로 풀이되는 중국 민중의 외국인 혐오 단체에게 붙인 이름이다. 이 그룹의 목적은 중국인들을 지배하고, 착취하고, 개종시키려는 백인 자신의 '부담(burden)'을 강제로라도 덜어내려는 것이었다.* 1899년 말 이들은 이 과제를 수행하기 시작했다. 얼마 되지 않아 이들은 제국주의적인 압력으로 궁지에 몰려 있던 청정부로부터 때로는 은밀하게 때로는 공개적으로 지원을 받았다. 북경과 북경 주변의 외국인 소유의 재산을 공격한 데 이어 선교사들과 개종자들을 공격하기 시작했는데, 북경 공사관들을 포위하며 의화단 사건은 그 절정에 달했다. 이 시점에서 의화단은 청국 군대의 도움을 받았다.

외국 열강은 의화단에 의해 침범당하자, 개인과 재산에 대한 의화단의 공격을 용인할 생각이 없었다. 죄는 처벌받아야 하며 엄밀한 보상과 더불어 새로운 권리를 요구할 수 있도록 힘에는 힘으로 극복하고자 했다. 상트페테르부르크 정부도 이와 같은 감정이었으나 다른 목소리도 들렸다. 람스도르프의 지원을 받은 위떼는, 청국의 호의를 그대로 유지하기 위해 만주에서의 러시아의 이해가 위협받을 때만 행동을 지원해야 한다며, 자제할 것을 조언했다. 위떼와 람스도르프가 군대를 사용하는 문제를 놓고 쿠로파트킨과 충돌하고 있음을 재

---

* 영국의 제국주의 식민 지배를 옹호하던 키플링의 시구 '백인의 짐을 짊어지라(Whiteman's burden)'에서 유래한 것이다.

빨리 알아차린 황제는 양쪽 사이에서 동요했다. 오래지 않아, 러시아 군대가 북경 공사관을 구제하기 위해 연합 원정대에 참가한다는 결정이 내려졌다. 그리고 재무성의 국경수비대가 동청철도를 보호하는 것이 역부족임이 곧 분명해지자, 위떼는 마지못해 정규군을 만주에 파견해야 한다고 요구했다.[28] 이제 당면한 현안은 다음과 같다. 만일 목적이 있다면 앞으로 무슨 목적으로 만주에 러시아군대를 주둔시킬 것인가. 일단 질서가 회복된 이후에는 군대를 더 이상의 소란 없이 철병시켜야 할까 혹은 청국 정부로부터 몇 가지 이득을 얻어낼 수 있는 것은 다 얻어낼 수 있을 때까지 군대가 남아 있어야 할까.

1900년 12월, 쿠로파트킨은 람스도르프에게 보낸 서신에서 자신이 만주 점령을 찬성하지는 않으나, 질서가 회복된 이후에도 동청철도를 보호하기 위해 약간의 정규군을 그곳에 남겨 놓는 데 찬성한다는 입장을 밝혔다.[29] 위떼는, 마치 예견이라도 하듯, 질서가 회복되는 대로 모든 정규군을 철수시키길 원했으며, 그날이 더 앞당겨지도록 만주의 동북 삼성(三省)의 성장(省長)들을 지원하는 방안을 마련했다.

위떼와 람스도르프가 이의를 제기했지만, 러시아 정규군은 질서가 회복된 뒤에도 점령군으로서 만주에 남았다. 이는 만주에 대한 러시아의 의도가 무엇인가를 놓고 열강의 의혹을 불러일으켰다. 만주를 점령하는 것인가. 만주에서의 경제 활동에서 타 열강을 배제하겠다는 것인가. 한국에 침투하기 위해 만주를 주둔지로 하려는 것인가. 영국과 일본은 특히 이 같은 여러 가능성에 민감했는데, 정부가 거의 제 기능을 하지 못하는 청국도 마찬가지였다. 그렇게 사태는 1901년 동안 장기화되었다.

일본의 주된 목적은 한국에서의 우세한 지위를 공고히 하는 것이었고, 러시아는 그 목적에 최대 장애로 보였다. 러시아에 대한 일본의 두려움을 부채질한 것은 러시아가 완전히 만주의 문호를 닫아 버릴지도 모른다는 가능성이었다. 시베리아횡단철도와 동청철도의 완공일이 가까워질수록 일본의 불안감은 증폭되었다. 아직도 철도와 철도 사이에 건설되지 않은 공백부분은 있었지만, 이제 러시아는 청국까지 육로로 군대를 수송할 수 있음을 보여주었다. 그리고 압록강 조차권에 관한 문서업무는 비밀이었지만, 허풍쟁이 베조브라조프의 존재는 가시화되었다. 일본에서 러시아와의 전쟁을 지지하는 사람들의 목소리는 상당히 컸지만, 한국에서 일본의 지위를 굳히기 위한 수단으로서 러시아와의 교섭을 선택한 고위직의 사람들도 있었다. 이러한 상황에서 1901년 12월에 이토 히로부미 백작이 상트페테르부르크에 도착했다.

당시에 이토는 수상직에서 물러난 지 얼마 되지 않았고 관직을 갖고 있지는 않았으나, 일본의 정책 형성에 막강한 힘을 행사하는 원로 정치가 그룹인 겐로(元老)의 일원이었으며, 비공식적으로 정부를 대변했다. 이토가 요구한 것은 몇 가지 양보의 표시로 한국에 대한 일본의 독점적인 세력권을 러시아가 인정하라는 것이었다.

이토의 제안이 받아들여졌다면, 일본에서 평화적인 협상 세력들이 위떼, 람스도르프, 그리고 쿠로파트킨이 지지했던 어떤 것들과 타협을 보았을 것이다. 그러나 그들은 이토가 요구했던 만큼 자유롭게 손을 내밀 준비가 되어 있지 않았고, 오히려 그에 상응하는 대가를 일본으로부터 받아내고자 했다. 재무상, 육군상과 논의한 람스도르프는 황제가 승인한 대응안을 마련했다. 즉 한국에서의 일본의 독점권에 대해서는 몇 가지 제한을 가하고, 러시아와 국경이 맞닿는 중국

지역을 러시아의 세력권으로 인정해 줄 것을 일본에게 요구한 것이다.[30]

위떼는 이토의 미션이 실패한 것을 베조브라조프와 그 일파의 영향력 탓으로 돌렸으나, 분명히 그런 것은 아니었다. 위떼가 한국을 필수적인 이해로 생각하지는 않았으며, 일본의 한반도 점령을 전쟁의 사유로 간주하지 않았다는 사실에도 불구하고, 람스도르프, 쿠로파트킨과 더불어 위떼가 한국을 유리한 협상 카드로 생각했음이 분명하다.

그러나 당시 일본인들은 러시아와 교섭할 분위기가 아니었다. 왜냐하면 영국과의 동맹이 진전되어 러시아에 양보해야 할 이유가 조금도 없었기 때문이다. 1902년 2월 영일동맹이 선포되었을 때 가져다준 충격을 쉽게 상상해 볼 수 있다. 영일동맹이 특별히 러시아를 향한 것은 아니었지만, 그것이 그러리라는 점은 명백했다. 일본이 만일 한국에서의 '특별한 이해'를 방어하기 위해 전쟁을 치러야 한다면 우호적인 중립을 준수해야 하지만, 만일 제삼국이 이 싸움에 가담한다면 영국은 일본을 도와야 했다.*

영일동맹은 동아시아에서의 러시아의 지위에 하나의 치명타였다. 근자에 들어 태평양의 한 강국이 된 미국은 러시아에 대항하는 영국의 정책과 비공식적으로 한편에 섰다. 청국은, 열강이 의화단 사건에 대응하기 위해 보낸 군대를 철수한 사실에 힘입어, 러시아의 압력에 대해 뻣뻣하게 대응했다. 러시아는 적대적인 국제 환경에서 고립되기 시작했고, 위떼와 람스도르프는 러시아의 좌절에 대한 책임을 공

---

* 일본이 러시아와 전쟁을 치른다면 영국은 우호적인 중립을 지켜야 하지만, 여기에 프랑스가 가담한다면 영국은 일본을 지원해야 했다.

유했다.[31)

많은 이들 특히 러시아 군부에서는 1902년 4월에 조인된 만주 철병 협정이, 외부의 압력에 대해 뚜렷한 근거 없이 양보한, 그 같은 좌절을 의미했다. 이 협정으로 러시아는 18개월 내에 삼단계로 나누어 만주에서 군대를 철수시켜야 했다.[32) 러시아가 얼마나 약속을 충실히 이행하느냐가 전쟁이냐 평화이냐에 결정적인 영향을 주게 될 것이다.

물론 위떼는 철병협약에 만족했지만, 점차 자신의 지위가 약화되고 사태의 전반적인 상태가 악화되면서 침울해졌다. 우선 위떼-람스도르프-쿠로파트킨 라인, 즉 일본과의 전쟁 위험은 국내 소요를 부추기므로 피해야만 한다는 노선에 황제가 환멸을 느낄 정도로 베조브라조프의 영향력은 점차 커져 가고 있었다.[33) 1901년 1월 초, 우리는 위떼가 시피야긴에게 이에 대해 불평하는 것을 엿볼 수 있다. 베조브라조프가 황제를 일주일에 두 번씩, 그것도 오랫동안 이야기를 나누게 되었으며, 그렇게 하는 동안 베조브라조프는 온갖 무모한 계획들을 황제에게 제안하며 재무상의 지위를 손상시키려 하고 있다는 것이었다.[34) 그리고 이에 못지않게 위떼를 불안하게 만든 것은, 새 내무상 플레베가 베조브라조프와 연대하고 있다는 사실이었다.

플레베는, 이데올로기의 차이와 더불어, 위떼보다 훨씬 더 큰 야심 때문에 위떼의 가장 위험한 적수라는 사실이 금새 드러났다. 새 내무상으로서의 지위는 플레베에게 라이벌을 손상시킬 수 있을 정도의 상당한 힘을 가져다주었다. 플레베는 황제에게 알현하여 러시아의 현황에 대한 자신의 생각을 보고할 기회가 있었다. 그렇게 함으로써 플레베는 위떼를 비난하는 각료에게 전달된 편지들과 로푸킨이 '통신(perlustration)'[35)이라 불리던 것을 통해 확보한, 우체국 단위의 편지

사본들로 황제의 관심을 끌었다. 더욱이, 니콜라이는 위떼보다도 플레베가 더 자신의 마음에 든다고 생각했다.

플레베가 임명된 지 며칠 뒤에, 위떼를 만난 출판업자 수보린(Suvorin)은 자신의 일기에 이렇게 기록했다. "나는 위떼가 그렇게 침울하고 눈물을 흘리는 모습을 이제껏 본 적이 없다. 위떼는 자신이 도피할 적절한 길을 찾을 수만 있다면 자신의 지위에서 해임시켜 달라고 요청하겠다고 말했다."[36] 플레베만이 위떼의 유일한 걱정거리는 아니었지만, 그는 최강적이었다. 두 사람은 많은 이슈에서 서로 먼저 싸움 자세를 취했는데, 그중 주된 이슈는 러시아의 모습에 관한 것이었다. 위떼는 러시아를 산업자본주의와 공존하는 전제정으로 그렸고, 플레베가 생각하는 러시아에서는, 토지귀족이 명예로운 위치에 놓인 구체제가 자리 잡고 있었다. 그 체제하에서는 플레베가 국가의 암적인 존재로 생각하는 유대인들이 설 자리는 없었다.[37] 위떼는 유대인들의 친구라는 것과는 관계가 멀었지만, 적들에 의해 그렇게 간주되고 믿겼으며, 궁극적으로는 유대인들과 동화된 것처럼 보였다.

두 사람 사이의 여러 가지 이슈 가운데는 소수 민족들의 러시아화 정책 운용문제가 있었다. 위떼는 '하나의, 분리될 수 없는 러시아'를 지지하면서도 러시아화에는 반대했다. 따라서 위떼는 핀란드의 자치를 파괴하기 위해 플레베가 행하는 역할을 놓고 그와 충돌했는데, 대립의 불꽃은 제어할 수 없을 정도로 격렬했다. 뿐만 아니라, 위떼가 거의 자신만이 전유하고 있는 듯한 감정을 지니고 있는 지역인 카프카즈 지방의 아르메니아인들에게 막대한 정치적 비용을 들여 러시아화 정책을 시행하는 것을 놓고도, 두 사람은 반목했다.[38]

거기다가 두 사람은 동아시아정책에 대한 견해가 맞지 않았다. 플레베는 내무상이 되려고 할 즈음에 베조브라조프를 지원했는데, 그 행동은 황제를 기쁘게 했다. 이에 황제는 동아시아정책을 결정하는 데 도움을 줄 소그룹에 신임 내무상을 포함시키도록 했다.

위떼와 플레베가 여러 가지 중요한 문제에서 불화했다는 사실이 반드시 적의를 의미하는 것은 아니었다. 위떼는 몇 가지 문제에서 시피야긴과 의견이 맞지 않았고, 뽀베도노스쩨프와는 더 많이 부딪쳤지만, 그래도 두 사람을 존중했다. 자신의 책에서 위떼는 두 사람 다 고지식하며, 협잡과 음모와는 거리가 먼 사람들로 묘사했지만, 플레베에 대해서는 변덕쟁이에다 불량배라고 묘사했다. 기록에는 플레베가 자신이 위떼와 몇 가지 문제에서 의견이 맞지는 않았지만, 재무상의 성취를 높이 산다고 말했다고 한다. 그러나 비공식석상에서 플레베는 아주 지독하게 점잖은 어조로, 자신이 위떼를 찬양하는 사람 중의 하나는 아니라는 사실을 인정했다.[39] 앞서 언급했듯이, 위떼에게 플레베보다 유순했던 그 다음의 적은, 상당히 중요한 영향력을 가지고 있던 인물이자, 황제의 매형인 알렉산드르 미하일로비치 대공이었다. 대공은 야심 찬 인물이었지만 해군상이 되지 못했고, 자신의 시각을 오로지 상선에만 제한해 두는 해군 장교였다. 1901년 위떼는 대공이 재무성 산하의 상선위원회의 위원이 되는 데 동의했다. 그러나 대공이 자신의 처남(황제)에게 위떼와 같이 일하는 것이 불가능하다고 알리는 일을 주도하면서, 두 사람은 곧바로 반목하기 시작했다.[40] 대공의 야심 찬 계획 가운데 하나는 재무성의 한 부서를 새 기구인 상선성(Ministry of the Merchant Marine)으로 전환시키는 것이었는데, 위떼와 해군상이 제휴한 결과 대공의 시도는 좌절되었다.[41] 이 시도가 실패하자, 대공은 1902년 7월에 황제에게 자신을 국장으로 하고, 베조브라조프의 조카이자 해군 장교인 아바자(A. M. Abaza)를 대공의 대리인으로 하는 '상선 행정국'을 독립 기관으로서 설립할 수 있도록 설득하는 데 성공했다.[42] 이것이 바로 위떼가 잃어버린 기둥의 하나이다.

그러는 사이에 위떼의 몇 가지 경제 정책은 계속 침체를 거듭하면서 타격을 입었다. 1902년에 위떼는 시베리아철도 및 동청철도의 기록에 대한 공격을 받아 사면초가가 되었다. 위떼는 시베리아철도에 대해 상당히 장밋빛의 전망을 내놓은 바 있다. 시베리아철도 공사가 시작된 지 10년 후인 1902년, 의화단이 동청철도에 가한 손상 정도가 평가되고 철도 보수 작업이 이루어졌을 때, 위떼는 자신의 예언을 실현시키지 못한 데 대한 책임을 짊어져야 했다. 위떼가 약속한 혜택이 아직 구체화되지 못했을 뿐만 아니라, 공사비와 보수비용도 예상을 훨씬 웃돌았다.[43]

싸움에서 한 번도 물러난 적이 없는 위떼는, 동청철도의 상태를 점검하기 위해 만주를 방문할 수 있도록 황제로부터 허락을 받았다. 위떼는 1902년 늦여름에 출발했는데, 일정에는 블라디보스토크와 뤼순의 해군 기지 시찰이 포함되어 있었다. 돌아오는 길에 위떼는 크림반도에 휴가차 가 있는 황제에게 인편으로 자신의 보고서를 보냈다. 재무상은 이 문서에서 철도문제를 다루었을 뿐만 아니라, 자신이 동아시아에서 성취하고자 했던 빛나는 그림에 화려한 색을 입히고, 반면 만주에서는 군대 철수를 완료하는 데 실패하고 한국문제에 끼어들어 일본과의 교섭에도 실패하게 된 우울한 그림까지도 그려냈다.

그러한 노력은 자멸의 시도였다. 십중팔구 위떼의 자화자찬과 조언은 맨 나중에 듣고자 했던 황제는, 당시 단시일 내에 총애를 받게 된 베조브라조프의 말에 귀를 기울였음이 틀림없다.[44] 중요한 것은 황제가 1902년이 저물 즈음 압록강 조차권에 대한 일을 진척시키기 위해 베조브라조프를 만주에 보내도록 허가했다는 사실이다. 이에 대해서는 나중에 서술하기로 한다.

1902년 말에 위떼의 주가는 떨어졌고, 그것도 아주 푹 하락하는 듯했다. 11월에 프랑스대사관 변리공사 부티롱(A. Boutiron)이 본국 프랑스에 보낸 내용에 따르면, 위떼의 동료들 대부분이 위떼에게 적대적이며, 만주에서 위떼의 부재를 이용한 음모로 말미암아 위떼의 지위가 불안하며, 플레베가 이 모든 일의 주모자로 보인다는 것이었다.[45] 한 달 뒤에 우리는 수보린의 일기에서, 위떼가 자신의 입장을 거의 고수하고 있지 못하고 있다고 기술한 것을 보게 된다.[46]

위떼에게 1903년은, 재무상이 된 기념일을 기리는 제국 포고령과 함께 시작된, 아주 호의적인 것이었다. 그러나 문서에는 위떼를 향한 황제의 실제 감정이 감추어져 있다. 황제는 자신의 권위를 확인하고자 했고, 또 자신의 재무상이 잘못된 길을 가고 있다는 견해를 수용하고자 했기 때문에, 위떼와의 결별을 준비하고 있었음이 분명하다. 그러나 황제는 아직 위떼에 대해 불쾌한 단계에 이를 정도까지 되지는 않았다. 동아시아의 분위기가 보다 불길해지면서 위떼를 둘러싼 논의가 더욱 신랄해지고, 황제가 취한 입장에 위떼가 반대하자, 황제는 위떼와 결별하려는 결심을 더욱 굳히게 되었다.

만주에서 러시아군대를 철수하는 일이 계속 관심의 초점이 되겠지만, 압록강 조차권을 제외할 만큼은 아니었다. 어떤 정책을 따라야 할까? 대담한 베조브라조프의 정책? 아니면 신중한 위떼의 정책? 황제의 마음은 동요했지만, 분명히 베조브라조프 쪽으로 기울고 있었다. 정책 논쟁은 때때로 타협점을 찾게도 만들지만, 황제는 아주 분명하게 베조브라조프 라인으로 이동하고 있었다.

만주 철병은 가장 절박한 문제였다. 그 첫 단계는 예정대로 이루어졌지만, 철병이 채 완결되기도 전에 위떼와 람스도르프는 다음 단계의 철병은 청국의 동의하에, 만주가 러시아의 세력권이라는 조건으로 이루어져야 한다는 데 합의하기로 결정했다. 청국이 절대적으로 거부하면, 그 이상의 철병은 연기되는 것으로 결정되었다.[47] 이는 명백한 도발적 행위였으나, 위떼는(람스도르프의 지원을 받아) 이토와의 교섭에서 드러난 것처럼, 만주에서의 러시아의 이해는 확실히 해 두어야 한다고 믿었다. 동시에 두 사람은 가능한 한 만주에서의 완전 철수를 지지했다.

그동안 베조브라조프는 만주에 있었는데, 상승세를 타고 있던 그는 광범하게 이곳저곳을 이동하며 다녔다. 베조브라조프는 자신이 마치 황제를 대변하는 것처럼 러시아 최고위 장교들과 동청철도 관리들에게 장황한 용어로 말하고, 압록강 조차권에 정성을 쏟으며, 정부 자금으로 다양한 기업을 설립했다. 쿠로파트킨에 따르면, 베조브라조프가 상트페테르부르크로 돌아온 뒤에 그의 지지자들은 전쟁의 위험 없이 제국을 확장한다는 비전을 황제에게 영향력을 불어넣는 데 성공하며 많은 일을 했다.[48]

베조브라조프 일파의 영향을 받은 황제는 일본인들과의 사이에 하나의 완충지대로서 압록강 조차권의 이용을 검토하기 위해 자신이 주재하는 특별회의를 1903년 3월 26일(4월 8일)에 소집했다. 이제까지 압록강 조차권을 발전시키는 조치가 거의 이루어지지는 않았던 것이다.

특별각료회의의 아이디어는, 이제까지 위떼가 일본과의 임시협정에 도달하기를 촉구해 왔고 또 위떼가 지속적으로 촉구해 오던 것과는 정반대의 것이었다. 각료들이 검토할 제안 사항을 설명할 사람으로 황제는 아바자를 선택했다. 아바자는 최근 해군소장으로 승진했고, 당시에 바람 부는 방향을 보여주던 베조브라조프 진영의 일원이었다. 그리고 회의 참석에 초대된 사람 가운데 플레베는 또 한 사람의 그 표지였다.

목재회사를 한중 국경에 위치한 압록강변에 설립하겠다는 아이디어를 승인한다며 회의를 개시한 황제는 그 계획에 대해 이미 잘 알고 있었음이 분명했다. 회의에서 아바자는 뤼순을 목표로 하는 일본의 공격이 예상되는 지역인, 한반도 북부에 완충지대를 설치해야 할 절박한 필요성이 있다고 주장했다. 아바자는 중국 쪽 압록강변의 벌목권을 확보하고, 영국 왕실의 국무고문 서열에 해당하는 사람이 주도하는 영국 특허기업의 모델을 따라, 압록강변 양쪽에 강력한 기업이 벌목권을 운영할 것을 촉구했다. 군 예비역 출신들이 벌목노동자들로서 벌목 일을 하게 될 것이었다. 뿐만 아니라 아바자는 러시아 동아시아정책의 운영을 하나의 기관으로 통합시키자는 제안도 했다.

아바자의 제안은 동아시아에서의 '신노선'이라고 할 만 했다. '신노선'이란 러시아의 지위를 강화시키는 데 기반을 둔 확고하고 틀림없는 정책으로써 러시아의 이해가 수호될 수 있다는 가정에 기초했는데, 이로써 한국에서의 일본의 요구에 대처할 수 있게 된다는 것이었다. '신노선'은 니콜라이 황제가 위떼보다도 베조브라조프의 조언을 받아들이고 있다는 표시였다.

예상 못한 일은 아니었지만, 위떼는 러시아가 도발적인 행동을 피해야 하며 일본과의 협정을 추구해야 한다고 주장하면서, 아바자의 계획에 대해 격렬하고도 장황하게 반박했다. 그러나 너무 반대하는 사람같이 보이지 않으려고 애쓴 흔적이 역력하게도, 위떼는 가능한 한 정부와의 연계는 줄인, 순수한 상업적 성격의 목재회사는 지지하겠다는 견해를 표명했다. 쿠로파트킨도 대체로 위떼를 지지했으며, 람스도르프도 벌목노동자로 퇴역 군인들을 활용한다는 데 특히 관심을 보이며 위떼를 지원했다. 그렇게 3인방으로부터 반대 의견이 나오자, 회의는 제안된 목재회사를 국무고문 휘하에 두기보다는 관동사령부 알렉쎄프(E. I. Alekseev)의 관할하에 두도록 하고, 러시아 동아시아정책을 통합하는 문제에 대해서는 언급하지 않았다.[49] 이는 일시적인 타협이 그리 오래가지 못할 것임을 드러낸 것이다.

봄을 넘기면서, '신노선'의 아이디어는 특히 군부에서 세력을 얻고 있음이 분명해졌고, 일본은 점점 날을 세우기 시작했다. 위떼는 황제가 자신의 신중한 조언에 귀를 기울이지 않는다는 사실을 의식하며 몹시 놀랐다. 이에 위떼는 아직도 황제와 친하게 말을 건넬 수 있는 메쉐르스키 공(Prince Meshcherskii)에게 도움을 청하게 되었다. 황제에게 보내는 서신에서 메쉐르스키 공은 베조브라조프의 말에 귀를 기울이는 함정에 대해 주의할 것을 권고했다. 그러나 메쉐르스키 공은 황제로부터 신경이 곤두선 5월 1일자 답신을 받았다. "공이 바라는 대로 내가 이행하리라고 믿는다면 아무리 좋게 말한다고 해도 어리석은 일이 될 것이오. 나도 내 의견이 있고, 내 의지가 있음을 공도 곧 깨닫게 될 것이오."[50]

5월 6(19)일 자신의 35번째 생일에 황제는 메쉐르스키에게 자신이 "신에 대한 흔들리지 않는 믿음으로 기운이 넘치게" 되었다고 귀띔

했다. 바로 그날 황제가 베조브라조프에게 국무고문직을 수여하며, 베조브라조프의 측근이자, 청국과 일본에서 군사무관을 지낸 보각크 (K. I. Vogak) 대령을 수행원대장에 임명한다는 발표가 나왔다. 이는 황제가 이제는 반대자들을 무시하는 데까지 이르렀음을 의미했다. 그것은 전제적인 행위였다. 앞서 언급한 것처럼, 국무고문직은 소수의 각료들과 다른 고위 관료들에게 일반적으로 부여되는 명예이자, 군부대장의 부관급에 해당하는 민간인을 의미했다. 보각크의 새 직위는 그를 황제 수행원의 부관급 바로 아래의 서열에 임명한 것을 의미했다. 이 임명 조치들은 어느 별이 떠오르고 있는가를 말해 주는 강한 메시지였다.

다음 날 저녁에 황제가 소집한 특별회의에 초대받은 참석자들 가운데 베조브라조프, 보각크, 아바자, 그리고 플레베의 목소리가 더 강한 어조를 띠었다. 그중에서도 베조브라조프는 가장 큰 목소리를 냈다. 그 같은 회의에서 이전에 하고자 했던 것보다도 더 솔직하고 결단력 있게 되었고, 이제 황제의 지지를 받는 베조브라조프는 동아시아에서 러시아가 추구해야 할 노선에 대한 자신의 그 유명한 견해를 제시했다.

베조브라조프의 주장 가운데 하나는, 압록강 조차권에 군사적 요소를 강화시킨다는 것이었다. 여기서 베조브라조프는 황제의 지지를 받았으며, 정부와 밀접하게 연계된 목재회사가 설립되어야 한다고 선포했다. 만주에 관해서는 참석자 대다수가 러시아의 이해가 기왕의 군사적 주둔을 강화하고, 시행 중인 '문호 폐쇄'정책을 유지하는 데 있다고 주장했다. 니콜라이는 베조브라조프에게 회의록을 작성하라고 지시했다. 베조브라조프가 이를 작성하자, 위떼와 람스도르프

는 회의록에 회의 내용이 제대로 반영되지 않았다는 이유로 서명을 거부했다.[51]

위떼는 대단히 낙담한 채 회의장을 떠났다. 베조브라조프는 회의에서 위떼가 예전과 같이 큰 목소리의 공격적인 모습과는 거리가 멀었고 '대단히 가엾은 표정'을 지었다고 언급했다.[52] 몇 주일 후에 재무상을 만난 한 지인은 위떼가 못 알아볼 정도로 깊은 번민에 쌓여 있었다고 했다.[53] 위떼는 람스도르프에게도 자신이 곧 해임되어야 한다고 말했으나 람스도르프에 의해 만류되었다(짜르의 각료들은 사임이 허용되지 않았다).

'신노선'은 <러시아목재회사>가 설립되면서 곧바로 시행되었다. 회사는 광범한 권한을 가졌고, 주식은 궁정과 연계된 몇몇 인사들이 소유하고, 회사 정관에 민간인 복장을 한 군 요원들을 고용한다고 규정했다. 그 다음 쿠로파트킨(만주 시찰 중이던)과 알렉쎄프와 협의하라며, 베조브라조프를 만주에 파견하는 조치가 시행되었다. 베조브라조프는 대규모의 수행원을 대동하고 특별 열차로 거창하게 여행했다. 1903년 6월 말에 베조브라조프는 뤼순에서 쿠로파트킨, 알렉쎄프, 지역 장교들 및 관리들을 만났다. 거기서 그들은 여러 가지 방법으로, 그리고 주로 청국이 듣기 좋아하는 말은 하는 호의는 베풀되, 1902년 철병협정의 핵심은 피해 가는 방법으로, 만주에서의 러시아의 지위가 강화되어야 한다고 결론지었다.[54]

'신노선'의 정신에 도취된 짜르는 러시아 동아시아정책의 권위를 집중시키자는 아바자의 또 하나의 추천 사항을 알렉쎄프 제독으로 하여금 이행시킬 것을 결정했다. 알렉쎄프 제독은 알렉산드르 2세의 서자이며, 스스로 지니고 있는 자존심과 전혀 걸맞지 않는 능력을 지닌 사람임이 분명했다. 그 결정은 위떼, 람스도르프, 쿠로파트킨이 알지 못했거나 혹은 함께 고려하지 않은 채 내려졌다. 7월 30일에, 정부의 한 관영신문은 바이칼 동쪽의 모든 러시아 영토, 관동 조차지 그리고 동청철도 구역은 하나의 새 행정체, 즉 알렉쎄프를 총독으로 하는 '동아시아 총독부'를 구성한다고 선언하는 칙령을 게재했다. 알렉쎄프 총독은 청국 및 일본과의 외교관계를 다룰 권한을 가지게 될 것이었다. 황제는 베조브라조프 도당에 의해 '형편없는 3인방'이라고 지칭된 위떼, 람스도르프, 쿠로파트킨을 새로 창설된 '동아시아문제 특별위원회'에 포함시킴으로써 보상하는 듯한 제스처를 보였다. 이 특별위원회는 황제가 주재하며 플레베가 부의장이 될 것이었다. 그러나 이 위원회는 동아시아의 외교적 수렁 속에서 곧 사라지게 될 유령 조직이었음이 입증될 것이다.[55]

동아시아총독부는 오래가지 못했지만, 처음의 그 충격은 극적이었다. 러시아와 교섭을 개시하려던 일본은 7월 30일(8월 12일)의 칙령을 비타협적인 태도의 신호로 간주할 수밖에 없었으며, 위떼, 람스도르프, 쿠로파트킨은 자신들이 뒷자리로 밀려난 것으로 여겼다.

아이러니컬하게도 칙령이 나오기 바로 며칠 전에, 람스도르프는 황제에게 동아시아정책을 논의하기 위해 위떼, 쿠로파트킨과의 회동을 허가해 달라고 요청했다. 황제는 동의하긴 했으나, 상황을 조금이라도 유리한 쪽으로 만들기 위해 분명히 베조브라조프가 참석해야 한다는 단서를 달았다. 그러나 사실상 베조브라조프는 참석할 수 없었다는 것이 드러났다.* 회동한 세 사람은 한국과 만주에 관한 온건노선을 추천했지만, 황제는 이 추천 사항에 동의하지 않았고, 그것도

---

* 당시 그는 만주 시찰 중이었다.

단지 서류상으로만 부분적으로 승인했을 뿐이었다.[56]

세 사람은 분명히 정도의 차이는 있지만 동아시아정책에 관해 황제와 반목했다. 그러나 황제는 이들 가운데 한 사람, 위떼만 해임했다. 이는 위떼가 '신노선'에 반대했기 때문이었으나, 군주의 마음과 머릿속에 확립된 것에 재무상이 반대했기 때문이기도 했다. 황제는 한동안 위떼를 제거하려고 작정했고, 분명히 행동에 옮기기로 마음을 굳혔음이 분명하다. 위떼에 대해 불평하던 베조브라조프가 재무상이 곧 해임되어야 함을 황제에게 확신시킨 뒤 얼마 되지 않아 곧바로 황제가 행동에 옮겼기 때문이다.[57] 그러나 의지가 나약한 황제에게는 아직 험로가 놓여 있었다. 행동으로 옮기는 것과, 위떼에 대해 전혀 다른 말을 하는 모후뿐만 아니라, 장골의 위협적인 위떼와 마주해야 하는 일이 그것이다.

모후가 자주 방문하는 덴마크에서 빨리 돌아오기를 성급하게 황제가 기다렸던 데서도 드러났듯이, 모후가 쉽게 돌아올 것 같지 않자, 황제는 스스로 무리를 해서라도 강해지고자 했다.[58] 나중에 황제가 쿠로파트킨에게 말한 바에 따르면, 만일 황제 자신에게 말 한 필이 있다면, 위떼와 마주하기 전에 느끼는 이 스트레스에서 벗어날 수 있을 것이라고 했다는 것이다.[59] 황제는 한 종교 행사가 이루어지는 동안 행동에 옮기기로 결정했다.[60] 위떼가 주례 보고를 하기로 되어 있던 날인 8월 16(29)일에 황제는 위떼에게 충격적인 소식을 전했다. 황제는 위떼를 당시 공석 중이던 '각료위원회' 위원장직이라는 '허울 좋은 명예직'으로 보내는 방법으로 위떼를 제거하고자 하였다. 이는 사실상 이전에도 종종 사용하던 일종의 회피책이었다. 위떼가 보고하기로 되어 있던 그 전날, 황제는 위떼에게 각서를 보내 국립은행의 은행장인 플레스케(E. D. Pleske)를 함께 데려오라고 전했다. 그러한 요구는 재무상을 어리둥절하게 했다. 약속된 날 두 사람은 황제의 여름 거처인 페테로프로 향했다. 황제는 먼저 위떼를 불렀고 마치 아무런 일도 없는 것처럼 그를 맞았다. 황제는 정중하게 재무상의 보고를 들었으며, 주류 독점제가 막 도입된 지역을 시찰할 수 있도록 허가해달라는 위떼의 청을 허락했다. 그리고 위떼가 막 자리를 뜰 즈음 황제는 위떼에게 플레스케에 대한 견해를 물었다. 위떼는 호의적으로 답했다. 그러자 황제는 "짐은 그대가 각료위원회 위원장을 맡아주기를 요청하며, 플레스케를 재무상으로 임명하길 원하오"라고 말했다. 위떼의 충격에 빠진 표정을 본 황제는 이렇게 반문했다. "그대는 내 임명에 불만이오? 각료위원회 위원장은 제국의 최고직이라는 걸 모른단 말이오?"

위떼는 충격받았고 화가 났다. 그것도 대단히 화가 났지만, 황제에게는 적절하게 공손한 태도로 대답했다. 위떼는, 설령 황제가 탐탁지 않다는 표시로 한 자신의 행동을 못 봤다손 치더라도 개의치 않는 듯, 자신이 입각하기 전에 연 6만 루블의 수입이 있었음을 황제에게 상기시켰다. 상트페테르부르크에서의 생활은 대단히 어려웠으며, 자신의 아내와 딸이 눈 밖에 났기 때문에 더 어려울 수밖에 없었다. 위떼는 수도 바깥에서 직책 하나를 맡아 더 많은 책임감을 이행할 의사가 있다고 제의했지만, 결국 황제의 제안만을 받아들일 수밖에 없었다.[61]

자신의 집무실로 돌아오던 중, 위떼는 성화 하나를 바라보며 저명한 신문 발행인인 프로쁘리(S. M. Propper)에게 말했다. "나는 세상에서 가장 소중한 내 아내와 내 딸의 이름으로 맹세컨대, 황제가 한 일을 결코 잊지 않을 것이오."[62] 위떼가 집으로 돌아와 아내에게 슬픈

소식을 전하자 위떼만큼이나 그의 아내도 황제에게 아첨하는 자들조차도 그같이 야비한 대우는 받지 않을 것이라고 단언하며 비통해했다.[63]

8월 16(29)일에 황제의 마음속에 무엇이 있었는가를 짐작하기란 직접적인 증거가 부족해서 판별하기가 쉽지 않다. "이제 짐이 통치한다"[64]라며 써 내려간 그날의 일기를 제외하고는. 황제는 이제 더 이상 이 거만한 인물의 손아귀에서 좌우되고 있다고 느끼고 싶지 않았으며, 어조를 낮추어 말하는 듯한 태도에도 약이 오르고 싶어 하지 않았다. 간접적인 증거를 들자면, 황제는 더 이상 위떼를 경제의 귀재로 여기지 않았으며, 동아시아정책에 대한 재무상의 견해에 싫증이 났으며, 위떼가 핀란드인, 아르메니아인, 특히 유대인과 같은 골치아픈 사회적 소수자들에게 너무 기울어져 있다는 의견을 받아들였다. 황제가 이미 보수 귀족들 사이에서는 파다하게 퍼져 있던, 위떼를 포함한 유대계 메이슨 음모에 대한 헛소문을 받아들였는지 아닌지는 분명치 않다. 그러나 그해가 가기도 전에 위떼에게는 '메이슨(Mason, 비밀공제조합원, 프리메이슨주의자)'이라는 낙인이 따라다녔다. 황제는 전임 각료위원회 위원장들을 그렇게 대우했던 것처럼, 각료의장직을 막다른 골목으로 만들어 놓기로 이미 작정했다. 동시에, 황제는 연 40만 루블이라는 선물과 그 밖의 다른 친절한 행동으로 위떼의 호의를 사고자 했다.[65]

호의란 그렇게 쉽게 얻어지는 것이 아니다. 황제의 감동적인 공언에도 불구하고, 위떼는 자신이 받은 대접 때문에 몹시 마음이 상했다. 이런 감정은 황제에 대한 경멸감과 더불어, 위떼 자신을 전혀 다른 타입의 사람, 즉 공직에서 완전히 손을 떼고 은행계에서 돈 잘 버는 지위를 수락하도록 몰고 갔을 수도 있었다. 그러나 다른 그럴 듯한 설명도 있다. 위떼가 각료위원장직에 남아 있기로 한 결정은, 그가 권력을 추구했기 때문이며, 상황이 황제로 하여금 언젠가는 다시 요직으로 자신을 복귀시키는 때가 올 것이라고 믿었던 위떼의 자기 확신 때문이었다는 것이다.66)

단순한 방관자로
(1903~1904)

위떼는 문득 크고 작은 새로운 일상사에 접하고 있는 자신을 발견했다. 위떼는 이제 더 이상 한 소제국의 주인이 아니었다. 황제에게 그토록 열심히 고대하던 주례 보고를 더 이상 할 필요도 없었다. 위떼는 더 이상 정책 결정에 참여하지 않게 되었다. 자신이 언급한 바와 같이, 위떼는 이제 단순한 방관자로, 망각의 수렁 속으로 빠져 들어갔다.

비록 방관자로 물러났다고는 해도 오랫동안 현장을 주름잡아 왔던 위떼는 빠져나올 방법을 찾았을 것이다. 위떼와 자주 비교되곤 하는 1세기 이전의 스페란스키(Michael Speranskii)는 황제의 총애로부터 멀어진 뒤에 망명을 갔었다. 그러나 시대가 바뀌었으므로 황제는 가십과 음모 그리고 억측의 온상인 상트페테르부르크에 자신의 전직 재무상이 그대로 머물러 있는 것을 인내해야 했다.

우선, 황제나 위떼는 통상 여름과 초가을에 갖는 몇 달간의 휴식을 누릴 수 있었다. 위떼와 그의 아내는 치료 목적으로 비시(Vichy)*온천지로 가기로 했는데, 도중에 베를린과 파리에 잠깐씩 들렀다. 위떼는 베를린에서 은행가 친구인 멘델스존-바르톨디(Mendelssohn-Bartholdy)와 담소할 기회가 있었다. 이때 위떼는 무엇보다도 러시아 형사들이 플레베의 지령에 따라 자신을 그림자처럼 밟고 있다는 사실을 알게 되었다. 또 한 사람의 은행가 친구인 로뜨쉴드(Alphonse Rothschild) 백작을 방문했을 때, 백작은 러시아 궁정의 '신비스러운 세력들'에 대한 우려를 표명하여 위떼의 걱정을 더욱 증폭시켰다. 이는 당시 황제와 황후의 신뢰를 얻고 있던 리용 출신의 필립(Phillipe of Lyons)이라는 신앙요법가를 지칭하는 것이었다. 위떼도 걱정이 되었다. 위떼는 주불 러시아 대사 넬리도프가 러시아의 현재 동아시아 정책이 평화를 지키고 있다고 단언한 데 몹시 화가 났다. 그리고 당시 파리를 방문하고 있던 궁정장관 프리데릭쯔(Freedericksz) 백작으로부터 러시아의 동아시아정책이 알렉쎄프의 수중에 있으며, 람스도르프가 러시아의 동아시아정책에 대해 알지 못하는 상태라는 사실을 알고 나서도 마음이 불편했다. 그렇지만 위떼는 기꺼이 파리를 떠나 비시로 향했다.[1]

자신의 인생의 새로운 장을 열기 위해 위떼는 가을에 아내와 함께 상트페테르부르크로 돌아왔다. 우선 까메노-오스트롭스키 대로(Kamenno-Ostrovskii Prospekt)에 3층짜리 새 집을 마련했다. 그리고 이미 언급한 바 있던 각료위원회 위원장의 새 집무실이 있었다. 회고록에서 위떼는 각료위원회에 제기된 업무를 '쓰레기 행정'이라고 지

---

* 프랑스 중부의 세계 3대 온천치료지 가운데 하나이다.

칭하고는, "전임자들처럼 각료위원회에 회부된 일에 관여하지 않기 위해 나는 비위를 거스르는 많은 일들을 다른 기관으로 보내려고 했다"2)고 언급했다.

위떼는 여전히 <농촌산업의 현안>에 관한 특별각료회의의 의장이었다. 이 회의는 플레베로부터 갖가지 방해가 있었음에도 불구하고 지속적으로 운영되고 있었다. 지역의 몇몇 위원회에 대한 경찰 행동 조치를 취하면서 위떼는 지역 위원회가 권한 이상의 행동을 하는 것을 비난해 왔고, 재무성 내에 경쟁적인 운영기관을 설치했었다. 더욱이 위떼는 알게 모르게 회의의 몇몇 보수주의적인 멤버들로부터 적지 않은 반대를 받아야 했다.

비록 정책 결정과정으로부터는 떨어져 나왔지만, 위떼는 자신의 명성에 관한 상태는 말할 것도 없고, 국가의 상태와 국가 업무에 여전히 깊은 관심을 가지고 있었다. 그리고 기회가 닿으면 사건 과정에 영향력을 행사하고자 하였다. 먼저, 위떼는 자신의 명성에 대해 몇 가지 말로 맹렬하게 옹호했다. 늘 그랬듯이, 위떼는 언론과 언론사 사주들을 정중히 대했다. 이런 점을 반영하는 아주 의미 있는 일은, 1887년 이래 런던 데일리 텔리그라프(Daily Telegraph)지의 러시아 특파원이자, 비범한 인물인 딜론(Joseph Dillon)과의 일이었다.

러시아와 다른 여러 대학에서 공부한, 대단히 훌륭한 교육을 받은 사람인 딜론은 러시아 여성과 결혼하여 '러시아 사람이 되었으며', 러시아의 한 대학에서 한동안 가르치기도 했고, 오데사 신문에서 잠깐 편집 일도 했으며, 언론 통제로 어려움을 겪을 당시 위떼의 도움을 받기도 했다.3) 1903년부터 1차 세계대전이 발발할 때까지 지속된 두 사람의 밀접한 관계가 어떻게 시작되었는지에 관한 상황은 알려져 있지 않다. 아마도 저널리스트들의 일에 이미 익숙해 있던 위떼는 딜론을 자신을 위해 나팔을 불어줄 수 있는, 탁월한 능력을 지닌 사람으로 보았을 수도 있다. 위떼 사후(死後)에 딜론은 자신을 '1903-14년까지 위떼 백작의 사설 고문(공적인 관계에 있는 사람을 완곡하게 표현하여)'[4]이었다고 묘사했다. 알려진 것처럼, 딜론이 위떼로부터 봉급을 받았는지 여부는 논란의 여지가 있으나, 위떼가 공개적으로는 그 사실을 인정하지 않았지만, 딜론의 업무를 상당히 이용했음은 틀림없다.[5]

러시아의 상태와 그 운영에 대해 우려할 때마다 위떼는 쿠로파트킨, 람스도르프, 그리고 재무성의 이전의 동료들과 같은 사람들에게 의존했다. 국내 불안이 가중되고 러일관계의 긴장이 고조되는 것이 위떼의 가장 큰 걱정거리였다.

물론, 위떼도 '사회'(즉 교육받은 사람들) 내에서, 노동자들 사이에서, 그리고 다양한 소수자 계층 사이에서 불안이 고조되고 있는 것을 의식하고 있었다. 그러나 정부의 많은 사람들처럼 위떼 역시 소요가 격렬하게 전개되고 있다고 짐작은 했지만, 그 원인은 잘못 이해하고 있었다. 위떼는 짜르의 유약함, 대다수 각료들의 무능, 특히 억압정책과 어용 노조로 농간을 부리는 플레베에게 비난의 화살을 돌리고자 했다. 황제의 책임에 관한 한, 위떼는 여전히 전제정이 군주와 국민 사이에 밀접한 연계에 의존해야 한다는 친슬라브적인 믿음을 가지고 있었지만, 자신이 보기에 그 연대는 이미 존재하지 않았다.[6] 당분간 위떼는 일본과의 관계가 악화되어 가는 상황에 촉각을 기울였다. 1903년 봄에, 일본의 권력자들은 미해결문제들에 대한 해결에 도달하느냐 아니면 싸우느냐를 결정해야만 하는 시간이 가까워지고 있다는 것을 깨달았다. 그들은 러시아가 제2단계의 만주 철수*를 이행하지 않았을 뿐만 아니라 만주와 한반도 북부에 러시아 병력을 주둔시킨 것에 놀랐다. 그리고 자신들이 더 기다린다면, 힘의 균형이 러시아 측에 유리할 것이라는 사실을 깨달았다. 따라서 일본은 다가올 대결에서 영국으로부터 지원을 받을 수 있는지를 물었다. 7월에 일본은 러시아가 성실하게 협상할 준비가 되어 있는지 아닌지를 결정할 첫 단계 조치를 취했다.

일본이 취한 첫 조치로, 의례적인 외교적 언사로 표현된 협정을 제안했다. 본질적으로 일본의 제안은 만주에서의 러시아의 기득권을 인정하는 대신에, 러시아가 만주에서 군대를 철수시키고, 그 지역에서 타 열강의 교역과 투자의 권리를 인정하려는 것이었다. 그리고 만일 필요한 상황이 발생한다면, 한국에 개입하기 위한 일본의 독점적 권리를 러시아에게 인정하도록 하는 것이었다.

상트페테르부르크 측은 일본과 교섭한다는 데 합의했지만, 그렇게 하는데도 아주 오랜 시간이 걸렸다. 타협을 이루려는 의지가 결여되었던 데도 원인이 있었고, 관료제 내부의 문제에도 원인이 있었다. 황제는 자신이 전쟁을 원하지 않는다며 직분에 충실하면서, 시간이 자신의 편이며, 일본이 감히 전쟁을 감행하지는 못할 것이라는 자신감을 가지고 있었다. 황제는 오히려 일본 측으로부터 재촉을 받아 다소 귀찮은 듯이 느꼈다. 몇 주 몇 달이 지나 전쟁이 난다는 소문이 퍼졌고, 위떼는 불안해지기 시작했다.

위떼는 자신을 단순한 '방관자'라고 하면서도, 정책에 영향력을 행사하기 위해 할 수 있는 한 적극적으로 행동했다. 위떼가 자신의 관

---

* 1903년 4월 8일로 예정되어 있었다.

심사를 한때 동료들이었던 람스도르프와 쿠로파트킨에 두고 집중하는 것은 당연했다. 특히 위떼는 황제와의 관계에서 자신을 꼿꼿이 내세우기 위해 외상 람스도르프와 접촉하고자 했다. 그리고 자신이 1896년에 그랬던 것처럼, 위떼는 뽀베도노스체프 종무원장에게 눈을 돌려 현재의 정책 노선이 얼마나 위험이 따르는지를 보여주는 문서 자료를 그에게 제공했다. 종무원장이 황제에게 더 이상 영향력을 가지고 있지는 않았지만 위떼는 그에게 접근했다. 그러나 종무원장은 도움이 되었다기보다는 단지 위떼에게 공감하고 있었을 뿐이라는 사실이 드러났다.[7]

위떼는 권력에서 밀려났지만 방법을 찾아냈다. 러일 교섭이 막바지에 달한 1903년 12월 말에, 주러 일본공사 구리노 백작이 조언을 얻기 위해 위떼를 방문했다. 위떼는 외무성이 전문을 해독할 수 있게 된 이래로 자신이 겪었던 이전의 경험을 기억하며, 구리노에게 자신과의 대화를 전문으로 보고하지 말 것을 요구했다. 구리노도 동의했다.

위떼는 솔직했다. 위떼는 자신과 람스도르프의 견해가 더 이상 영향력을 갖지 못하며, 이제는 자신이 '방관자'라고 말했다. 위떼가 주장한 바에 따르면, 러시아가 보장한 것은, 그것이 조약의 형태이건 아니건, 러시아에게 유리한 상황이 변하지 않는 한 유효할 것이나, 시기가 무르익었다고 러시아가 생각할 때는 자국이 하고 싶은 대로 하려고 할 것이라는 것이었다.

위떼는 일본에게 러시아와 타협하려는 '마지막 시도'를 하라고 조언했다. 만일 그것이 실패한다면, 일본은 기존의 조약들을 준수했다고 주장할 수 있으며, 만일 이들 조약으로 일본의 권리가 이행된다면, 일본은 자국이 적절하다고 생각하는 어떤 조치도 취할 권리가 있을 것이라는 것이었다.[8] 그렇다면 위떼는 그러한 조치로써 일본의 한국 병합을 마음속에 두었던 것일까? 그건 알 수 없다. 그러나 적어도 위떼의 조언은 부주의한 것이었다. 그것은 러시아 외교에 대해 꾹 참고 있던 충성스런 신민의 말이라기보다는, 화가 나서 지나치게 흥분한 사람의 말이었다.

물론 영미권에서도 이 회동을 전해 들었다. 주영 미 대사관의 서기관 세실 스프링 – 라이스(Cecil Spring – Rice)는 이 회동에 관한 각서를 런던으로 보낼 준비를 했다. 서기관은 아마도 이 경험을 통해 알게 된 사실을 루스벨트 대통령에게 서한으로 알렸을 것이다. 그 사실이란 위떼가 신도 아니고 사탄도 아닌, 단지 그 자신일 뿐이라는 것이었다.

상트페테르부르크 측의 대비태세가 사교 시즌의 개막을 위한 것이었던 반면, 도쿄 측은 그동안 전쟁을 단행하는 쪽으로 점점 근접해 가고 있었다. 1904년 정월 초하룻날* 러시아의 사교 시즌은 외교단을 위한 리셉션으로 막이 올랐다. 황제는 구리노 주일공사를 찾아내어 러시아가 무한정 인내심을 가지고 있는 것이 아니라며 단호하게 말했다.[9] 같은 날, 페테르부르크는 도쿄로부터 새로운 제안을 받았다.

늘 그래 왔듯, 황제는 빠른 회신을 바란다는 구리노로부터의 긴급 요청에도 불구하고 그냥 시간을 흘러보냈다. 일본이 감히 공격하지 못할 것이라는 황제의 자신감은 독일황제에게 보낸 한 전문에서 그대로 나타난다. 그 한 부분을 소개하면 다음과 같다. "동아시아에서의 전쟁 대비에 관한 모든 놀랄 만한 뉴스들은 이 같은 선동을 계속 유지하려는 이해관계를 가진, '어떤' 특정 목적의 소스에서 흘러나온

---

* 서력으로는 14일

것이오."[10]

1월 15일(28일)이 되어서야 대응안 마련을 위한 회의가 열렸는데, 황제가 이를 승인하는 데도 며칠이 걸렸다. 그러는 동안 사교 시즌은 무도회, 특별잔치, 파티의 연속으로 한창 진행 중이었다.

1월 19일(2월 1일)에 열렸던 대무도회에서, 구리노로부터 강력한 암시를 받은 바 있는 위떼는, 쿠로파트킨에게 전쟁이 임박한데 대해 깊은 우려를 표명했다. 위떼는, 상황이 너무 심각해서 현재의 지위를 그대로 유지하면서라도, 자신이 이전의 자리로 복귀되어야 한다고 느꼈다.[11] 물론 그런 일은 일어나지 않았다.

위떼가 두려워한 전쟁이 임박했다. 러시아 측의 대응안 전달은 그야말로 아주 느릿느릿하게 진행되었는데 아마도 그것은 일본의 계산 때문이었을 것이다. 1월 24일(2월 6일), 이미 전쟁할 태세를 갖춘 일본은 교섭을 중단하고 구리노를 소환했는데, 이는 전쟁이 일어날 것이라는 매우 분명한 신호였다.

25일(2월 7일)자 일기의 서두에서 황제는 동아시아의 상황에서 새로운 것은 없다고 언급했다. 26일(2월 8일) 아침, 황제는 회의를 열어 러시아가 먼저 공격하지 않는다는 언급을 여러 차례 반복했다. 어쨌든 그날 황제와 황제 주변에는 '의기양양한 분위기'가 있었다. 그날 밤 황제는 자신이 좋아하는 <루살카 Rusalka>* 공연을 관람했다. 돌아오는 길에 황제는 자신의 숙부 알렉시스 대공 제독(General-Admiral Grand Duke Alexis)으로부터 한 통의 전보를 받았다. 선전포고도 없는 가운데 뤼순 외항에 정박해 있던 러시아 전함들이 일본의 공격을 받았다는 내용이었다.[12] 아이러니컬하게도, 일본의 공격에 대

---

* 체코 작곡가 안토닌 드보르작의 오페라 작품

한 구체사항을 처음으로 접한 사람은 위떼였다. 위떼가 북경에 주재하는 재무성 요원으로부터 전달받은 내용을 쿠로파트킨 장군과 해군성 국장 아벨란 제독에게 전달했던 것이다.13)

위떼는 이렇게 썼다. "이렇게 하여 경찰정권이자 귀족 정권 아니 그보다는 경찰, 궁정의 비밀결사 정권이 길을 닦아 놓아 혁명으로 이끈, 가장 불운한 전쟁의 끔찍한 시기가 시작되었다."14) 위떼는 우리에게 다음과 같은 이야기를 들려준다. 전쟁이 발발한 지 얼마 되지 않아, 쿠로파트킨이 플레베에게 러시아를 전쟁으로 이끌도록 만드는 역할을 했다고 하자, 플레베가 "알렉시스 니콜라예비치, 당신은 러시아의 국내 상황을 모르시는 군요, 우리는 혁명의 물결을 멈추게 할, 승리에 빛날 작은 전쟁이 필요하오"15)라고 대답했다는 것이다. 플레베의 이 말은 책의 제목이 될 만큼, 위떼의 회고록의 구절 가운데서도 최고의 인용문이다. 그러나 안타깝게도, 이 인용은 위떼 회고록의 다른 인용문들처럼 정밀함을 갖추고 있지 못하다. 이 시기의 쿠로파트킨의 일기를 찾아보면, 위떼의 설명을 확증해 주지 못하고 있다. 쿠로파트킨의 일기에서 플레베는, 만일 전쟁이 일어나면, 러시아는 국내 소요의 희생을 치르지 않고도 승리할 수 있다고 확신했음을 보여준다.16) 쿠로파트킨의 일기는, 1903년 12월에 플레베가 "전쟁이 정치 문제에 대한 대중의 관심을 돌리게 해 줄 것을 희망하면서도" 전쟁이 일어날 가능성은 우려하지 않는 플레베의 태도를 람스도르프가 깊이 걱정했음을 보여준다. 플레베의 말을 들은 쿠로파트킨은, 플레베가 만일 전쟁이 잘 진행되지 못하면 심각한 소요가 따를 것임을 자신에게 확신시켰다고 언급했다. 그러나 쿠로파트킨은 플레베가 "러시아는 모든 어려움을 이기고 승리한다"17)는 말을 했다고 언급하지는 않았다. 플레베에 대한 위떼의 타오르는 적개심을 알고 있던 쿠로파트킨이, 내무상을 전쟁의 주요 선동가의 한 사람으로 생각했던 위떼를 지원했을 가능성은 있다.

위떼는 자신이 져야 할 책임감 때문에 어떤 비난도 받지 않기를 원했던 것이 분명하다. 이는 동청철도를 부설하는 자신의 추진력이 뤼순 점령*으로 이어진 데 대한 위떼의 응답에서도 전형적으로 나타난 바 있다(8장 148~151쪽 참조). 위떼는 결과적으로 러시아의 뤼순 점령이 전쟁의 주요 단계로 이끌었다고 보았다. 위떼가 비판에 민감했음은, 자신이 관장하는 농업위원회의 한 멤버인 쉐르메테프(S. D. Shermetev)에게 보낸 서신으로도 설명될 수 있다. 1904년 5월 20일자 편지에서, 위떼는 자신이 거의 집을 비울 수 없으며, 등 뒤에서 자신을 비난하는 대부분의 상트페테르부르크의 지인들의 모임을 혐오한다고 썼다.[18] 그러는 동안 위떼는 전쟁으로 이끈 여러 사건들에 관한 자신의 해석을 제시하기 위한 일종의 문서집("백서 white book")을 준비했다. 이는 물론 출간되지 않았다. 출간은 곧 자신의 모든 경력의 종식을 의미하는 것이기 때문에, 한정된 범위 내에서나 배포되어야 했을 것이다. 이 문서집에 대해서는 나중에 다시 언급할 것이다.

위떼는 자신의 후임자였던 플레스케가 2월에 사망하자 관직에 복귀하고픈 희망이 솟았으나, 몇 주가 지난 후 코코프초프(V. N. Kokovstev)에게 재무상 자리가 돌아가자 다시 낙담했다. 위떼는 재무상으로서의 능력을 자신만이 갖추었다고 생각했지만, 솔직하지 못하게도 자신을 위해 바라는 것이 아무것도 없다고 주장하며, '단순한 방관자'로 머물렀다.[19]

---

* 1897년 12월

러일 전쟁은 동아시아에서의 위떼의 업적, 특히 시베리아횡단철도와 동청철도를 시험했다. 이 철도들은 경이로웠지만, 값싼 공사 방식과 저속철도를 제물로 삼아 질을 희생시켰기 때문에 군대의 필요에 부응하기에는 역부족이었다. 전쟁이 발발하고 오래지 않아 쿠로파트킨은 이런 단선 철도로는 당장에 적에 대한 러시아의 수적 우위를 위해 필요한 수송을 감당해 낼 수 없을 것이라고 경고했다.[20] 철도가, 원하는 만큼 많은 군대를 수송할 수 없음은 명백했지만, 해상으로 수송하는 것보다는 훨씬 단기간에 수십만 명의 군대를 수송했다.

위떼도 시간이 러시아 편에 있으며, 적절한 리더십이 전쟁을 이끈다면 반드시 승리할 것이라는 세간의 믿음을 가지고 있었지만, 동아시아의 육해군 총사령관인 알렉쎄프 제독은 신뢰할 수 없었다. 2월에 쿠로파트킨은 알렉세프 휘하의 육군 총사령관으로 임명되었다. 용감하고 성공적인 장교로서의 쿠로파트킨의 명성을 생각하면 그것은 단연 인기 있는 결정이었다. 실로, 위떼는 아바자가 쿠로파트킨에 대해 예언한 것을 기억하며 쿠로파트킨에 대해 다음과 같은 유보조항을 달았다. 아바자가 쿠로파트킨에 대해 "영리하고 용감하며, 많은 부하를 거느린 참모 정신을 가지고 있어" 높은 지위에까지 오르겠지만 결국엔 모든 사람들이 '그에게 실망할 것'이라고 했다는 것이다.[21]

그럼에도 불구하고 위떼는 알렉쎄프가 물러나기만 한다면, 쿠로프트킨이 승리할 것이라고 처음에는 믿었다. 곧이어 쿠로파트킨이 알렉쎄프의 사령부가 있는 목단으로 출발하게 되자, 위떼는 농담 섞인 조언을 그에게 했다. 장군이 그곳에 도착하자마자 육해군 총사령관 알렉쎄프를 체포하여 선박으로 상트페테르부르크까지 압송한 뒤에, 그런 행동에 대한 황제의 자비를 얻으라는 것이었다. 그 조언을 농담

으로 받아들인 쿠로파트킨은 배꼽을 잡고 웃으며 "당신 말이 맞소
."22)라고 말했다. 위떼는 쿠로프트킨에게 계속 조언하며 소식을 전했
다. 4월 19일에 위떼는 자신의 일기에, "친애하는 알렉시스 니콜라예
비치, 쿠로파트킨은 유명한 장군일 뿐만 아니라, 정치가
(gosudarstvennyi muzh)임을 잊지 마시기 바랍니다"23)라고 썼다. 위떼
는 자신이 황제에게 이전에 상주했던, 러시아의 필수적인 이해가 근
동(서아시아)에 있다는 사실을 잊지 말 것을 쿠로파트킨에게 당부했
다. 위떼는 승리가 점령으로 이어지지 않을 경우 러시아를 위태롭게
만들지도 모른다고 우려했다. 그러면서도 같은 서한에서 위떼는 행
복해하는 일상적 모습을 그대로 보여준다. "어제는 내게 기쁜 날이었
소. (내 딸) 베라가 보론초프 백작의 조카인 나리쉬킨(Naryshkin)과 결
혼했고, 나리쉬킨의 누이도 백작의 아들과 결혼했다오."

  만주로 떠나는 쿠로파트킨을 묘사하면서 위떼는 다음과 같이 썼
다. "쿠로프트킨 장군이 마치 승리하기라도 한 듯이 화려한 행렬 속
에 만주로 출발했다. 그는 조용하게 떠나고 승리의 귀환 시에도 그렇
게 화려하게 돌아오도록 보다 신중하게 행동했어야 했다. 불행하게
도, 기념할 만한 승리는 없었다."24) 동청철도의 주요 도시인 하얼빈
근처에 진지를 차리고, 러시아에서 도착하는 군대를 기다린 다음, 하
얼빈으로 퇴각하는 만주의 군대를 기다린다는 것이 쿠로파트킨의 계
획이었다. 그리고 충분한 병력이 충원되면(그는 두 명의 러시아 병사
가 세 명의 일본군을 대적할 수 있을 것으로 생각했다), 적을 해상으
로 몰아낼 총공격을 개시하고 일본과 강화할 수 있을 것이라고 예상
했다.25) (전쟁 초반에 알렉쩨프 제독은 3개월 내에 일본과 강화할 수
있을 것으로 생각했을 뿐만 아니라, 오히려 적이 너무 쉽게 물러가지

않을까 두려워하기도 했다.)[26]

　　그러나 상황은 러시아에게 비참하게 돌아갔다. 뤼순은 곧 포위되고 가차 없는 포위 공격을 당했다. 뤼순항에서 선박으로 포위 돌파하려던 시도들은 참혹스럽게 실패하고 말았다. 블라디보스토크에 정박하고 있던 러시아 전함들이 뤼순 구출을 도우러 오려 했던 시도들도 실패로 끝났다. 위떼는 8월에 쿠로파트킨에게 쓰기를, 어쨌든 아직 러시아는 태평양에 선박과 용감한 수병들을 갖고 있지만, 더 이상 함대도 없는데다가, 발트함대를 태평양으로 보내려는 계획이 무슨 소용이 있을지 의심스러워했다.[27]

　　위떼는 전쟁 초기에 불었던 애국적인 분위기가, 여론의 장밋빛 전망에도 불구하고 '승리에 빛날 단기전'이 되지 않을 것이 명백해지면서, 곧 그 열기가 시들어지는 것에 놀랐다. 실로 상류층 여성들은 붕대 감는 일이나 간호사로 봉사했고, 애국적 집회가 열렸으나, 이 먼 곳에서의 전쟁에서 철수한다 해서 러시아가 위협받을 것 같지는 않다는 것이 당시의 일반적인 분위기였다.[28] 그렇지만 위떼는 여전히 한동안 '결국' 러시아가 승리할 것으로 확신하고 있었다.

　　위떼는 어떤 형태의 강화가 이루어져야 한다고 보았을까. 6월 초 영국 대사 하딘지 경(Sir Charles Hardinge)과 나눈 대화에서 엿보인다. 러시아가 승리할 경우 어떤 강화조건을 부과할 생각이냐는 질문에 위떼는 다음과 같이 말했다. 만일 람스도르프가 여전히 외상으로 있게 된다면, "타 열강의 견해와 권리는 황제 앞에서 솔직하게 공표되겠지만, 만일 새 외상이 들어선다면 그는 아마 자신의 지위를 유지할 양으로 황제가 가장 듣기 좋아하는 말을 하기 좋아하는 사람들의 전례를 따를 것"[29]이라고 말함으로써 러시아 내부의 비밀을 드러내버렸다. 위떼는 전쟁이 '승리의 연속'으로 빨리 끝나게 될지 아니면 장기전이 될지에 따라 많은 것이 달려 있다고 부언했다. 위떼는 장기전이 되기를 바랐다. 만일 속전속결로 러시아가 영토를 추구하게 되면 러시아에게 불이익이 돌아올 뿐이라는 점에서였다. 만일 장기전을 치른 후 승리한다면 러시아 정부는 강화조건을 보다 온건하게 내걸 것이라고 위떼는 생각했다. 위떼 자신은, 러시아가 패배할 경우 일본이 함대 유지권을 빼앗아갈 것이며, 러시아는 "압록강을 가로질러 한국을 통제하고 대한해협의 통제권을 갖기 위해 압록강 입구와 한국 (Corea) 남동 해안의" 항구들을 부여받는 조건으로, 황해의 패권을 누릴 수 있을 것이라는 견해를 가지고 있었다. 한반도 북부에 완충지대를 설치함으로써 만주에서의 러시아의 이해를 보호하기 위한 베조브라조프의 계획과 유사한 것들을 위떼가 제안한 것이다. 그렇지만 누구로부터 이 같은 이해를 지키려는 것인가? 위떼는 만일 일본이 패전하여 해상권을 빼앗긴 뒤, 한국을 군대 집결지로 이용할 수 있을 것으로 가정했던 것일까? 위떼는 이에 대해 말하지 않았다.

전쟁이 장기화되면서, 위떼는 1894년에 자신이 고안해 냈던 독일과의 상업조약을 갱신하는 교섭에 들어가야 한다는 생각을 점점 더 많이 갖게 되었다. 10년 동안 지속되었던 조약은 이제 곧 만료가 될 것이었다. 양국은 조약을 갱신하는 것이 유리했다. 러시아 수출의 1/3이 독일로 가며, 독일 상품의 1/4이 러시아로 수출되었다.[30] 어려움에 봉착한 베를린 측은 근자에 와서야 몇몇 러시아 수입품에 대한 관세를 인상하였다. 페테르부르크 측은 육로로 들여오는 상품에 관세를 인상했는데, 즉 그것은 독일로부터 들여오는 수입품에 부과한 것이었다. 러시아는 1894년 조약이 유지되기를 바랐으나 독일은 그렇지 않았다. 위떼는 1902년에 교섭을 시작했지만, 재무성을 떠난 이후에도 그 일을 계속하도록 허용받았다. 멀리 떨어져서 수행해 온 교섭은, 빌헬름 2세가 3월 말 이 문제를 해결하기 위해 비중 있는 인물을 베를린으로 보내 단호하게 행동할 것을 자신의 사촌 짜르에게 서한을 보내 조언하기 전까지 느릿느릿 진행되었다.[31] 두 황제가 주고받은 서한의 일부가 그 유명한 윌리 - 니키(Willy - Nicky)서한이다.

교섭에 속도가 붙기 시작했다. 위떼를 베를린으로 보내 회담을 시작하도록 한 것은 분명 짜르의 승인에 따른 것이었다. 독일 수상 뷜로우(von Bullow)는 자신의 회고록에서 자신이 멘델스존 - 바르톨디로 하여금 위떼와 접촉하게 하면서 그가 베를린으로 올 것인지 물었고, 위떼로부터 긍정적인 답을 얻었다고 밝히고 있다.[32] 5월 1(14)일에 짜르의 요청에 따라 부처 간 특별회의가 열렸는데, 위떼가 회의를 주재했다. 이슈는 두 가지 문제였다. 즉 독일의 요구대로 신속하게 일을 진행할 것인가, 아니면 독일의 요구에 맞설 것인가였다. 러시아의 협상 능력은 일본과의 전쟁으로 약화되었다. 더욱이, 카이저가 러시아는 동아시아에서 병력 운용을 위해 서부 지방으로부터 군대를 철수시켜도 되며, 자국의 서부국경에 대한 공격에 대해 두려움을 가질 필요가 없다며 짜르를 안심시킴으로써, 대독 협상력은 사실상 더욱 약화되었다. 회의 참가자 중 한 사람인 알렉산드르 미하일로비치 대공은 신속한 해결과 온건책을 주장함으로써 짜르의 견해를 대변하는 듯했다. 위떼는 대체로 대공에게 동의하면서도 협상을 서두르는 것에 반대하며 강한 입장을 지지하였는데, 이로써 자신이 소수 편에 서 있다는 걸 알게 되었다.[33] 분명 위떼는 독일 황제를 크게 신뢰하지 않았다. 그 점은 위떼가 쿠로파트킨에게 회의 직후 보낸 편지로도 알

수 있다. "실로 독일이 곧장 행동에 들어가려고만 한다면, 스몰렌스크에서 키예프 그리고 니콜라예프에 이르는 국경선에 한 달 반 이내에 그들이 도달할 수 있을 것이다"라고 썼기 때문이다.[34]

협상에 속도가 붙긴 했지만 그리 큰 변화가 온 것은 아니었다. 회의 이후 두 달이 더 지난 뒤에 니콜라이는 빌헬름에게 보낸 편지에서 다음과 같이 썼다.

> 그대의 마지막 편지에서는 양국의 상업조약이 교착상태에 접어들었다고 했소. 그건 사실이오. 짐은 몇몇 각료들과 함께 문제를 재검토했고, 가능한 한 독일의 제안에 부응하도록 위떼에게 지시를 내렸소.[35]

6월 말이 되어서야 위떼는 재무성 관리들 몇 명을 대동하고 독일로 향했다. 여름이었기 때문에 교섭은 독일 해안에서 조금 떨어진, 노르드니(Nordeney)* 섬에서 이루어졌다. 회담은 2주 동안 밀고 당기는 싸움으로 지루하게 전개되었다. 많은 세부사항들은 위떼와 독일 내무성 서기관 포사도프스키(Posadowski)가 생각해 내었으며, 일반적인 문제를 논의해야 하는 위떼는 자신의 남는 시간의 대부분을 뷜로우 수상과 함께 그럭저럭 보낼 수 있었다.[36]

위떼는, 지시받은 대로, 러시아 농산품에 대한 고율 관세를 포함한 대부분의 문제에서는 독일의 요구에 양보했지만, 몇 가지 품목에 대해서는 단호하고도 고집스런 협상으로 독일 측 양보를 얻어냈다. 위떼는 독일 측과 교섭하면서 외교적 함정을 피할 수 있었다.

독일 외무성은 1887년에 종결된 삼제연맹(Three Emperors' League)**

---

* 독일 북서부 북해 연안에 위치해 있다.
** 1873년의 삼제협상을 시작으로, 1882년에는 삼제동맹으로 강화된 바 있다.

의 부활을 희망했다. 외무성 서기관 리흐토펜(Von Richthofen)은 위떼가 노르드니에 있는 동안을 이용하여 그 문제에 관해 회담하기를 희망했지만, 위떼는 독일의 시도가 무산되도록 회동을 거부했다.[37]

회담이 거의 끝나갈 무렵, 위떼는 독일의 금융시장이 러시아에게 개방되어야 한다고 주장하며, 조약 체결의 축하식을 베를린으로 옮겨서 하자고 제의했다. 뷜로우수상은 축하식을 베를린에서 하자는 데는 동의했다. 그러나 금융시장 개방문제에 대해서는 카이저가 독일 화폐시장은 독일인들을 위한 것이어야 한다고 선언했음을 인용하며 난색을 표했다. 위떼는 러시아가 독일로부터 차관을 구하는 것이 허용된다는 서면확증을 독일 수상이 해 줄 때까지 조약에 서명하길 거부했다. 1904년 7월 15(28)일에 양국 사이의 협약이 체결하고, 승인 후 1년 뒤에 시행에 들어가 1917년까지 존속시키기로 했다.[38] 위떼는 교섭을 해야 하는 상황에서 아주 잘했지만, 반대자들도 있었다. 특히 자신들의 이해가 침해되었다고 느끼는 대다수 지주들이 그들이다. 그리고 위떼에 대해 의구심을 가졌던 황제도 그리 의기양양해 보이지는 않았다. 위떼는 자신이 돌아왔을 때 황제가 냉정하게 맞았다고 썼다.[39]

노르드니에서 체류하는 동안 위떼는 러시아의 국내 상황과 일본과의 전쟁에 관해 뷜로우수상과 장시간 자유롭게 대화를 나눴다. 위떼는 러일전쟁에 대한 평판이 대단히 나쁘며, 일반 국민들의 감정은 점령 없는 신속한 평화를 원한다고 언급했다. 그 자신도 충분한 시간만 주어진다면 쿠로파트킨이 승리할 것으로 믿는다면서, 한 사람의 '애국자'로서의 자부심에 대해 덧붙였다. 러시아의 승리에서 기쁨을 찾아야 했겠지만, '정치가'로서의 위떼는 "신속하고도 영광스런 승리가 페테르부르크의 지도적인 그룹들을 움직여" 일본에 지나치게 위험스런 요구를 하도록 만들지 않을까 두려워했다.[40]

뜻밖에도, 위떼의 독일 출현은 협상을 통한 일본과의 평화의 기회를 마련했다. 주영 일본대사 타다쯔 하야시 백작은 자국 정부의 승인을 얻어 평화를 논의하기 위해 위떼와의 회담을 주선했다. 하야시 백작은 비공식 중개인을 통해서 런던에 있는 재무성 요원에게 자신의 바람을 전달했다. 이는 분명 공식적인 강화 노력으로 비치는 걸 피하기 위함이었다. 그 재무성 요원은 하야시의 요청에 따라 주영 러시아 대사 벤켄도르프(Alexander Benckendorff) 백작과 위떼에게 이를 알렸다. 위떼는 하야시를 만나기 위해 재빨리 페테르부르크로부터 허락을 받기 위해 접촉했고, 벤켄도르프는 위떼의 그 같은 노력을 지원하겠다고 밝혔다.

페테르부르크로부터는 그건 그거라는 듯 아무런 반응이 없었다. 왜일까? 러시아로 돌아오는 길에 위떼는 자신의 요청에 대해 알게 된 사실을 종합해 본 결과, 벤켄도르프의 동의는 모반에 가까운 어리석은 행동으로서, 황제를 둘러싼 사람들에게 제지되었을 것이라는 결론을 내렸다.[41]

몇 년이 지난 뒤에 위떼는 다음과 같이 주장했다.

> 그때 내가 교섭할 권한을 허용받았더라면 우리는 나중에 그렇게 해야 했던 것처럼 뤼순을 포함한 관동 조차지를 포기하도록 강요받았을 것이다. 그러나 우리는 동청철도 남만주지선과 사할린 전 도서를 보유할 수 있게 될 것이었다. 무엇보다 중요한 것은 우리가 랴오둥 반도, 목단, 그리고 쓰시마에서 모욕을 당하지 않아도 되었다는 사실일 것이다.[42]

분명, 위떼는 강화조건을 제시할 만큼 결정적으로 러시아가 승리할 능력이 있는지에 대해 신뢰하지 못하고 있었던 반면, 황제와 그 측근들은 여전히 승리로 종전될 것을 믿었다. 위떼는 국내에 가져올 러일전쟁의 파국적인 여파에 놀라게 되었다.

위떼는 '불운한' 전쟁이 국내 소요에 기름을 붓는 데에 대해 뷜로우 수상과 고충을 나누었다. 위떼는 유대인, 핀란드인, 가톨릭교도, 아르메니아인, 그리고 학생들과 여론을 직접적으로 겨냥한 러시아의 국내정책을 '잘못된, 어리석은' 정책이라고 규정했다. 위떼가 보기에 이러한 정책들은 알렉산드르 3세 시기의 정책보다 더 반동적인 것이었다. 알렉산드르 3세의 시기에는 당장 무시무시한 결과가 곧 나타날 것처럼 러시아가 변화했던 시기였다. 위떼는 서구와 같은 혁명을 예측하지는 않았지만, 알렉산드르 2세 말년을 규정지었던 것과 같은, 암살의 물결과 암살 기도들을 예언한 것이다. 위떼는 이러한 정책을 펴는 플레베와 황제를 비난하지는 않았지만, 이들에 대한 비난은 뷜로우수상과의 대화 시에 넌지시 암시되었다.

러시아가 이 같은 폭발 직전의 상태에서 빠져나올 방법은 무엇일까? 위떼가 뷜로우에게 확신시켰던 점은, "유약한 성격(니콜라이 2세의)"이 극과 극으로 움직이는 듯하며, 계속적인 암살에 대한 대응책으로 의회와 보통선거를 위한 헌법을 허용하게 되면 그것은 곧 '러시아의 종말'을 의미한다는 것이었다. 위떼의 견해로는 초기에 반대의 싹을 자르기 위해서는 "비러시아계 국민과 종교적 소수자들에게 더 많은 관용을 베풀고, 교육받은 젊은이들에게는 덜 난폭하게 몇 가지 언론의 자유를 허용하고, 그리고 행정에서는 광범위한 관료적 통제를 자치정부로 대체시키기 위한"[43] 계획이 필요하다는 것이었다. 마지막 사항은, 위떼가 젬스트보의 권력을 넓히려는 제안에 관해 이전에 취했던 입장에서 완전히 물러난 것이었다. 위떼는 아직도 서구의 입헌주의가 러시아에는 맞지 않다는 친슬라브적인 신념을 확고하게 가지고 있었다. 자신의 동료들처럼, 위떼도 러시아의 폭발적인 상태가 어느 정도인지에 대해 심각하게 과소평가하고 있었던 것이다.

그러나 암살에 대한 위떼의 예측을 지나쳐 버리기에는 너무 빨리 눈앞의 현실로 다가왔다. 러·독 상업·항해 협상(Russo–German Commercial and Navigation Convention)이 베를린에서 체결된 바로 그날, 플레베와 그의 마차꾼이 한 청년 혁명가가 던진 폭탄에 맞아 사망했다. 위떼는 그 사건을 "베를린 중심가인 운터 덴 린덴(Unter den Linden)을 걸으면서" 아마 신문 배달 소년을 통해 알게 된 듯하다.[44] 위떼가 이 사건에 어떻게 반응했는가는 몇 가지 문헌에 기록되어 있는데 그 기록들은 언급할 가치가 있다. 뷜로우는 자신이 사냥터로 가는 중에 위떼를 만나, 그에게 이렇게 소리쳤다는 것이다. "기쁜 소식이오. 플레베가 방금 암살되었다 하오."[45] 러시아로 돌아온 지 얼마 되지 않아, 위떼에게 출판인 수보린이 찾아왔다. 수보린은 자신의 일기에서 위떼가 플레베에 대해 맹렬하게 언급하면서, "왜 사람들은 플레베에 대해서만 쓰는 거지? 왜 마부의 죽음에 대해서는 쓰지 않는 거야? 플레베는 자신의 그 역겨운 매너 때문에 죽은 거야. 시피야긴은 시야가 넓지는 않았지만, 명예롭게 죽었지."[46]라며 소리쳤다는 것이다.

몇 주 후에 위떼가 쿠로파트킨에게 보낸 편지에 따르면,

플레베 씨에게 무슨 일이 있었는지는 그가 어떤 대접을 받고 있는지를

통해 알 수 있소. 그 같은 범죄가 플레베 씨에 대한 조문을 이끌어 낼 수
없다는 것은 주목할 만한 일이오. 사방에서 그에 대한 기억을 떠올리며 안
도하고 저주하는 소리가 들린다오. 으레 그런 것이지만, 한 사람이 죽은
이후에 그의 측근과 가까이에 있던 사람들의 입에서 이런 말들이 줄줄 새
어나오다니…… 그렇지만 플레베 씨가 이런 불운한 전쟁으로 우리를 끌
어들인 모험가 집단의 우두머리였음이 틀림없다는 사실이 당신에게는 흥
미로울 것이오.47)

적어도 플레베를 위해 눈물을 흘리는 한 사람이 있었으니, 그가 곧
황제였다. 자신의 일기에서 황제는 암살이 자신에게서 '친구이자 누
구와도 바꿀 수 없는 내무상'48)을 앗아갔다고 언급했다. 황제는 플레
베를 대체할 사람으로 누구를 임명할 것인가? 그리고 그러한 임명이
무엇을 의미하게 될까?

주

제1장

1) E. J. Dillon, *The Eclipse of Russia*(New York 1918), p.187.

2) V. I. Gurko, *Features and Figures of the Past*(Palo Alto, CA, 1939), p.115.

3) J. Melnik, "Witte", *Century Magazine*, September 1915, p.684.

4) V. Vonliarliarskii, *Moi vospominaniia*(Berlin, 1939), p.120.

5) S. Iu. Witte, *Memoirs*(Armonk, NY, 1990), pp.604, 775 n. 6, 783 n. 20; G. O. Raukh, "Dnevnik", *Krasnyi arkhiv* 19(1926), pp.98 – 100.

6) A. M. Fadeev, Vospominaniia(Odessa, 1897), Part 2, p.200; P. Nikolaev, "Vospominaniia o kniaze A.I. Bariatinskom", *Istoricheskii vestnik* 22(1885), p.623.

7) Nikolaev, "Vospominaniia o kniaze A.I. Bariatinskom", p.723.

8) Ibid., p.623.

9) Witte, *Memoirs*, p.4.

10) Sophia Iu. Witte, *My Love Affair*(Burlington, VT, 1903). 러시아판을 영역한 소설.

11) T. H von Laue, *Sergei Witte and the Industrialization of Russia*(New York, 1969), p.39.

12) Witte, *Memorirs*, pp.29 – 30.

13) De Witt Mackenzie Wallace papers, box 3, Cambridge University Library; St. Petersburg, May 10, 1896.

14) J. Curtin, *The Memoirs of Jeremiah Curtin*(Madison, WI, 1940), p.153.

15) Witte, *Memoirs*, p.31.

제2장

1) S. Iu. Witte, Memoirs(Armonk, NY, 1990), p.31.

2) A. Rumanov, "Shtrikhi k portretam", *Vremia i my*, no. 95(1987), p.216.

3) A. J. P. Taylor, *Bismarck*(New York, 1955), p.12.

4) J. Curtin, *The Memoirs of Jeremiah Curtin*(Madison, WI, 1940), p.250.

5) S. Harcave, *Russia, a History*(Philadelphia, 1968), p.297.

6) F. Venturi, *Roots of Revolution*(New York, 1964), pp.220 – 21.

7) N, Hans, *The Russian Tradition in Education*(London, 1963), p.63; P. P. Semeniuta, "Iz vospominanii ob A.I. Zheliubove", *Byloe*, no. 4(1906), p.216.

8) Witte, *Memoirs*, p.33.

9) B. B. Glinskii, "Graf Sergei Iulevich Vitte", *Istoricheskii vestnik* 140(1915), p.235.

10) Semeniuta, "Iz vospominanii ob A.I. Zheliubove"; G.E. Afanasev, "K konchine

Grafa S. Iu. Vitte", *Volny*, no. 3(1915), col. 97; V. V. Kirkhner, "K biografii S.Iu. Vitte", Iu. Witte, *Volny*, no. 4(1915), col. 18; V. N. Pisnaia, "Studencheskie gody Zheliubova", *Byloe*, no. 22(1925), p.171.

11) Afanasev, "K konchine Grafa S. Iu. Vitte", col. 99; Kirkhner, "K biografii S.Iu. Vitte", col. 118.

12) Afanasev, col. 99.

13) Witte, *Memoirs*, p.40.

14) Russia, Ministerstvo Finansov, *Mimisterstvo Finansov*, 1802 – 1902, Part 2(St. Petersburg, 1902), pp.323 – 25.

15) Witte, *Memoirs*, p.41.

16) S. Iu. Witte, *Vospominaniia*(Moscow, 1960) 1, p.518 n. 19.

17) B. V. Ananich and R. Sh. Ganelin, *Sergei Iulevich Vitte i ego vremia*(St. Petersburg, 1999), p.12.

18) *Ministerstvo Finansov*, 1802 – 1902, pp.323 – 25; Witte, *Memoirs*, p.40.

19) A. M. Soloveva, *Zheleznyi transport Rossii vo vtoroi polovine XIX v.*(Moscow, 1975), pp.90 – 92; J. N. Westwood, *A History of Russian Railways*(London, 1964), pp.99 – 101.

20) Afanasev, "K konchine Grafa S.Iu. Vitte", col. 97; Witte, *Memoirs*, p.49.

21) Witte, *Memoirs*, pp.82, 328, 329 – 30, 413, 545, 787, n. 21.

22) Witte, *Memoirs*, p.42.

23) A. E. Kaufman, "Cherty iz zhizni grafa S.Iu. Vitte", *Istoricheskii vestnik* 140(1915), p.226.

24) Witte, *Memoirs*, p.46.

25) L. Tolstoy, *Anna Karenina*(New Yorkm n. d.), p.1075.

26) Witte, *Memoirs*, p.47.

27) Soloveva, *Zheleznyi transport Rossii vo vtoroi polovine XIX v.*, p.113.

28) Witte, *Memoirs*, p.47.

29) Ibid., pp.48 – 49.

30) Ibid., pp.49 – 51.

제3장

1) J. N. Westwood, *A History of Russian Railways*(London, 1964), pp.103 – 4; S. Iu. Witte, *Memoirs*(Armonk, NY, 1990), p.52.

2) Witte, *Memoirs*, pp.52 – 53. 누군가 여기에 언급된 번역문건의 기초가 되고, 타이핑 원고 곳곳에 있던 구술된 회고록 몇 페이지를 삭제했다. 아마도 마띨다 위떼가 그렇게 했겠지만, 왜 그랬는지는 명확하지 않다.

3) A. M. Soloveva, *Zheleznyi transport Rossii vo vtoroi polozine XIX v.*(Moscow, 1975), pp.153 – 55.

4) Witte, *Memoirs*, p.53.

5) Ibid.

6) A. F. Koni, "Sergei Iulevich Vitte", *Sobranie sochinenii*, V(Moscow, 1968), pp.239 – 42, 468n.; Solovera, *Zheleznyi transport Rossii vo vtoroi polovine XIX v.*(Moscow, 1975), pp.155 – 57; Westwood, *A History of Russian Railways*, pp.80 – 81, 95; Witte, *Memoirs*, pp.54 – 55.

7) *Ministerstvo Finansov*, 1802 – 1902, Part2(St. Petersburg, 1902), p.324; Witte, *Memoirs*, pp.54 – 55, 75 – 76. 위떼는 철도현장을 다루는 보고서 준비의 책임을 맡았다.

8) Witte, *Memoirs*, p.55.

9) N. D. Chubaty, "The Meaning of 'Russia' and 'Ukraine'", *Readings in Russian History*, ed. by S. Harcave(New York, 1962), I, p.11.

10) P. A. Zaionchkovskii, *Krizis samoderzhaviia na rubezhe 1870 – 1880 godov*(Moscow, 1964), p.148.

11) Institut Istorii Akademmi Nauk SSSR, *Istoriia Kieva* 1(Kiev, 1963), p.375; Witte, *Memoirs*, pp.72 – 73.

12) B. V. Ananich and R. Sh. Ganelin, "R.A. Fadeev, S.Iu. Vitte i ideologicheskie iskaniia 'Okhranitelei' v 1881 – 1882 gg.", in *Issledovaniia po sotsialno – politicheskoi istorii Rossii: sbornik statei pamiati Borisa Aleksandrovicha Romanova* (Leningrad, 1971), p.299.

13) M. Kleinmichel, *Bilder aus einer versunktren Welt*(Berlin, 1922), p.107; Witte, *Memoirs*, pp.68 – 69.

14) B. V. Ananich and R. Sh. Ganelin, "S.Iu. Vitte, M.P. Dragomanov i 'Volnoe slovo'", in *Issledovaniia po otechestvennomu istochnikovedeniia: sbornik statei posviashchenykh 75 – letiiu professora S. N. Valka*, no. 7(1964) trudy Leni– ngradskoi otdeleniia Instituta Istorii, p.166n; V. Vonliarliarskii, *Moi vospominaniia* (Berlin, 1939), p.106; Witte, *Memoirs*, p.69.

15) Witte, *Memoirs*, pp.69 – 70.

16) Ananich and Ganelin, "S.Iu. Vitte, M.P. Dragomanov i 'Volnoe Slovo'", p.166.

17) S. Lukashevich, "The Holy Brotherhood, 1881 – 1888", *American Slavic and East European Review* 18(1959), pp.494, 498.

18) Ibid., p.503.

19) Ananich and Ganelin, "S.Iu. Vitte, M.F. Dragomnow i 'Volnoe Slovo'", pp.166 – 70.

20) Ananich and Ganelin, "R.A. Fadeev, S.Iu. Vitte i idiologicheskie iskaniia 'Okhranitelei' v. 1881 – 1882 gg.", pp.323 – 24.

21) Witte, *Memoirs*, p.70.

22) Lukashevich, "The Holy Brotherhood, 1881 – 1888", p.492.

23) Ibid., p.509.

24) Witte, *Memoirs*, pp.143 – 45, 150 – 51, 170 – 75.

25) Ananich and Ganelin, "S.Iu. Vitte, M.F. Dragomanov i 'Volnoe Slovo'", p.175 n. 36.

26) B. B Glinskii, "Graf Sergei Iulevich Vitte", *Istoricheskii vestnik* 142(1915), p.895.

27) Ananich and Ganelin, "S.Iu. Vitte, M.F Dragomanov i 'Volnoe Slovo'" p.175.

28) G. E. Afanasev, "K konchine Grafa S.Iu. Vitte", *Volny*, no. 3(1915), cols. 98 – 99; Glinskii, "Graf Sergei Iulevich Vitte", *Istoricheskii vestnik* 140(1915), p.245; Koni, "Sergei Iulevich Vitte", p.406n.; *Ministerstvo finansov*, 1802 – 1902, p.324.

29) Afanasev, "K konchine Grafa S.Iu. Vitte", cols. 98 – 99.

30) Witte, *Memoirs*, p.84.

31) A. E. Kaufman, "Cherty iz zhizni grafa S.Iu. Vitte", *Istoricheskii vestnik* 140(1915), pp.226, 229. Witte, *Memoirs*, pp. x vi – x vii, 84.

32) Witte, *Memoirs*, pp. x vii, x x vi, 32.

33) Ibid., p. x x vi.

34) Ibid., p.64.

35) Ibid., p.65.

36) Koni, "Sergei Iulevich Vitte", p.242; Witte, *Memoirs*, p.96.

37) Westwood, *A History of Russian Railways*, p.106; Witte, *Memoirs*, p.165.

38) *Ministerstvo finansov*, 1802 – 1902, p.324.

39) Ibid.; Soloveva, *Zheleznyi transport Rossii vo vtoroi polovine XIX v.*, pp.164 – 45; Westwood, *A History of Russian Railways*, pp.84 – 85; Witte, *Memoirs*, pp.96 – 98.

40) Witte, *Memoirs*, p.93.

41) Koni, "Sergei Iulevich Vitte", p.243. 위떼와 다른 많은 이들은 알렉산드르 3세가 헤라클레스와 같은 힘을 가진 덕분에 열차 안 모든 가족들이 내릴 때까지 열차 식당칸 천정이 붕괴되지 못하도록 막았다는 전설을 받아들였다. 코니는 그 전설을 빼버렸다.

42) Koni, "Sergei Iulevich Vitte", pp.244 – 46.

43) J. Melnik, "Witte", *Century Magazine*, September 1915, pp.684 – 90.

44) *Ministerstvo finansov*, 1802 – 1902, p.323; Witte, *Memoirs*, pp.97 – 98.

45) Witte, *Memoirs*, p.99.

46) Glinskii, "Graf Sergei Iulevich Vitte", *Istoricheskii vestnik* 140(1915), p.293.

제4장

1) V. N. Lamsdorff, *Dnevnik*, 1891 – 1892(The Hague, 1870), pp.279 – 80.

2) V. V Vodovozov, *Graf S. Iu. Vitte i Imperator Nikolai II*(Petrograd, 1922), pp.124 – 25.

3) N. E. Wrangel, *The Memoirs of Baron N. Wrangel*(Philadelphia, 1927), p.99.

4) A. A. Polovtsov, *Dnevnik gosudarstvennogo sekretaria A. A Polovtsova*(Moscow, 1966) 2, p.343.

5) A. V. Bogdanovich, *Tri poslednikh samoderzhtsa*(Moscow, 1924), p.102.

6) Ibid.

7) A. M. Soloveva, *Zheleznyi transport Rossii vo vtoroi polovine XIX v.*(Moscow, 1975), pp.165 – 66; *Ministerstvo finansov*, 1802 – 1902; J. N. Westwood, *A History of Russian Railways*(London, 1964), pp.83 – 84.

8) S. Iu. Witte, *Memoirs*(Armonk, NY, 1990), p.103.

9) Soloveva, *Zheleznyi transport Rossii vo vtoroi polovine XIX v.*, pp.196 – 98; Westwood, *A History of Russian Railways*, pp.125 – 26.

10) Witte, *Memoirs*, p.272.

11) Ibid., pp.107, 111.

12) P. I. Lyashchenko, *History of the National Economy of Russia*(New York, 1949), pp.557 – 58; Witte, *Memoirs*, pp.26 – 27, 174.

13) T. H. von Laue, *Sergei Witte and the Industrialization of Russia*(New York, 1969), pp.31 – 32.

14) Polovtsov, *Dnevnik gosudarstvennogo sekretaria A. A. Polovtsova 2*, p.351.

15) Ibid., p.421.

16) Lamsdorff, *Dnevnik*, 1891 – 1892, p.279.

17) Bogdanovich, *Tri poslednikh samoderzhtsa*, pp.152, 156, 157.

18) Polovtsov, *Dnevnik gosudarstvennogo sekretaria A. A. Polovtsova 2*, p.424.

19) C. P. Pobedonostsev, *Reflections of a Russian Statesman*(Ann Arbor, MI, 1965), p.32.

20) V. I. Mamontov, *Na gosudarevoi sluzhbe*(Tallinn, 1926), pp.210 – 11.

21) Witte, *Memoirs*, pp.377 – 78, 782 n. 16.

22) L. M. Aizenberg, "Velikii Kniaz Sergei Aleksandrovich, Vitte i evrei – monskovskie kuptsy", *Evreiskaia Starina* XIII(1930), pp.80 – 89.

23) Bogdanovich, *Tri poslednikh samoderzhtsa*, p.208, 바그다노비치는 위떼가 황제의 면전에서 목소리를 높였다고 묘사하였다. 위떼가 짜르와 논쟁했다는 다른 사례들도 있다.

24) Witte, *Memoirs*, pp.170 – 78.

25) E. Amburger, *Geschichte der Behördenorganisation Russlands von Peter dem Grossen bis 1917*(Leiden, 1966), pp.122 – 25; Witte, *Memoirs*, p.353.

26) V. I. Gurko, *Features and Figures of the Past*(Palo Alto, CA, 1939), pp.22 – 24.

27) S. M. Propper, *Was nicht in die Zeitung kam*(Frankfurt am Main, 1929), pp.159 – 60.

28) K. A. Krovoshein, *A. V. Krivoshein*(1857 – 1921 gg.)(Paris, 1973), p.154; A. S. Suvorin, *Dnevnik*(Moscow, 1922), p.376; I. Vinogradoff, "Some Imperial Letters to Prince V.P Meshchersky(1893 – 1914)", *Oxford Slavonic Paper* 10(1962), pp.105 – 58; Vodovozov, *Graf S. Iu. Vitte i Imperator Nikolai II*, pp.56, 56n.

29) Polovtsov, *Dnevnik gosudarstvennogo sekretaria A. A. Polovtsova 2*, p.463.

30) Ibid., p.140; Vinogradoff, "Some Imperial Letters to Prince V.P Meshchersky (1893 – 1914)", p.121.

31) Witte, *Memoirs*, pp.134 – 35, 757 XV n. 1.

32) Propper, *Was nicht in die Zeitung kam*, p.177.

33) Witte, *Memoirs*, pp.134 – 39.

34) J. Cantacuzene, *My Life Here and There*(New York, 1921), p.267.

35) Propper, *Was nicht in die Zeitung kam*, pp.168 – 72.

36) Witte, *Memoirs*, p.72.

37) Ibid., p.132.

38) Propper, *Was nicht in die Zeitung kam*, p.248.

39) Lamsdorff, *Dnevnik*, 1891 – 1892, pp.131, 143.

40) V. Vonliarliarskii, *Moi vospominaniia*(Berlin, 1939), pp.161 – 62.

41) Suvorin, *Dnevnik*, p.429.

42) Witte, *Memoirs*, p.518.

43) Cantacuzene, *My Life Here and There*, pp.267 – 68.

44) Propper, *Was nicht in die Zeitung kam*, p.175; Witte, *Memoirs*, pp.41n, 133.

45) Witte, *Memoirs*, pp.121 – 24.

46) Ibid., pp.125, 188.

47) Polovtsov, *Dnevnik gosudarstvennogo sekretaria A. A. Polovtsova* II, pp.440 – 42, 451.

48) Witte, *Memoirs*, p.161.

49) Ibid.

50) Ibid., p.163.

제5장

1) V. I. Gurko, *Features and Figures of the Past*(Palo Alto, CA, 1939), pp.22 – 34; G. B. Sliozberg, *Dorevoliutsionnyi stroi Rossii*(Paris, 1933), pp.109 – 17.

2) A. S. Suvorin, *Dnevnik*(Moscow, 1922), pp.314 – 15, 447.

3) F. List, *The National System of Political Economy*(New York, 1996), p.115.

4) S. Iu. Witte, *Natsionalnaia ekonomiia i Fridrikh List*, appendix to A. Korelin and S. Stepanov's S. Iu. Vitte(Moscow, 1998), p.314.

5) Ibid., p.331.

6) Ibid., pp.26 – 27(Appendix).

7) S. Iu. Witte, *Memoirs*(Armonk, NY, 1990), pp.155, 190.

8) Ibid., p.330. An extensive review of the liquor monopoly will be found in *S. Iu. Vitte i Rossiia: kazennaia vinnaia monopoliia*, 1894 – 1914, ed. L. I Zaitseva (Moscow, 2000).

9) Russia, Minosterstvo Finansov, *Ministerstvo Finansov*, 1802 – 1902, Part 2(St. Petersburg, 1902), pp.203, 507.

10) Ibid., p.506.

11) Witte, *Memoirs*, p.243.

12) Ibid., pp.289 – 90.

13) L. Tolstoy, *Polnoe sobranie sochinenii*(Moscow, 1954) 19, pp.205 – 6.

14) S. Iu. Witte, *Prolog Russko – Iaponskoi voiny*(Petrograd, 1916), p.1.

15) S. G. Marks, *Road to Power*(Ithaca, NY, 1991), p.47.

16) *Ministerstvo finansov*, 1802 – 1902, pp.287 – 88.

17) Marks, *Road to Power*, pp.170 – 95.

18) Witte, *Memoirs*, pp.179 – 85.

19) Marks, *Road to Power*, pp.179 – 85.

20) *Za kulisami tsarizma*(arkhiv Tibetskogo vracha Badmaeva), ed. by V. P. Semmenikov (Leningrad, 1925), pp.51 – 75.

21) Ibid., pp.79 – 81.

22) Ibid., p.81.

23) B. B. Glinskii, "Graf Sergei Iulevich Vitte", *Istoricheskii vestnik* 140(1915), p.256; A. V. Ignatev, *Vitte – diplomat*(Moscow, 1989), pp.31 – 37; *Ministerstvo finansov*, 1802 – 1902, pp.231 – 34I; Witte, *Memoirs*, pp.182 – 86.

24) Suvorin, *Dnevnik*, p.17.

25) 보다 광범한 설명은 다음 참조. E. Lvov(pseudonym of E. L. Kochetov), *Po studenomiu moriu*(St. Petersburg, 1898).

26) S. Iu. Witte, "Libava ili Murmansk", *Proshloe i nastoiashchee*(1924), pp.25 – 39.

제6장

1) V. N. Lamsdorff, *Dnevnik*, 1894 – 1896(Moscow, 1991), p.54; A. S. Suvorin, *Dnevnik*(Moscow, 1922), p.54; S. Iu. Witte, *Memoirs*(Armonk, NY, 1990), p.208.

2) Nicholas II, *Dnevnik*(Berlin, 1923), p.23.

3) *Krasnyi arkhiv* 17(1926), pp.219 – 20.

4) Suvorin, *Dnevnik*, p.405.

5) *Krasnyi arkhiv* 52(1932), pp.78 – 83; B. A. Romanov, *Russia in Manchuria*, 1896 – 1906(Ann Arbor, MI, 1952), pp.48 – 61; Witte, *Memoirs*, pp.227 – 29.

6) A. V. Ignatev, *Vitte – diplomat*(Moscow, 1989), p.44.

7) Ibid.

8) Ibid., p.64; Romanov, *Russia in Manchuria*, 1896 – 1906, p.397 n. 12.

9) Ignatev, *Vitte – diplomat*, p.68.

10) bid., p.96.

11) B. A Romanov, "Likhunchangskii fond", *Borba klassov*, nos. 1 – 2(1924), pp.77 – 126.

12) *Sbornik dogovorov Rossii s drugimi gosudarstvenami*, 1856 – 1917(Moscow, 1952), pp.292 – 94.

13) Ibid., pp.297 – 302.

14) Romanov, *Russia in Manchuria*, p.88.

15) J. J. Stephan, *The Russian Far East*(Palo Alto, CA, 1994), p.59.

16) Ignatev, *Vitte – diplomat*, pp.49 – 51.

17) Witte, *Memoirs*, p.244.

18) B. Romanov, "Vitte kak diplomat", *Vestnik Leningradskogo universiteta*, nos. 4 – 5, 1946, pp.151 – 72.

19) S. S. Oldenburg, *Tsarstvovanie Imperatoro Nikolaia II* 1(Belgrade, 1939), pp.62 – 65.

제7장

1) S. Iu. Witte, *Memoirs*(Armonk, NY, 1990), p.249.

2) Russia, Minosterstvo Finansov, *Ministerstvo Finansov*, 1802 – 1902, Part 2(St. Petersburg, 1902), pp.409 – 19.

3) I. A. Blagikh, "Konvertiruemyi rubl Grafa Vitte", *Vestnik Rossiiskoi Akademii Nauk*, no. 2(1992), pp.109 – 24; *Ministerstvo Finansov*, 1802 – 1902, pp.420 – 21.

4) D. Lieven, *Russia's Rulers Under the Old Regime*(New Haven, CT, 1989), p.38. Witte, Memoirs, p.247.

5) Ibid.

6) A. A. Polovtsov, "Iz dnevnika A. A. Polovtsova", *Krasnyi arkhiv* 46(1931), p.115; Witte, Memoirs, pp.248 – 49.

7) Polovtsov, "Iz dnevnika A.A. Polovtsova", p.116.

8) O. Crisp, "Russian Financial Policies and the Gold Standard", *Economic History Review* 6(1953), p.171.

9) S. Pushkarev, *The Emergence of Modern Russia*(New York, 1963), p.228; S. S. Oldenburg, *Tsarstvovanie Imperatora Nikolaia II* 1(Belgrade, 1939), p.85.

10) *Minosterstvo Finansov*, 1802 – 1902, pp.563 – 602.

11) M. V. Kovalevskii, ed., *La Russie à la fin du XIX e siécle*(Paris, 1900), p.858; *Ministerstvo Finansov*, 1802 – 1902, p.581. A. M. Soloveva, *Zheleznyi transport Rossii vo vtotoi polovine XIX v.*(Moscow, 1975), p.251.

12) Witte, *Memoirs*, p.102.

13) *Ministerstvo Finansov*, 1802 – 1902, pp.561 – 62.

14) Ibid., pp.557 – 58; Witte, *Memoirs*, p.168.

15) 미터제와 서력은 1917년 혁명이후에야 도입되었다.

16) V. B. Lopukhin, "Liudi i politika", *Voprosy istorii* 41(1966), p.120.

17) *Ministerstvo Finansov*, 1802 – 1902, pp.603 – 15.

18) Ibid., p.368; T. H. von laue, *Sergei Witte and the Industrialization of Russia*(New York, 1969), pp.98 – 99.

19) P. I. Lyashchenko, *History of the National Economy of Russia*(New York, 1949), p.560.

20) *Ministerstvo Finansov*, 1802 – 1902, p.369.

21) Akademiia Nauk, Institut Istorii, *Ocherki istorii Leningrada* 2(1957), pp.173 – 75.

22) W. L. Blackwell, *Industrialization of Russia*(New York, 1970), p.42.

23) Witte, *Memoirs*, p.321.

24) Crisp, "Russian Financial Policies and the Gold Standard", p.157 n. 2; von Laue, *Sergei Witte and the Industrialization of Russia*, p.97.

25) R. Portal, "The Problem of an Industrial Revolution in Russia in the Nineteenth Century", in *Readings in Russian History*, ed. by S. Harcave(New York, 1962), Ⅱ, p.28.

26) S. Iu. Witte, "Dokladnaia zapiska Nikolaiu Ⅱ", *Istorik — Marksist* 42 — 43(1935), pp.131 — 38.

27) T. von L'aue, "Factory Inspection Under the Witte System", *American Slavic and East European Review*, 29(1960), p.69.

28) *Ministerstvo Finansov*, 1802 — 1902, p.325.

제8장

1) V. N. Lamsdorff, *Dnevik*, 1894 — 1896(Moscow, 1991), pp.250 — 51, 290 — 91, 295 — 96, "Proiekt zakhvata Bosfora v 1896 g.", *Krasnyi arkhiv*, XLⅦ — XLⅧ(1931), pp.50 — 55.

2) A. V. Ignatev, *Vitte — diplomat*(Moscow, 1989), p.54.

3) Ibid, pp.56 — 57.

4) Ibid.; *Krasnyi arkhiv*, XLⅦ — XLⅧ, p.54, S. Iu. Witte, *Memoirs*(Armonk, NY, 1990), pp.250 — 51.

5) Witte, *Memoirs*, p.252.

6) Ignatev, *Vitte — diplomat*, pp.61 — 62; Witte, *Memoirs*, p.268.

7) Witte, *Memoirs*, pp.268 — 69.

8) 필자는 이 내용을 모스(H.B.Morse)와 〈동아시아 국제관계 Far Eastern International Relations〉를 함께 저술한 고(故) 맥네어(H.F.MacNair)로부터 발췌했다 . 그가 인용하면서 원 자료를 제시하지 않았으니, 필자 또한 제시할 수 없으나, 사실 문맥상으로(비스마르크 관련 사료임_옮긴이) 나타나 있다.

9) B. A. Romanov, *Russia in Manchuria*, 1896 — 1906(Ann Arbor, MI, 1952), p.139.

10) A. S. Suvorin, *Dnevnik*(Moscow, 1922), p.209.

11) Ignatev, *Vitte — diplomat*, pp.66 — 68; Romanov, *Russia in Manchuria*, pp.130 — 37; Witte, *Memoirs*, pp.273 — 74.

12) Ignatev, *Vitte — diplomat*, pp.68 — 69; S. Iu. Witte, *Prolog russko — iaponskoi voiny* (Petrograd, 1916), pp.47 — 48.

13) A. Malozemoff, *Russian Far Eastern Policy*, 1881 — 1904(Berleley, CA, 1958), p.101.

14) Witte, *Memoirs*, p.275.

15) Ibid., p.276.

16) Suvorin, *Dnevnik*, p.209.

17) Ignatev, *Vitte — diplomat*, pp.70 — 71; Witte, *Memoirs*, p.276.

18) Witte, *Memoirs*, pp.276 — 77.

19) *Sbornik dogovorov Rossii s drugimi gosudarstvenami*, 1856 — 1917(Moscow, 1952),

pp.309 - 12.

20) Malozemoff, *Russian Far Eastern Policy*, pp.108 - 9.

21) D. Geyer, *Russian Imperialism*(Leamington Spa, UK, 1987), pp.197 - 98.

22) A. N. Kuropatkin, "Dnevnik A. N. Kuropatkina", Krasnyi arkhiv 2(1922), p.191.

23) T. H. von Laue, *Sergei Witte and the Industrialization of Russia*(New York, 1969), p.156.

24) "Novye materialy o Gaagskoi mirnoi konferentsii 1899 g.", 54 - 55(1932), p.55.

25) Ibid., p.56; "K istorii pervoi Gaagskoi konferentsii", *Krasnyi arkhiv* 50 - 51(1932), p.72.

26) "Novye materialy o Gaagskoi mirnoi konferentsii 1899 g.", pp.58 - 62; Witte, *Memoirs*, p.107.

27) Montebello, to Delcassé, September 1, 1898, France, Ministère des Affaires Étrangères, Archive, Russie, Polotique Étrangère, Dossier Genérale, I.

28) "K istorii pervoi Gaagskoi Konferentsii", p.91, n. 3.

제9장

1) A. A. Lopukhin, *Otryvki iz vospominanii*(Moscow, 1923), pp.73 - 75.

2) A. N. Kuropatkina, "Dnevnik S.N. Kuropatkina", *Krasnyi arkhiv*, 18(1926), p.60.

3) M. A. Tkachenko, "Fond S.Iu. Vitte v TSGIA", in *Nekotorye voprosy istoriografii i istochnikoveniia SSSR: sbornik statei*(Moskow, 1977), p.193; Witte, *Memoirs*, p.770 n. 5.

4) S. Iu. Witte, *Samoderzhavie i zemstvo*(St. Petersburg, 1908), p.210; Witte, *Memoirs*, p.843; S. S. Oldenburg, *Tsarstvovanie Imperatora Nikolaia II*, I (Belgrade, 1939), p.153n; S. E. Kryzhanovskii, *Vospominaniia*(Berlin, n. d.), p.7.

5) V. I. Gurko, *Features and Figures of the Past*(Palo Alto, CA, 1939), pp.82 - 88; *Krasnyi arkhiv* 18(1926), pp.31 - 32; Vauvineux to Delcassé, November 10, 1899, France, Ministère des Affaires étrangères, Archive, Russie, Politique Intérieure, I.

6) Witte, *Memoirs*, p.287; A. S. Suvorin, *Dnevnik*(Moscow, 1922), p.377.

7) B. B. Glinskii, "Graf Sergei Iulevich Vitte", *Istoricheskii vestnik* 132(1915), pp.573 - 76.

8) *Krasnyi arkhiv* 18(1926), p.46; P. I. Lyashchenko, *History of the National Economy of Russia*(New York, 1949), pp.647 - 56.

9) V. Vonliarliarskii, *Moi vospominaniia*(Berelin, 1939), p.120; Witte, *Memoirs*, pp.319 - 20.

10) Suvorin, *Dnevnik*, p.332.

11) *Khrestomatiia po istirii SSSR* 3(Moscow, 1952), p.454.

12) Ibid.

13) H. Löwe, *The Tsar and the Jews*(Chur, Switzerland, 1993), p.108.

14) Suvorin, *Dnevnik*, pp.340 - 41.

15) Iu. B. Solovev, *Samoderzhavie i dvorianstvo v kontse XIX veka*(Leningrad, 1973), pp.291 - 93.

16) Witte, *Memoirs*, p.333.

17) Ibid.

18) Ibid., pp.342 – 47.

19) A. A. Polovtsov, "Dnevnika Polovtsova", *Krasnyi arkhiv* 3(1923), p.114.

20) Ibid., XL VI(1931), pp.128 – 29.

21) *Polnoe sobranie rechei Imperatora Nikolaia* II (St. Petersburg, 1906), p.32.

22) Oldenburg, *Tsarstvovanie Imperatora Nikolaia* II, I, pp.173 – 88; Witte, *Memoirs*, pp.336 – 41.

23) A. Malozemoff, *Russian Far Eastern Policy, 1881 – 1904*(Berleley, CA, 1958), pp.177 – 78; J. A. White, *The Diplomacy of the Russo – Japanese War*(Princeton, NJ, 1964), pp.33 – 35.

24) B. V. Ananich and R. Sh. Ganelin, "S.Iu. Vitte, M.P. Dragomanov i 'Volnoe slovo'", in *Issledovaniia po otechestvennomu istochnikovedeniia: sbornik statei posviashchenykh 75 – letiiu professora S. N Valka*, no. 7(1964) trudy Leningraskoi otdeleniia Instituta Istorii, p.171 n. 24; Malozemoff, *Russian Far Eastern Policy*, p.179; Vonliarliarskii, *Moi vospominaniia*, p.106.

25) B. A. Romanov, "Vitte nakanune Russko – Iaponskoi voiny", *Rossiia i zapad*, I (1923), p.152.

26) B. A. Ignatev, *Vitte – diplomat*(Moscow, 1989), p.150.

27) B. V. Ananich, "Memuary S.Iu. Vitte v tvorcheskoi sudbe B.A. Romanova", in *Problemy sotsialno – ekonomicheskoi isrorii Rossii*(St. Petersburg, 1991), p.34.

28) Ignatev, *Vitte – diplomat*, p.132; Witte, *Memoirs*, pp.278 – 82.

29) *Krasnyi arkhiv* 14(1926), pp.41 – 42.

30) *Krasnyi arkhiv* 63(1934), p.46.

31) Ignatev, *Vitte – diplomat*, pp.147 – 49.

32) *Sbornik dogovorov Rossii s drugimi gosudarstvenami, 1856 – 1917*(Moscow, 1952), pp.324 – 28.

33) B. A. Romanov, *Russia in Manchuria, 1896 – 1906*(Ann Arbor, MI, 1952) p.296.

34) *Krasnyi arkhiv* 18(1926), pp.45 – 46.

35) Lopukhin, *Otryvki iz vospominanii*, pp.11 – 14; Vonliarliarskii, *Moi vospominaniia*, p.164.

36) Suvorin, *Dnevnik*, p.349.

37) Löwe, *The Tsar and the Jews*, p.415.

38) Witte, *Memoirs*, pp.372 – 73.

39) D. N. Shipov, *Vospominaniia i dumy o perezhitom*(Moscow, 1918), p.178.

40) Witte, *Memoirs*, p.309n.

41) Vonliarliarskii, *Moi vospominaniia*, pp.133 – 36.

42) E. Amburger, *Gescgichte der Behördenorganisation Russlands von Peter dem Grossen bis 1917*(Leiden, 1966), p.263; Gurko, *Features and Figires*, pp.263, 648n. 14.

43) D. Geyer, *Russian Imperialism*(Leamington Spa, UK, 1987), pp.209 – 10.

44) Ignatev, *Vitte – diplomat*, pp.155 – 56; Witte, *Memoirs*, pp.307 – 8.

45) Boutiron to Delcassé, December, 21, 1902, France, Ministère des Affaires Étrangères, Archive, Russie, Polotique Intérieure, I ; Ignatev, *Vitte – diplomat*, p.164.

46) Suvorin, *Dnevnik*, p.358.

47) Kuropatkina, "Dnevnik Kuropatkina", *Krasnyi arkhiv*, II (1922), p.43; Malozemoff, *Russian Far Eastern Policy*, p.207.

48) Ignatev, *Vitte – diplomat*, pp.163 – 64; Malozemoff, *Russian Far Eastern Policy*, pp.206 – 14; B. A. Romanov, "Vitte nakanune Russkoi – Iaponskoi voiny", in *Rossiia i zapad* 1(Petrograd, 1923), pp.140 – 67.

49) A. M. Bezobrazov, "Les premières causes de l' effondrement de la Russie: le conflit russo – japonais", *Le Correspondant*, May 25, 1923, pp.603 – 8; S. Iu. Witte, *Prolog Russko – Iaponskoi voiny*(Petrograd, 1916), pp.282 – 87.

50) I. Vinofradoff, "Some Imperial Letters to Prince V.P Meshchersky(1893 – 1914)", *Oxford Slavonic Papers* 10(1962), p.136.

51) Ignatev, *Vitte – diplomat*, p.171.

52) Bezobrazov, "Les premières causes", p.606.

53) A. F. Koni, "Sergei Iulevich Vitte", *Sobranie sochinenii*, 5(Moscow, 1968), p.255.

54) Witte, *Prolog Russko – Iaponskoi voiny*, pp.292 – 310.

55) Malozemoff, *Russian Far Eastern Policy*, pp.224 – 25; S. Iu. Witte, *Voznikovenie Russko – Iaponskoi voiny*, Bakhmeteff Archive, Columbia University, p.835.

56) Ignatev, *Vitte – diplomat*, pp.176 – 77.

57) Bezobrazov to Nicholas II, August 2, 1903 in Russko – Iaponskaia voina, iz dnevnikov A. N. Kuropatkina i N. P. Linevicha(Leningrad, 1925), p.157.

58) Ignatev, *Vitte – diplomat*, p.178.

59) Kuropatkin, "Dnevnik A.N. Kuropatkina", *Krasnyi arkhiv* 2(1922), pp.60, 158 – 59.

60) Gurko, *Features and Figures of the Past*, p.225.

61) Witte, *Memoirs*, p.315.

62) S. M. Propper, *Was nicht in die Zeitung kam*(Frankfurt am Main, 1929), p.248.

63) Ignatev, *Vitte – diplomat*, p.180.

64) 이 발언은 이 판본 첫 머리에 등장하지는 않았으나, 1903년에 쓰여진 것으로 기록한 편집자에 의해 인용된 말이다. 필자가 추정하기로는 위떼가 사임한 이후에 이 말이 쓰여진 듯하다.

65) B. von Bülow, *Memoirs* 2(Boston, 1931), p.50.

66) Cf. Ignatev, *Vitte – diplomat*, p.181.

제10장

1) S. Iu. Witte, *Memoirs*(Armonk, NY, 1990), pp.353 – 55, 362, 365.

2) Ibid., p.354.

3) *The Times*(London), June 10, 1933. Witte, *Memoirs*, p.430.

4) E. J. Dillon, *Leaves from Life*(London, 1932), title page.

5) B. Pares, *A Wandering Student*(Syracuse, NY, 1948), p.132.

6) Witte, *Memoirs*, p.399n.

7) A. V. Ignatev, *Vitte-diplomat*(Moscow, 1989), p.186.

8) Sir S. Scott to Marquess of Landsdowne, January 20, 1904, *British Documents of the Origins of the War*, 1898-1914, II (London, 1927), pp.237-38.

9) Nicholas II to William II, January 11/24, 1904, Germany, Auswärtiges Amt, *Russland*, vol. 82, no. 1, Geheim, vol. 5-6.

10) Nicholas II to William II, January 21, 1904, Germany, Auswärtiges Amt, *Russland*, vol. 82, no. 1, Geheim, vol. 5-6.

11) Krasnyi arkhiv II (1922), p.105; Witte, *Memoirs*, pp.368-69.

12) Nicholas II, *Dnevnik imperatora Nikolaia II*(Berlin, 1923), p.130.

13) *Krasnyi arkhiv* 2(1922), pp.109-10.

14) Witte, *Memoirs*, p.369.

15) Ibid.

16) *Krasnyi arkhiv* 2(1922), pp.83-93.

17) Ibid., p.94.

18) *Krasnyi arkhiv* 17(1926), p.73.

19) *Krasnyi arkhiv* 19(1926), p.63.

20) S. G. Marks, *Road to Power*(Ithaca, NY, 1991), p.202.

21) Witte, *Memoirs*, p.107.

22) Ibid., p.385.

23) *Krasnyi arkhiv* 19(1926), p.68.

24) Witte, *Memoirs*, p.385.

25) Ibid., p.384.

26) *Krasnyi arkhiv* 41-42, p.72.

27) *Krasnyi arkhiv* 19, p.68.

28) *Krasnyi arkhiv* 19, p.70.

29) British Documents on the Origins of the War 2, p.2.

30) Ignatev, *Vitte-diplomat*, p.190.

31) Germany, Auswärtiges Amt, *Die Grosse Politik der Europäischen Kabinette* 14. pt. 1(Berlin, 1924), 182n.

32) B. von Bülow, *Memoirs* 2(1931), p.47.

33) Ignatev, *Vitte-diplomat*, p.192; Witte, *Memoirs*, p.399.

34) *Krasnyi arkhiv* 19(1926), p.70.

35) Nicholas II to William II, May 19, 1904, *Die Grosse Politik* 19 pt. 1, p.182.

36) Witte, *Memoirs*, pp.189 – 91.

37) *Die Grosse Poliik* 19 pt. 1, pp.194 – 96; Ignatev, *Vitte – diplomat*, p.193.

38) Ignatev, *Vitte – diplomat*, pp.194 – 95; Witte, *Memoirs*, pp.390 – 91.

39) Witte, *Memoirs*, p.392.

40) *Die Grosse Politik* 19 pt. 1, p.197.

41) *Krasnyi arkhiv* 6(1924), p.6; ibid. 19(1926), p.79.

42) Witte, *Memoirs*, p.391.

43) *Die Grosse Politik* 19 pt. 1, p.198.

44) Witte, *Memoirs*, p.391.

45) von Bülow, *Memoirs* 2, p.54.

46) A. S. Suvorin, *Dnevnik*(Moscow, 1922), p.371.

47) *Krasnyi arkhiv* 19(1926), p.71.

48) *Dnevmiki imperatora Nikolaia* Ⅱ(Moscow, 1992), p.161.

참고문헌

1. 위떼에 관한 저서와 논문

Abakin, L. *Ekonomicheskie vozzreniia i gosudarstvennaia deiatelnost S. Iu. Vitte*(The Economic Outlook and Governmental Practice of S. Iu. Witte). Moscow, 1999.

Aizenberg, L. M. "Velikii Kniaz Sergei Aleksandrovich, Vitte i evrei − moskovkie kuptsy"(Grand Duke Sergei Aleksandrovich, Witte and Jewish Muscovite Merchants) *Evreiskaia starina* 13(1930), pp.80 − 89.

Ananich, B. V. "Memuary S. Iu. Vitte v tvorcheskoi sudbe B. A. Romanova"(Memoirs of S. Iu. Witte in the Creative Work of B. A. Romanov) In *Problemy sotsialno − ekonomicheskoi istorii Rossii*, pp.30 − 40. St. Petersburg, 1991.

_____. "O rukopisakh i tekste memuarov S. Iu. Witte"(Concerning the Manuscripts and Text of the Memoirs of S. Iu. Witte) *Vspomogatelnye istoricheskie distsipliny* 12, pp.188 − 204. Leningrad, 1981.

_____. "S. Iu. Vitte v Portsmute." In *Problemy vsemirnoi istorii*, pp.339 − 46. St. Petersburg, 2000.

Ananich, B. V., and R. Sh. Ganelin, "Opyt kritiki memuarov S.Iu. Vitte", (An Attempt at a Critique of the Memoirs of S. Iu. Witte). In *Voprosy istoriografii i istochnikovedeniia istorii SSSR: sbornik statei*. Vypusk 5, pp.298 − 374. Trudy Leningradskogo otdeleniia Instituta Istorii, 1963.

_____. "S. Iu. Vitte, M. P. Dragomanov i 'Volnoe slovo'"(S. Iu. Vitte, M. P. Dragomanov and *Volnoe slovo*) In *Issledovaniia po otechestvennomu istochnikovedeniia: sbornik statei posviashchennykh 75 — letiiu professora S. N. Valka*, pp.163 – 78. Trudy Leningradskoi otdeleniia Instituta Istorii, no. 7. Moscow – Leningrad, 1964.

———. "R.A. Fadeev, S. Iu. Vitte i ideologicheskie iskaniia 'Okhranitelei' v 1881 – 1882 gg."(R. A. Faddev, S. Iu. Vitte and the Ideological Quests of the "Guardians" in 1881 – 1882) In *Issledovniia po sotsialno — politicheskoi istorii Rossii: sbornik statei pamiati Borisa Aleksandrovicha Romanova*, pp.299 – 326. Leningrad, 1971.

———. "Vitte i izdatelskaia deiatelnost 'Bezobrazovogo klika'"(Witte and the Publishing Activity of the Bezobrazov Clique) *Knizhnoe delo v Rossii vo vtoroi polovine X —nachale $X X$ veka; sbornol nauchnykh trudov*, no. 4(1989), pp.59 – 78.

———. S. Iu. *Vitte — menuarist*(S. Iu. Witte – Memoirist). St. Petersburg, 1994.

———. *Sergei Iulevich Vitte i ego vremoa*(Sergei Iulevich Witte and His Times). St. Petersburg, 1999.

Anspach, A. *La Russie économique et l' oeuvre de M. de Witte*. Paris, 1904.

Asheshkov, N. "Nikolai Ⅱ i ego sanovniki v vospominaniiakh grafa S. Iu. Vitte"(Nichoas Ⅱ and His High Offcials in the Memoirs of Count S. Iu. Witte) *Byloe*, no. 18(1922), pp.164 – 210.

Baian(I. I. Kolyshko). *Lozh Vitte*(Witte's Lie), Berlin, n. d.

Bernstein, H. *Celebrities of Our Time*. Freeport, NY, 1968.

Blagikh, I. A. "Konvertiruemyi rubl grafa Vitte"(Count Witte's Convertible Ruble) *Vestnik Rossisskoi Akademii Nauk*, no. 2(1992), pp.109 – 24.

Bompard, M. "Les Mémoires du Comte Witte." *La Revue de Paris* 28, no. 17(1921), pp.19 – 33.

Dillon, E. J. "Two Russian Statesmen." *Quarterly Review* 236(1921), pp.407 – 17.

Enden, M. N. de. "The Roots of Witte's Thoughts." *Russian Review* 29(1970), pp.6 – 24.

Gindin, I. F. "S. Iu. Vitte als Staatsmann." *Jahrbüch für Geschichte der sozialistischen Länder Europas*, 27(1983), pp.7－52.

_____. "Kak otsenival S. Iu. Vitte svoiu ekonomicheskuiu politiku?"(How Did S. Iu. Witte Evaluate His Own Economic Policies?) *Iz istorii ekonomicheskoi myslii narodnogo khoziaistva Rossii*, no. 1(1993), pp.57－69.

Glinskii, B. B. "Graf Sergei Iulevich Vitte(materialy dlia biografii)"(Count Sergei Iulevich Vitte [Materials for a Biography]) *Istoricheskii vestnik* 140(1915), pp.232－279, 573－89; 141(1915), 520－55, 893－906; 142(1915), 592－609, 893－907. Grimm, C. *Graf Witte und die deutsche Politik*. Freiburg, 1930.

Gurko, V, I. "Chto est i chego net v 'Vospomininaniiakh S. Iu. Vitte'" (What Is in Witte's Memoirs and What Is Not) *Russkaia starina*, no. 2(1922), pp.59－153.

Harcave, S. "The Hessen Redaction of the Witte Memoirs." *Jahrbücher für Geschichte Osteuropas* 36(1988), pp.268－76.

Heilbronner, H. "An Anti－Witte Diplomatic Conspiracy, 1905－1906: The Schwanebach Memorandum." *Jahrbücher für Geschichte Osteuropas* 14(1966), pp.347－61.

Ignatev, A. V. S. Iu. *Vitte－diplomat*. Moscow, 1989.

Izvolsky, A. "Le Comte Witte." *Revue de Paris* 29(1922), pp.703－20.

Kaufman, A. E. "Cherty iz zhizni grafa S. Iu. Vitte"(Aspects of the Life of Count S. Iu. Witte) *Istoricheskii vestnik* 140(1915), pp.220－31.

Klein, A. *Der Einfuss des Grafen Witte auf die deutsch－russischen Beziehungen*. Bethel/Bielefeld, 1932.

Koni, A. F. "Sergei Iulevich Vitte." In *Sobranie sochinenii* 5, pp.238－77. Moscow, 1968.

Korelin, A. P., and Stepanov, S. A. *S. Iu. Vitte*. Moscow, 1988.

Korostowetz, W. von. *Graf witte*. Berlin, 1929.

Kutler, N., and L. Slonimskii. "Vitte." *Novyi entsiklopedicheskii slovar* 9, pp.827－50.

Laue, T. H. von. "Count Witte and the Russian Revolution of 1905." *American Slavic and East European Review*(February 1958), pp.25 – 46.

_____. Sergei *Witte and the Industrialization of Russia*. New York, 1963.

Lopukhin, A. A. *Otryvki iz vospominanii*(po povodu "Vospominanii" Gr S. Iu. Vitte)(Fragments from My Memoirs [Concerning the Memoirs of Count S. Iu. Witte]). Moscow, 1923.

Lutokhin, D. A. *Graf S. Iu. Vitte kak ministr finansov*(Count S. Iu. Witte as Minister of Finance). Petrogad, 1915.

Lvov, E. *Po studenomu moriu*(Over the Frozen Sea). St. Petersburg, 1895. Description of Witte's trip to the Murman coast.

Lvov, L. "Sem let nazad"(Seven Years Ago). *Russkaia mysl* 35(1914), pp.48 – 84. About the attempt on Witte's life.

Mehlinger, H. D., and J, M. Thompson. *Count Witte and the Tsarist Government in the 1905 Revolution*. Bloomington, 1972.

Mellor, J. "Modernization Theory and Count Witte's Russia in the 1890's." *Slovo: A Journal of Contemporary Soviet and East European Afairs* 1, no. 2(1988), pp.8 – 34.

Melnik, J. "Witte", *Century Magazine* 58(1915), pp.684 – 90.

Mironenko, K. N. "Manifest 17 Oktiabria 1905 g."(The Manifesto of October 17, 1905) *Uchenye zapiski Leningradskogo universiteta* 255(1958). Seriia iuridicheskoi nauki, no. 10. Voprosy gosudarsua i prava, pp.158 – 79.

Naryshkin – Witte, V. *Souvenirs d' une fillette Russe*. Paris, 1925. Recollections of Witte's adopted daughter.

Nötzold, J. *Wirtschaftspolitische Alternativen der Entwicklung in der Ära Witte und Stolypin*. Berlin, 1966.

Petrov, N. "Capon i Graf Vitte"(Gapon and Count Witte) *Byloe* 29, no.1(1925), pp.15 – 27.

Pokrovskii, M. N. "O memuarakh Vitte"(Witte's Memoirs) *Pechat i revoliutsiia*(January – March 1922), pp.54 – 58; (September 1922), pp.11 – 21.

Raskov, N. V. *Politiko−eknomicheskaia sistema S. Iu. Vitte i sovremennaia Rossiia*(S. Iu. Witte's Political−Economic System and Contemporary Russia). St. Petersburg, 2000.

Rieber, A. "Patronage and Professionalism: The Witte System." In *Problemy vsemirnoi istorii*, pp.286−98. St. Petersburg, 2000.

Rohrbach, P. "Das Finanzsystem Witte." *Preussische Jahrbücher* 109(1902), pp.90−121, 305−36.

Romanov, B. A. "Vitte nakanune Russkoi−Iapouskoi voiny"(Witte on the Eve of the Russo−Japanese War) In *Rossiia i zapad* 1, pp.140−67. Petrograd, 1923.

_____. "Likhungchangskii fond"(The Li Hung−chang Fund) *Borba klassov*, nos. 1−2(1924), pp.77−126. A commentary on Witte's memoirs.

_____. "Vitte kak diplomat"(Witte as a Diplomat). *Vestnik Leningradskogo universiteta*, nos. 4−5(1946), pp.151−72.

Russian Academy of Sciences, Institute of Economics. *Sergei Iulevich Vitte −gosudarstvennyi deiatel, refomator, ekonomist*(Sergei Iulevich Witt−Statesman, Reformer, Economist), 2 parts. Moscow, 1999.

Rusov, A. A. "S. Iu. Vitte i ukrainskoe slovo"(S. Iu Witte and the Ukrainian Language) *Utro zhizni*, nos. 3−4(1915), pp.95−97.

Savitsky, N. "Serge Witte." *Le Monde Slav* 3(1932), pp.161−91, 321−48.

Seraphim, E. "Zar Nikolaus Ⅱ und Graf Witte." *Historische Zeitschrift* 161(1940), pp.277−308.

Sidorov, A. L. "K voprosu o kharaktere teksta i istochnikov 'Vospomiuanii' S. Iu. Vitte"(The Problem of the Text and Sources of S. Iu. Witte's Memoirs) In Sidorov, *Istoricheskie predposylki velikoi oktiabrskoi sotsialisticheskoi revoliutsii*, pp.187−216. Moscow, 1970.

Sirotkin, V. "Graf Vitte−tsivilizovannyi industrializator strany"(Count Witte−A Civilizing Industrializer of the Country) *Svobodnaia mysl*, no. 18(1992), pp.73−82.

Struve, P, "Graf S. Iu. Vitte: opyt kharakteristiki"(Count S. Iu. Witte:

Attempt at a Characterization) *Russkaia mysl* 36(1915), pp.129 – 52.

Szeftel, M. "Nicholas Ⅱ's Constitutional Decisions of October 17 – 19, 1905 and Sergius Witte's Role." In *Album J. Balon*, pp.461 – 93. Namur, 1968.

_____. "The Parliamentary Reforms of the Witte Administration." *Parliaments, Estates and Representation*, no. 1(1981), pp.71 – 94.

Tagantsev, N. S. "V pechatleniia ot vospominanii grafa S. Iu. Vitte"(My Impressions of Count S. Iu. Witte's Memoirs) In *Intelligentsiia i rossiiskoe obshchestvo v nachaze Ⅹ Ⅹ veka*, pp.184 – 99. St. Petersburg, 1996.

Tarle, E. V. *Graf S. Iu. Vitte: opyt kharakteristiki vneshnei politiki*(Count S. Iu. Vitte: Attempt at a Characterization of His Foreign Policy). Leningrad, 1927.

Tsion(Cyon), E. M. *M. Witte et les fnances russes*. 5th ed. Lausanne, 1895.

Vetlugin, G. "S. Iu. Vitte i dekabrskoe vosstanie v Moskve"(S. Iu. Witte and the December Uprising in Moscow) *Byloe* 34, no. 6(1925), pp.225 – 26.

Vitenberg, B. M. "K istorii lichnogo arkhiva S. Iu. Vitte"(The History of S. Iu. Witte's Personal Archive) *Vspomogatelnye istoricheskie distsipliny* 17(1986), pp.248 – 60.

Vadovozov, V. V. *Graf S. Iu. Vitte i Imperator Nikolai Ⅱ*(Count S. Iu. Witte and Emperor Nicholas Ⅱ). Petrograd, 1922.

Wcislo, F. W. "Witte, Memory and the 1905 Revolution", *Revolutionary Russia* 8(1995), pp.166 – 78.

Wegner – Korfes, S. "Die Rolle von S. Iu. Vitte beim Abschluss des russisch – deutschen Handelsvertrages von 1894", *Jahrbüch für Geschichte der sozialistischen Länder* 22(1978), pp.119 – 46.

Zaitseva, L. I. *S. Iu. Vitte i Rossiia, Part 1, Kazennaia vinnaia monopoliia, 1894 – 1914*(S. Iu. Witte and Russia, Part 1, The Governmental Liquor Monopoly, 1894 – 1914). Moscow, 2000.

2. 위떼가 편찬한 저서, 논문 및 팸플릿

Konspekt lektsii o narodnom i gosudarstvennom khoziaistve, chit. ego Imperatorskomu Vysochestvu Velikomu Kniaziu Mikhailu Aleksandrovichu(Synopsis of Lectures on Economics and Government Finance Read to His Imperial Highness Grand Duke Michael Aleksandrovich), 2d ed. St. Petersburg, 1912.

"Libava ili Murman?"(Libau or Murman?) *Proshloe i nastoiashchee* 1(1924), pp.25 – 39.

The Memoirs of Count Witte, trans. and ed. by S. Harcave. Armonk, NY, 1990.

Natsionalnaia ekonomiia i Fridrikh List(The National Economy and Frederick List). Kiev, 1889.

Printsipy zheleznodorozhnykh tarifov po perevozke gruzov(Principles of Railroad Freight Rate Determination). Kiev, 1883.

Prolog russko – iaponskoi voiny(Prologue to the Russo – Japanese War). Petrograd, 1916. This work is an abridged and edited version of a three – volume typescript entitled *Vozniknovenie russko – iaponskoi voiny*(The Origin of the Russo – Japanese War), which was prepared under Witte's direction. The typescript is in the Witte Collection of the Bakhmeteff Archive at Columbia University. The editor of the published work, B. B. Glinskii, does not credit Witte as the author, but does note that it comes from his archive.

Samoderzhavie i zemstvo(Autocracy and the Zemstvo). St. Petersburg, 1908.

Spravka o tom, kak byl zakliuchen vneshnii zaem 1906 goda, spasshi fnansovoe polozhenie Rossii(How the Foreign Loan of 1906, Which Saved Russia's Financial Position, Was Concluded). St. Petersburg, 1913.

Vospominaniia(Memoirs), ed. by A. L. Sidorov. 3 vols. Moscow, 1960. The most useful of the fiye Russian editions.

Vynuzhdennye raziasnenniia Grafa Vitte po povodu otcheta Gen. – Adiut. Kuropatkina o voine s Iaponiei(Unavoidable Comments by Count Witte Concerning General – Adjutant Kuropatkin's Account of the War with Japan). St. Petersburg, 1909.

Zapiska po krestianskomu delu(Memorandum Concerning the Peasant Problem). St. Petersburg, 1904.

3. 위떼가 출간한 서한집 및 보고서

"Borba S. Iu. Vitte s agrarnoi revoliutsiei"(The Struggle of S. Iu. Witte Against Agrarian Revolution) *Krasnyi arkhiv* 31(1928), pp.81 – 102.

"Dokladnaia zapiska Vitte Nikolaiu Ⅱ"(Report of Witte to Nicholas Ⅱ). Istorik – marksist, 2 – 3(1935), pp.131 – 38.

Doklady S. Iu. Vitte Nikolaiu Ⅱ (Reports of S. Iu. Vitte to Nicholas Ⅱ). *Krasnyi arkhiv* 11 – 12(1925), pp.144 – 58.

"Graf S. Iu. Vitte i Leo Mekhelin"(Count S. Iu. Witte and Leo Mekhelin) *Byloe* 30, no. 2(1918), pp.108 – 9.

"Graf S. Iu. Vitte i Nikolai Ⅱ v oktiabre"(Count S, Iu. Witte and Nicholas Ⅱ in October) *Byloe* 32, no. 4(1925), p.107.

"Graf Vitte v borbe s revoliutsiei"(Count Witte at War with the Revolution) *Byloe* 31, no. 3(1918), pp.3 – 10.

"Iz arkhiva S. Iu. Vitte"(From S. Iu. Witte's Archive) *Krasnyi Arkhiv* 11 – 12(1925), pp.107 – 43.

"Iz arkhiva S. Iu. Vitte"(From S, Iu. Witte's Archive) St. Petersburg(2003), 3 vols.

"K istorii manifests 17 oktiabria"(Concerning the History of the October 17 Manifesto) *Krasnyi arkhiv* 4(1923), pp.411 – 17.

"K istorii 'Sobranie russkikh fabrichno – zavodskikh rabochikh g. S. Peterburga'" (Concorning the History of the Assembly of Russian Factory Workers of St. Petersburg) *Krasnaia letopis* 1(1922), pp.288 – 329.

"Manifest 17 oktiabria"(The October 17 Manifesto) *Krasnyi arkhiv* 11 – 12(1925), pp.39 – 106.

"Ob osnovakh ekonomicheskoi politiki tsarskogo pravitelstva v kontse
Ⅹ − nachale ⅩⅩ v ."(The Principles of the Tsarist Government's
Economic Policy at the End of the Nineteenth and the Beginning
of the Twentieth Centuries) In *Materialy po istorii SSSR* 6, pp.157
− 222. Moscow, 1959. Text of Witte report to Nicholas Ⅱ.

"Perepiska Grafa S. Iu. Vitte i P. A. Stolypina"(The Correspondence of
Count S. Iu. Vitte and P. A. Stolyrin) *Russkaia mysl* 36(1915),
pp.134 − 52. "Perepiska o podkupke kitaiskikh sanovnikov Li −
khun − chzhana i Chzhan − in − khuana"(Correspondence Concerning
the Bribing of the High Chinese Officials Li Hung − chang and
Chang In − huan) *Krasnyi arkhiv* 2(1922), pp.287 − 93.

"Perepiska S. Iu. Vitte i A. M. Kuropatkina v 1904 − 1905 gg."(The
Correspondence of S. Iu. Witte and A. M. Kuropatkin 1904 −
1905) *Krasnyi arkhiv* 19(1926), pp.64 − 82. "Perepiska Vitte i
Pobedonostseva"(The Correspondence of Witte and Pobedonostsev)
Krasnyi arkhiv 30(1928), pp.89 − 116.

"Pisma S. Iu. Vitte k D.S. Sipiaginu"(S. Iu. Witte's Letters to D. S.
Sipiagin) *Krasnyi arkhiv* 18(1926), pp.30 − 48.

"S. Iu. Vitte, frantsuzskaia pechat i russkie zaimy"(S. Iu. Witte, the French
Press, and Russian Loans) *Krasnyi atrkhiv* 10(1925), pp.36 − 40.

"Trebovaniia dvorianstva i ekonormicheskaia politika pravitelstva"(Demands
of the Nobility and the Economic Policy of the Government)
Istoricheskii arkhiv, no. 4(1954), pp.122 − 155. Witte's reply to a
statement by marshals of the nobility in 1896 concerning the
needs of noble landowners.

4. 그 밖의 다른 자료

Agursky, M. "Caught in a Cross Fire: The Russian Church Between Holy

Synod and Radical Right, 1905 – 1908." *Orientalia Citristiana Periodica* 50(1984), pp.163 – 96.

Akademiia Nauk SSSR. Institut Istorii. *Revoliutsiia 1905 – 1907 gg. v Rossii: dokumenty i materialy*(The Revolution of 1905 – 1907 in Russia: Documents and Materials). 15 vols. Moscow, 1955 – 1963.

Alexander Mikhailovich, Grand Duke. *Once a Grand Duke*. New York, 1932.

Ananich, B. V. *Bankirskie doma v Rossii, 1860 – 1914 gg.*(Banking Houses in Russia, 1860 – 1914) Leningrad, 1991.

Ascher, A. *The Revolution of 1905*. 2 vols. Stanford, CA, 1988.

Avrekh, A. Ia. *Masony i revoliutsiia*(Masons and Revolution). Moscow, 1990.

Basily, N. de. *Memoirs*. Stanford, CA, 1973.

Baylen, J. "The Tsar's 'Lecturer – General' W. T. Stead and the Russian Revolution of 1905." *Georgia State College of Arts and Sciences Research Papers*, no. 23(July 1969).

Bezobrazov, A. "Les premières causes de l' effondrement de la Russie: le conflit russo – japonais." *Le Correspondent*, May 25, 1923.

Bing, E. J., ed. *The Secret Letters of the Last Tsar*. New York, 1938.

Bogdanovich, A. V. *Tri poslednikh samoderzhta: dnevnik A. V. Bogdanovich*(The Three Last Autocrats: Diary of A. V. Bogdauovich). Moscow, 1924.

Bompard, M. Mon ambassade en Russie, 1903 – 1908. Paris, 1937.

Bülow, B. von. Memoirs. 3 vols. Boston, 1931 – 1932.

Bunge, A. Kh. "The Years 1881 – 1894 in Russia, a Memorandum." tr. and ed. by G. E. Snow. *Transactions of the American Philosophical Society* 71, pt. 6(1981).

Byrnes, R. F. *Pobedonostsev*. Bloomington, IN, 1968.

Cantacuzene, J. *My Lffe Here and There*. New York, 1921.

"Church Reform in Russia: Witte versus Pobedonostsev." *Contemporary Review* 77(1905), pp.712 – 26.

Crisp, O. "The Russian Liberals and the 1906 Anglo – French Loan to Russia." *Slavonic and East European Review* 39(1961), pp.497 – 511.

_____. "Russian Financial Policy and the Gold Standard." *Economic History Review* 6(1953), pp.156 – 72.

Cunningham, J. W. *A Vanquished Hope: The Movement for Church Renewal in Russia,* 1905 – 1906. Crestwood, NY, 1981.

Curtin, J. *Memoirs of Jeremiah Curtin.* Madison, WI, 1940. A twenty – four page section covering Curtin's conversation with Witte at Portsmouth was omitted from the published work and is now in the archive of the Wisconsin State Historical Society.

Dillon, J. *The Eclipse of Russia.* New York, 1918.

Dnevniki Imperatora Nikolaia Ⅱ(The Diaries of Emperor Nicholas Ⅱ). Moscow, 1992.

Drezen, A., ed. *Tsarizm v borbe s reveliutsiei,* 1905 – 1907 gg.: *sbornik dokumentov*(Tsarism's Struggle Against Revolution, 1905 – 1907: Collection of Documents). Moscow, 1936.

Dubnow, S. M. *History of the Jews of Russia and Poland.* 3 vols. Philadelphia, PA, 1916 – 1920.

Elkin, B. "Attempts to Revive Freemasonry in Russia." *Slavonic and East European Review* 44(1960), pp.454 – 72.

Emmons, T. *The Formation of Political Parties and the First National Elections in Russia.* Cambridge, MA, 1983.

Esthus, R. A. *Double Eagle and Rising Sun.* Durham, NC, 1988.

Fadeev, A. R. *Vospominaniia*(Memoirs). Odessa, 1897.

"Finansovoe polozhenie tsarskogo samoderzhaviia v period russko – iaponskoi veiny i pervoi russkoi revoliutsii"(The Financial Situation of the Tsarist Autocracy During the Russo – Japanese War and the first Russian Revolution) *Istoricheskii arkhiv,* no. 2(1955), pp.121 – 49.

France. Archives do Ministère des Affaires Étrangères. Russie, Politique Intérieure, Ⅰ, Ⅱ, Ⅹ; Politique Extérieure, Dossier Générale, Ⅰ.

_____. *Documents diplomatique françaises*, Series 2, Ⅰ, Ⅶ, Ⅻ. Paris, 1930, 1937.

Gerasimov, A. A. *Na lezvii s terroristami*(The Struggle Against the Terrorists). Paris, 1985.

Germany, Auswärtiges Amt, Arkhiv, Russland 53, no. 1, Geheim, Ⅴ - Ⅵ.

_____. *Die Grosse Politik der Europäischen Kabinette*, 1871 - 1914, ⅪⅤ, pt. 1, ⅪⅩ, pt. 2. Berlin, 1924, 1928.

Gessen, I. V. *Gody izgnaniia*(Years of Exile). Paris, 1979.

_____. *V dvukh vekakh*(In Two Centuries). Berlin, 1937.

Geyer, D. *Russian imperialism*. Leamington Spa, UK, 1987.

Girault, R. *Emprunts Russes et investissements français en Russie*, 1887 - 1914. Paris, 1973.

Gooch, G. P., and H. Temperley, eds. *British Documents on the Origins of the War*, 1898 - 1914. London, 1927.

Gosudarstvennaia duma v Rossii: v dokumentakh i materialakh(The Russian State Duma: Documents and Materials). Moscow, 1957.

Gurko, V. I. *Features and Figures of the Past*. Stanford, CA, 1939.

Hamburg, G. M. *Politics of the Russian Nobility*, 1881 - 1905. New Brunswick, NJ, 1984.

Harcave, S. *The Russian Revolution of 1905*. New York, 1964.

Iliodor(Trufanov, S. M.). *Pravda o Soiuz Russkago Naroda, Soiuz Russkikh Liudei i dr. monarkhicheskikh partiiakh*(The Truth About the Union of the Russian People, the Union of Russian Men, and Other Monarchist Parties). Odessa, 1907.

Izvolsky, A. *The Memoirs of Alexander Izvolsky*. London, 1920.

Jablonowski, H. "Die russischen Rechtsparteien, 1905 - 1907." In *Russland -Studien: Gedenkschrift für Otto Hoetzsch*, pp.42 - 55. Stuttgart, 1957.

"K istorii sozdaniia manifesta 17 oktiabria"(Concerning the History of the Creation of Manifesto of 17 October) *Sovetskie arkhivy*, no. 5(1985), pp.62 - 63.

"K istorii 'Sobranie russkikh fabrichno − zavodskikh rabochikh g. S. Peterburga'"(Concorning the History of the "Assembly of Russian Factory and Mill Workers of St. Petersburg") *Krasnaia letopis* 1(1922), pp.288 − 329.

Kleinmichel, M. *Bilder aus einer versunkten Welt*. Berlin, 1922.

Kokovtsev, V. N. *Out of My Past*. Stanford, CA, 1939.

Koroleva, N. G. *Pervaia rossiiskaia revoliutsiia i tsarizm: sovet ministrov Rossii v 1905 − 1907 gg*.(The First Russian Revolution and Tsarism: The Russian Council of Ministers 1905 − 1907) Moscow, 1982.

Korostovets, I. Ia. "Mirnye peregovory v Portsmute v 1905 godu"(The Peace Negotiations in Portsmouth in 1905) *Byloe*, no. 1(1918), pp.177 − 220; no. 2(1918), pp.110 − 46; no. 3(1918), pp.58 − 85; no. 12(1918), pp.154 − 82.

Kovalevskii, M. M. "Moia zhizn"(My Life) *Istoriia SSSR*, July/August(1969), pp.59 − 79.

Krasnyi arkhiv, 1922 − 1941. Various volumes.

Krivoshein, K. A. *A. V. Krivoshein*. Paris, 1973.

Krizis samoderzhaviia v Rossii, 1895 − 1917(The Crisis of Autocracy in Russia 1895 − 1917). Leningrad, 1984.

Kryzhanovskii, S. E. *Vospominaniia*(Memoirs). Berlin, n. d.

Kurlov(Komarov − Kurlov), P. G, *Das Ende des russischen Kaisertums*. Berlin, 1920.

Lamsdorff, V. N. *Dnevnik*, 1891 − 1892(Diary, 1891 − 1892). Hague, 1970.

_____. *Dnevnik*, 1894 − 1896(Diary, 1894 − 1896), Moscow, 1991.

Lieven, D. *Russia's Rulers Under the Old Regime*. New Haven, CT, 1989.

List, F. *The National System of Political Economy*. New York, 1966.

Long, J. W. "Organized Protest Against the 1906 Russian Loan." *Cahiers du monde russe et sovietique* 13(1972), pp.24 − 39.

Louis, G. *Les Carnets de George Louis*. 2 vols. Paris, 1926.

Löwe, H. D. *The Tsars and the Jews. Langhorne*, PA, 1993.

Lukashevich, S. "The Holy Brotherhood, 1881 − 1883." *American Slavic and East European Review* 18(1959), pp.491 – 510.

Lyashchenko, P. I. *History of the National Economy of Russia.* New York, 1949.

Malozemoff, A. *Russian Far Eastern Policy, 1881 – 1904.* Berkeley, CA, 1958.

Mamontov, V. I. *Na gosudarevoi sluzhbe: vospominaniia*(In the Tsar's Service: Memoirs). Tallinn, 1926.

Markov, A. *Rasputin und die urn ihn.* Königsberg, 1928.

Marks, S. *Road to Power: The Trans – Siberian Railroad and the Colonization of Asian Russia,* 1850 – 1917. Ithaca, NY, 1991.

McDonald, D. M. *United Government and Foreign Policy,* 1900 – 1914. Cambridge, MA, 1992.

McReynolds, L. "Autocratic Journalism: The Case of the St. Petersburg Telegraph Agency." *Slavic Review* 48(1990), pp.48 – 57.

Miliukov, P. N. *Vospominaniia*(Memoirs). 2 vols. New York, 1955.

Mironenko, K. N. "Manifest 17 Oktiabria 1905 g."(The Manifesto of October 17, 1905) *Uchenye zapiski Leningradskogo universiteta, seriia iuridicheskikh nauk* 255, no. 10(1958), pp.158 – 79.

Monarkhiia pered krusheniem, 1914 – 1917: bumagi Nikolaia Ⅱ *i drugie dokumenry*(The Monarchy on the Eve of Its Fall, 1914 – 1917: The Papers of Nicholas Ⅱ and Other Documents). Moscow, 1927.

Morison, E. E., ed. *The Letters of Theodore Roosevelt.* Cambridge, MA, 1952.

Mosolov, A. A. *At the Court of the Last Tsar.* London, 1925.

"Neizvestnyi proekt manifesta 17 Oktiabria 1905 goda"(An Unknown Draft of the Manifesto of October 17, 1905) *Sovetskie arkhivy,* no. 2(1979), pp.63 – 65.

Nicholas Ⅱ. *Dnevnik imperatora Nikolas* Ⅱ(The Diary of Emperor Nicholas Ⅱ). Berlin, 1923.

_____. *Polnoe sobranoe rechei imperatora Nikolaia* Ⅱ, *1894 – 1906*(Complete Collection of the Speeches of Emperor Nicholas Ⅱ, 1894 – 1906).

St. Petersburg, 1906.

Nikolaev, P, "Vospominaniia o kniaze A. I. Bariatinskom"(Recollections Concerning Prince A. I. Bariatinskii) *Istoricheskii vestnik* 22(1885), pp.618 − 44.

Novitskii, V. D. *Iz vospominaniia zhandarma*(From the Memoirs of a Gendarme). Moscow, 1929.

Oldenburg, S. S. *Tsarstvovanie imperatora Nikolaia Ⅱ*(The Reign of Emperor Nicholas Ⅱ). 3 vols. Belgrade − Munich, 1939 − 1949.

Paléologue, M. *An Ambassador's Memoirs*. 3 vols. New York, 1924 − 1925.

Petrunkevich, I. I. "Iz zapisok obshchestvennago deiatelia"(From the Notebooks of a Public Man) *Arkhiv russkoi revoliutsii* 21(1934), pp.5 − 467.

Pisnaia, V. N, "Studencheskie gody Zheliabova"(Zheliabov's Student Years) *Byloe*, no. 4(1925), pp.171 − 201.

Pobedonostev, K. P. *Pisma Pobedonostseva k Aleksandru Ⅲ*(Letters of Pobedonostseva to Alexander Ⅲ). 2 vols. Moscow, 1925 − − 1926.

_____. "Iz pisem K. P. Pobedonostseva k Nikolaiu Ⅱ(1898 − 1905)" (From the Letters of Pobedonostsev to Nicholas Ⅱ) *Religii mira: istoriia i sovremennost. Ezhegodnik, 1983*, pp.163 − 93. Moscow, 1983.

Polovtsev, A. A. "Dnevnik A. A. Polovtseva." *Krasnyi arkhiv* 3(1923), pp.75 − 172; 4(1923), pp.63 − 128; 46(1931), pp.110 − 32; 67(1934), pp.163 − 86.

_____. *Dinevnik gosudarstvennogo sekretaria A. A. Polovtsova*(Polovtseva) (Diary of Imperial Secretary A. A. Polovtsov [Polovtsev]). 2 vols. Moscow, 1966.

Portal, R. "The Problem of an Industrial Revolution in Russia in the Nineteenth Century." In *Readings in Russian History*, ed. S. Harcave, vol. 2, pp.22 − 29. New York, 1962.

"Portsmut"(Portsmouth) *Krasnyi arkhiv* 6(1924), pp.3 − 47; 7(1924), pp.3 − 31.

Pravye partii: dokumenty i materialy(Rightist Parties: Documents and

Materials), ed. O. V. Volubuev et al., vol. 1. Moscow, 1998.

Propper, S. M. *Was nicht in die Zeitung kam.* Frankfurt am Main, 1929.

Rauch, G. O. "Dnevnik G. O. Raukha"(Diary of G. O. Rauch) *Krasnyi arkhiv* 18(1926), pp.83 − − 109.

Reichman, H. "Tsarist Labor Policy and the Railroads." *Russian Review* 42(1983), pp.51 − 72.

Rhinelander, A. L. H. *Prince Michael Vorontsov: Viceroy to the Tsar.* Montreal, 1990.

Rödiger, A. F. "Iz zapisok A. F. Redigera"(From the Memoirs of A. F. Rödiger) *Krasnyi arkhiv* 45(1931), pp.86 − 111: 60(1933), pp.42 − 111.

Rogger, H. "Russian Ministers and the Jewish Question, 1881 − 1917." *California Slavic Studies* 8(1975), pp.15 − 76.

Romanov, B. A. "Likhungchangskii fond"(The Li Hung − chang Fund) *Borba klassov*, nos, 1 − 2(1924), pp.77 − 126.

_____. *Russia in Manchuria*, 1896 − 1906. Ann Arbor, MI, 1952.

Rosen, R. R. *Forty Years of Diplomacy.* 2 vols. New York, 1922.

Russia, Gosudarstvennyi Soviet. *Stenografichsekie otchety, sozyv 3*(Stenographic Reports, Session 3). 15 vols. St. Petersburg 1907 − 1912.

Russia, Komitet Ministrov. *Zhurnaly Komiteta Ministrev po ispolneniiu ukaza 12 dekabria 1904 g.*(Journals of the Committee of Ministers Concerning Implementation of the Decree of December 12, 1904) St. Petersburg, 1908.

Russia, Ministerstvo Finansov. *Ministerstvo Finansov*, 1802 − 1902, pt. 2. St. Petersburg, 1902.

Russko − iaponskaia voina iz dnevnikov A. N. Kuropatkina i N. P. Linevicha(The Russo − Japanese War in the Diaries of A. N. Kuropatkin and N. P. Linevich). Leningrad, 1925.

Ruud, C. A. "The Printing Press as an Agent of Political Change in Early Twentieth Century Russia, *Russian Review* 40"(1981), pp.378 − 95.

Sablinsky, W. *The Road to Bloody Sunday: Father Gapen and the St.*

Petersburg Massacre of 1905. Princeton, NJ, 1976.

Sazonov, S. *Fateful Years: 1909 – 1916.* London, 1928.

Sbornik dogovorov Rossii s drugimi gosudarstvenami, 1856 – 1917(Collection of Treaties Between Russia and Other States). Moscow, 1952.

Semeniuta, P. P. "Iz vospominanii ob A.I. Zheliabova"(Recollections Concerning A. I. Zheliabov) *Byloe,* no. 4(1906), pp.216 – 25.

Semennikov, V. P., ed. *Za kulisami tsarizma*(arkhiv tibetskogo vracha Badmaeva), (Behind the Scenes of Tsarism: The Archive of the Tibetan Doctor Badmaev). Leningrad, 1925.

_____. *Revoliutsiia 1905 goda i samoderzhavie*(The Revolution of 1905 and the Autocracy), ed. by V. Semennikov. Moscow, 1928.

Shepelev, L. E. *Tsarirm i burzhuaziia vo vtorei poiovine XIX veka*(Tsarism and the Bourgeoisie in the Second Half of the Nineteenth Century). Leningrad, 1981.

Shipov, D. *Vospominaniia i dumy o perezhitom*(Recollections and Thoughts About the Past). Moscow, 1918.

Smelskii, V. N. "Sviashchennaia druzhina(iz dnevnika eia chlena V. N. Smelskago)"(The Holy Brotherhood [From the Diary of V. N. Smelskii, a Member]) *Golos minuvshago,* no. 1(1916), pp.222 – 56; no. 2(1916), pp.135 – 63; no. 3(1916), pp.155 – 76.

Soiuz russkago naroda(Union of the Russian People), ed. by A. Chernovskii. Moscow, 1924.

Solovev, Iu. B. *Samoderzhavie i dvorianstvo v kontse XIX veka*(Autocracy and the Nobility at the End of the Nineteenth Century). Leningrad, 1973.

_____. *Samoderzhavie i dvorianstvo v 1902 – 1907 gg.*(Autocracy and the Nobility in 1902 – 1907) Leningrad, 1981.

Soloveva, A. M. *Zheleznodorozhnyi transport Rossii v vtoroi polovine XIX v.*(Russian Railroads in the Second Half of the Nineteenth Century) Moscow. 1975.

Sovet ministrov rossisskoi imperii, 1905 – 1906 gg.: dokumenty i materialy(The

Council of Ministers of the Russian Empire, 1905 – 1906, Documents and Materials). Leningrad, 1990.

Spasskii – Odynets, A. A. *Vospominaniia*(Memoirs). Ms., Bakhmeteff Archive, Columbia University.

Spiridovich, A. *Les dernières années de la cour de Tzarskoié Sélo.* Paris, 1928 – 1929.

Spring – Rice, C. *The Letters and Friendships of Sir Cecil Spring – Rice.* Boston, 1929.

Startsev, V. I. *Russkaia burzhuaziia i samoderzhavie v 1905 – 1917 gg.*(The Russian Bourgeoisie and Autocracy, 1905 – 1917) Leningrad, 1977.

Stepanov, S. A. *Chernaia sotnia v Rossii: 1905 – 1914 gg.*(The Russian Black Hundreds, 1905 – 1914) Moscow, 1992.

Stephan, J. J. *The Russian Far East.* Stanford, CA, 1994.

Strauss, O. S. *Under Four Administrations.* Boston, MA, 1922.

Suvorin, A. S. *Dnevnik*(Diary). Moscow, 1922.

Sviatopolk – Mirskaia, E. A. "Dnevnik Kn. Ekateriny Alekseevny Sviatopolk – Mirskoi za 1904 – 1905 gg."(Diary of Princess Catherine Alekseevna Sviatopolk – Mirskaia 1904 – 1905) *Istoricheskie zapiski* 77(1965), pp.240 – 93.

Szeftel, M. *The Russian Constitution of April 23, 1906.* Brussels, 1976.

Tagantsev, N. S. *Perezhitoe: uchrezhdenie Gosudarstvennoi dumy v 1905 – J906 gg.*(Experiences: The Establishment of the State Duma in 1905 – 1906), Petrograd, 1918.

Thorson, W. B. "American Public Opinion and the Portsmouth Peace Conference." *American Historical Review* 53(1948), pp.439 – 64.

Tolstaia, L, I. "Vospominaniia I. I. Tolstogo kak istoricheskii istochnik"(The Memoirs of I. I. Tolstoi as Historical Source) *Vspomogatelnye istoricheskie distsipliny,* XIX (1987), pp.201 – 16.

Tolstoi, I. I. *Dnevnik,* 1906 – 1916(Diary, 1906 – 1916). St. Petersburg, 1997.

"The Tsar." *Quarterly Review,* CC(1904), pp.180 – 209. Published without attribution; the author is Joseph Dillon.

"Tsarskoselskie soveshchaniia"(Conferences at Tsarskoe Selo). *Byioe*, no. 25(1917), pp.217 – 63; no. 26(1917), pp.183 – 245; no. 27/28(1911), pp.289 – 318.

United Kingdom. Public Record Office, Foreign Office, 65/1700(1905).

Verner, A. M. *The Crisis of Russian. Autocracy: Nicholas and the 1905 Revolution*. Princeton, NJ, 1990.

Vinogradoff, Ⅰ. "Some Russian Imperial Letters to Prince V. P. Meshchersky(1839 – 1914)." *Oxford Slavonic Papers* 10(1962), pp.105 – 58.

Vonliarliarskii, V, *Moi vospominaniia*(My Memoirs). Berlin, 1939.

Westwood, J. N. *A History of Russian Railways*. London, 1964.

White, J. A. *The Diplomacy of the Russo – Japanese War*. Princeton, NJ, 1964.

Witte, S, *My Love Affair*. Burlington, VT, 1903. A novel by Witte's sister, translated from the Russian.

Zaionchkovskii, P. A. *Samoderzhavie i russkaia amiia na rubezhe Ⅹ – Ⅹ Ⅹ stoletii*(Autocracy and the Russian Army at the Turn of the Twentieth Century). Moscow, 1973.

Zakonodatelnye akty perekhodnago vremeni, 1904 – 1908 gg.(Legislation Enacted During the Transitional Period of 1904 – 1908), ed. by N. Lazarevskii. St. Petersburg, 1909.

시드니 하케이브(Sydney Harcave, 1916~2008) ─────────────────────

▌약력

　뉴욕 빙엄턴 주립대학 교수 역임

▌주요 저서

　『러시아사』
　『1905년 러시아 혁명』
　『로마노프가의 마지막 황제들(1814~1917)』
　『위떼 회고록』
　외 다수

석화정(石和靜, 1960~) ─────────────────────

▌약력

　극동대학교 교양학부 겸임교수
　서양 현대사, 제국주의시대 국제관계사 전공

▌주요 논저

　『풍자화로 보는 러일전쟁』
　『風刺畵で見る日露戰爭』
　『러불동맹과 위떼의 동아시아정책』
　『러시아의 동아시아정책』
　『Rethinking of the Russo—Japanese war』
　외 저역서 다수

　「위떼의 대만주 정책」
　「위떼와 동청철도 부설권 획득 경위」
　「ロミアの韓國中立化政策」
　외 논문 다수

위떼와 제정 러시아 (上)

초판인쇄 | 2010년 7월 5일
초판발행 | 2010년 7월 5일

지은이 | 시드니 하케이브
옮긴이 | 석화정
펴낸이 | 채종준
펴낸곳 | 한국학술정보㈜
주   소 | 경기도 파주시 교하읍 문발리 파주출판문화정보산업단지 513-5
전   화 | 031) 908-3181(대표)
팩   스 | 031) 908-3189
홈페이지 | http://ebook.kstudy.com
E-mail | 출판사업부 publish@kstudy.com
등   록 | 제일산-115호(2000. 6. 19)

ISBN   978-89-268-1137-5 94920 (Paper Book)
       978-89-268-1138-2 98920 (e-Book)
       978-89-268-1141-2 94920 (Paper Book Set)
       978-89-268-1142-9 98920 (e-Book Set)

내일을여는지식 은 시대와 시대의 지식을 이어 갑니다.